【合格水準】

教職のための憲法

［第2版］

志田陽子 編著

岩切大地
奥山亜喜子
中村安菜
伊藤純子
比良友佳理

法律文化社

第 2 版はしがき

　この本は、教職を志望している学生のために、そして現在教職にある方々のために作った憲法の本です。いま教員として活躍している方々のハンドブックとして役立つような憲法の本を作れば、それが同時に将来教員になろうとする人にとって意味のある憲法学習テキストとなると考えました。

　この本で解説した事柄は、教育現場におられる教員の方々にも、学童・学生と接するさいに知っておくべき人権やリーガルマインドの確認のためにお勧めしたい内容です。まずは憲法のもっとも基礎的なエッセンスの解説に徹しましたが、次に、内容を肉付けする具体的な事例を選ぶにあたって、学校現場にかかわる人権判例や、マイノリティへの配慮など、教育者に必要な人権感覚にかかわる具体例を選びました。幸い、このコンセプトにご好評をいただき、改訂版上梓のはこびとなりました。

　教員になろうとする人々がなぜ、大学の教職課程という学業の最終ラウンドで憲法を学ぶのでしょうか。形式的には、学校教員は教育の公共性から教育基本法などの教育法規の規制を受け、それらの法規は憲法の内容を受けて定められているから、ということになります。しかし、さらにその理由を掘り下げれば、憲法は「人間が人間らしく生きる条件」を「人権」として定めた法規であり、国家の活動の目的をその人権保障のためのものと定めた法規であり、教員は、「教育を受ける権利」をはじめ、さまざまな人権の思考を次の世代の人々に伝える重要な役割を果たすからだと思います。本書は、教員への志望を持っている人に、そうした基本的な人権センスを身につけてもらうことを第一の目的として編纂しました。

※

　本書には、付録として、QR コードでアクセスしていただく電子版テキスト『合格水準　教職のための憲法 Appendix』も付いています。そこには、本文に載せきれなかった詳細解説を載せたコラムや教育法規の解説・論説、そして

これから教員採用試験を受けようと考えている方々のための「教員採用試験エクササイズ」を載せました。

旧版では、この「教員採用試験エクササイズ」の部分を評価してくださった方々も多く、第2版を作るにあたっても、最近の出題例も踏まえてより充実した内容にしたいと思っていました。これは紙幅の制約の中で無理に詰め込むより、教職課程に真剣に取り組んでいる人々のための別冊付録という感覚で、電子版に収録したほうがよいと判断しました。「エクササイズ」は、正答だけを確認して終わりにせず、誤答として配置した事柄についても、わからない語句があれば調べてください。本書をそこまで使いこなしてもらえれば、「合格水準」です。

また、本書は、学校現場で必要となる知的財産権（とくに著作権）の知識についても1章を充てて解説しているのが特徴です。これにも付録を付けることにしました。昨今、学生や研究者の論文不正問題が後を絶たず、レポートや論文の書き方についても丁寧な指導をする必要を痛感することが多くなっています。本書の全体は、正式な論文のレベルで文献注を付けることは紙幅の都合からできませんでしたが、電子版 Appendix には、レポートや論文で求められる文献注を付けたモデル論説文と、参考文献の書き方解説を載せました。本書で学ぶ学生の方々、そして本書を授業で使用してくださる教員の方々にも、そうしたところをぜひ実践用ハンドブックとして活用していただければと思っています。

※

本書の編纂にあたっては、多くの方の協力を得ました。まず、魅力的なコラムや章で本書に広がりと奥行きを与えてくださった共著者の先生方に深く感謝します。また本書では、ともすれば抽象的な理屈に流れがちな憲法の内容に、生きたイメージを与えるために、美術大学の学生・卒業生の方々の力も借りました。そして、憲法問題に深い理解をもつ表現者として、写真家・豊田直巳氏にもご協力をいただきました。

※

必要な学修を完成させて教職に就くためには、並大抵ではない努力が必要だ

お 詫 び

『合格水準　教職のための憲法〔第2版〕』
において、「第2版はしがき」文末（iii頁）
の電子版 Appendix のQRコードに誤り
がございました。謹んでお詫び申し上げ
ます。
　大変お手数をおかけしますが、正しい
QRコードに差し替えください。

法律文化社

正

電子版 Appendix

✂
↑
該当箇所に貼ってご使用ください。
この台紙はシールになっております。

と思います。

　自分の決めた目的のために、ときには孤独な時間を過ごしたり、「出る杭」になったりすることもあるでしょう。掲載の写真は、表現者の卵としてそんな思いを日々体験している美大生からのメッセージです。出る杭になることを恐れないこと、同時に、平凡な自分に苛立たず歩み続けること。その繰り返しの中で、自分にしかない《かけがえのない人生》を作り上げていくこと。そのための手助けをするのが教員です。そんなメッセージをこめて、本書のはしがきとさせていただきます。

2022年10月31日　記

編著者・志田陽子

電子版 Appendix

目　　次

1章

国民主権と立憲主義

国家の骨格

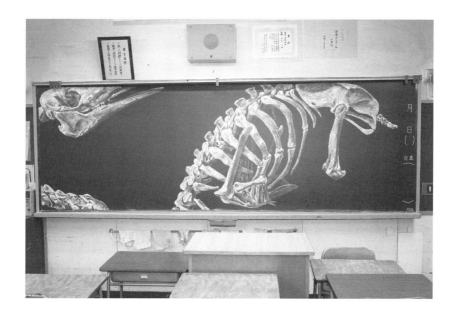

　国家と国民——。37万8,000平方キロメートルの敷地のなかで年間100兆円以上を
やりくりしている1億2,700万人のことを考えるのは、話が大きすぎて実感がつか
めないかもしれない。代わりに何千人かの学生が関わる大学祭を思い浮かべてみよ
う。そこでは、大勢の人間の意欲や利害が合流する空間があり、予算を立てたり、
場所や時間枠の調整をしたり、危険行為禁止のルールやゴミ廃棄のルールを策定
し、そのルールを参加者や来場者に告知する。そこには政治 politics と統治 gov-
ernment がある。こうしたイメージから想像力を広げて、国家とそこに暮らす国
民・住民、滞在者の関係について考えてみよう。
　憲法とは、国民と国家の関係を定め、国家の仕事の基本ルールを定めた法であ
る。つまり、国家の《骨格》を定めた法である。

1　国民主権と民主主義

前文　第1段　日本国民は、正当に選挙された国会における代表者を通じて行動し、われらとわれらの子孫のために、諸国民との協和による成果と、わが国全土にわたつて自由のもたらす恵沢を確保し、政府の行為によつて再び戦争の惨禍が起ることのないやうにすることを決意し、ここに主権が国民に存することを宣言し、この憲法を確定する。そもそも国政は、国民の厳粛な信託によるものであつて、その権威は国民に由来し、その権力は国民の代表者がこれを行使し、その福利は国民がこれを享受する。これは人類普遍の原理であり、この憲法は、かかる原理に基くものである。われらは、これに反する一切の憲法、法令及び詔勅を排除する。

第1条　天皇は、日本国の象徴であり日本国民統合の象徴であつて、この地位は、主権の存する日本国民の総意に基く。

（1）憲法とは

　　国家と統治と主権の関係　　《領土》と《人間の集合》と《ルールの共有》があるところでは《統治》があり、この《統治》を行う集団のうち、国際社会で《国家》としての独立性を認められたものが《国家》となる[1]。ある《国家》がどんな組織立てと役割配分になっているか、どんな目的の下に運営されるかを定めているのが《憲法》である[2]。日本という国家にも《統治》があり、統治の基本ルールを定めた《憲法》があり、それを成文憲法典にした「日本国憲法」がある。

　そのなかでもっとも大切なことは、その国家の意思決定をする者は誰か（主権者）を明らかにすることである。日本国憲法は、この話から始まっている。

　前文の要点と1条とを、その間に少し言葉を補ってつなげてみよう。

　「日本国民は、……ここに主権が国民に存することを宣言し、この憲法を確定する。（それ以前は主権者だった）天皇は、（これ以後は）日本国の象徴であり日本国民統合の象徴であって、その地位は、（神や血筋ではなく）国民の総意に基づく。」

　これが日本国憲法が選択した「主権」のあり方である。日本の主権が天皇から国民に移ったということが、この憲法を制定した当時の日本にとっては最も

重大なことだったのである。

　そして、前文の「正当に選挙された国会における代表者を通じて行動し」という言葉は、代表民主政の内容を表している。国民主権とそれを実際に生かすための民主主義は、一方で参政権や表現の自由、知る権利などの人権を導き出す原理となり、もう一方で国家の統治の柱となるという意味で、憲法の中心部分に位置している。

　「主権」の意味　「主権」という言葉には2つの意味がある。一つはその国家が独立国家であることを示す「国家主権」である。イギリスからアメリカが独立したときや、イギリスからインドが独立したとき、これらの国は「主権」をもつ「独立国家」となった、という場合の「主権」である。

　もう一つの意味は、上の意味での国家主権が確立していることを前提として、「その国内で政治的決定をするのは誰か」という意味での「主権（者）」である。「君主主権」から「国民主権」へ、というときの「主権」はこの意味である。憲法で「主権」という場合には、ほとんどこちらの意味を指している。

　自分たちのことは自分たちで決める　近代市民革命以降、「国民主権」が正しいと考えられているのは、統治を行う者と統治を受ける者が、選出母体としては同一だからである。自分たちのことを自分たちで決めるという考え方（自己統治）がもっとも確実、ということである。人権保障との関係でも、人権保障を受ける者と政治的決定を行う者とが同一になることによって、「人権」はより確実に保障されると考えられている。

　これに対して独裁制は、「専制と隷従」（日本国憲法前文）を生み出しやすいため、近・現代型の憲法では否定されている。立憲国といわれる諸国の憲法が権力を分散させ相互チェックができる仕組みをもっているのは、独裁が起きることを防ぐためで、前文のこの言葉にはこの基本原理が込められている。

（2）世界史のなかの「主権」、「人権」、「立憲主義」

　日本国憲法の話に入る前に、国際社会が国民主権と民主主義と人権尊重主義の実現をめざしてきた歴史を確認しておこう。日本国憲法は世界の多くの憲法と同じく「立憲民主主義」の流れに属するものであることを理解してほしい。

まずは、国家というものの物語を憲法に関わる骨組みだけ取り出して単純化すると、このようになる（各国の実際の歴史は各自で調べてほしい）。

　内部のまとまりも統制もなく、多様性を尊重するルールもないところで、いろいろな集団（たとえば宗教宗派）が絶えず勢力を競って武力衝突を起こしていた。そんななかでは、誰もが自分を守るための闘争に明け暮れて、自分らしい人生を生きることができない。そういう不毛な状態を乗り越えるために、さまざまな事柄を調整し運営する《統治》が必要だった。

　そんなとき、カリスマ的な君主がこの闘争状態を力で抑え込んだ。領土内のメンバーは、以前の混乱状態よりは良いと考えて、この君主の統治を受け入れた。しかしやがて君主は気の合うメンバーだけに発言権を与え、それ以外のメンバーには無理な貢献を求め、メンバーを自分の道具として見るようになる。困窮し、不満を募らせたメンバーたちは、「これでは彼に統治を任せる意味がない！」と、彼から決定権を取り上げ、自分たちで自主的に物事を決める方式（民主主義）に切り替えることにして、新たな社会契約を結んだ。

　自分たちで決めていくためには、物事を決めるルールが必要になり、選挙制度や議会制度が採用された。これからは《普通の人々》が集まって意思決定や運営をしていくわけだから、物事を決めるまでの面倒も増えるに違いないが、人々は独裁のリスクよりはこの面倒を引き受ける道を選んだのである。

　カリスマ君主は、ある国では死刑になってしまったが、ある国では政治にタッチしないイメージ・キャラクターとして生き残ることになる。

　おおよそこのような筋道で、18世紀後半に欧米諸国で革命が相次いで起き、国家のあり方が君主主権と身分制を基礎とする制度（封建制度）から、国民主権と議会制民主主義を基礎とする制度へと変更されていった。[4]

憲法をもつ国家の最小限の共通内容　　このように国家とそこに属する《人》に関する考え方が変わったことから、それまでは貴族身分の「特権」だった権利も、すべての人に平等に保障される「人権」へと組み替えられた。とくに政治的決定に参与する権利が、身分的特権からすべての人間の平等な参政権へと変わったことが重要である。こうした経緯があって、近代以降に多くの国で成立してきた憲法は、「国民主権と民主主義」、独裁を防ぐ仕組みとしての「権力

分立」、そして「人権の保障」を基本ルールとして備えることとなった。国家はこうした内実をもつ憲法を遵守して活動しなければならない、というルールを「立憲主義」という。

2　民主主義と立憲主義──「最高法規」の意味

第97条　この憲法が日本国民に保障する基本的人権は、人類の多年にわたる自由獲得の努力の成果であつて、これらの権利は、過去幾多の試錬に堪へ、現在及び将来の国民に対し、侵すことのできない永久の権利として信託されたものである。

第98条　この憲法は、国の最高法規であつて、その条規に反する法律、命令、詔勅及び国務に関するその他の行為の全部又は一部は、その効力を有しない。

2　日本国が締結した条約及び確立された国際法規は、これを誠実に遵守することを必要とする。

第99条　天皇又は摂政及び国務大臣、国会議員、裁判官その他の公務員は、この憲法を尊重し擁護する義務を負ふ。

（1）民主主義国家にとっての「立憲主義」

君主を主権者の座から外せば、民主主義は自然に実現するのだろうか。

残念ながら、実際の歴史はそのようにはならなかったため、主権者の意思を国政に反映させるためのさまざまな制度（とくに議会制度・選挙制度）と、国民の側の人権（とくに参政権）の保障が必要となった。これが日本国憲法41条から96条までの統治に関わる条文と、15条に代表される参政権で定められている。民主主義はこの種の制度が崩れると成り立たないため、政権担当者がこの制度をたとえ無視したいと思っても無視できないように、制度を憲法によって保障している。民主主義システムを守る立憲主義、という場面である。

では、民主主義のシステムを完璧に実現できれば、人権は守られるのだろうか。これも、そうはいかない。民主主義の参加者は討論による説得を行い、それで決まらない場合は最終的には多数決で決めることになるが、ここで決定の内容に歯止めがなかった場合、政争の敗者となった少数者が理不尽な扱いを受ける危険がある（「多数者の専制」）。そこで、決定の内容面（実体面）についても、民主主義（多数決）によっても侵害してはならない「人権」のルールや、

取り外してはならない「統治」のルールが定められている。

　このように、《統治者も憲法を守らなければならない》という立憲主義ルールは、民主主義にも組み込む必要あるのである。日本国憲法がこの「立憲民主主義」に立脚していることは、さまざまな憲法保障制度（後述）が組み込まれていることからわかる。

（2）立憲民主主義と「最高法規」

　ここまで見てきたように、憲法はまず国民主権と代表制民主主義を確定した上で、これが暴走したときにそこから国民を守るための憲法ルール（主に人権保障と権力分立の仕組み）を作って国家による権力行使に枠をはめている（「法の支配」とも呼ばれる）。これが「立憲民主主義」である。

　憲法はこのように主権者（が選んだ代表）をも拘束するルールなので、「最高法規」という位置付けにある。憲法がそのような位置付けにあることの理由は、憲法が人権の保障を定め、これによって国家活動の目的を定めた法だからである。主権者である国民から国政を「信託」された議員、そしてその決定を受けて国政の実行を担当する各種の公務員は、このような理由によって、99条の憲法尊重擁護義務が課されている。97条から99条まではそのような流れでセットになっている条文である。

（3）行政権と立憲主義

　行政権（内閣や省庁など）は憲法73条１号によって、「法律を誠実に執行」する義務を負っている。「議会が決める法律に基づいて、法律の範囲内で、法律に従って仕事をするように」（法律に根拠がないことを行ったり、法律の内容を逸脱した活動の仕方をしてはいけない）ということである。これを「法治主義」と呼ぶ。議会が制定する法律は、憲法を遵守した内容でなければいけないわけだから、それが守られている限りは、行政が法律を遵守・実行することは「立憲主義」の実現となる。仮に国会議員の多数派と内閣のメンバーが、「内閣が立案した政策（法律案）を国会で審議するのは面倒だから、国会での立法プロセスは省略してすぐに実行しましょう」と合意したとしても、憲法がこれを許さな

い、ということになる。

3　立憲主義の確保と権力の分散

（1）立憲主義の確保──憲法保障

　憲法保障とは、国家権力による憲法違反から憲法を守り、憲法による秩序を安定させること、そしてそのために憲法の中に制度として組み込まれている方策のことをいう。立法府や行政府が憲法に反する行為を行っている場合、自力で正常な状態に回復することが望ましい自己統治のあり方だが、現実には、それが困難になることが多い。そこで、日本を含む多くの国では、憲法保障のための方策をあらかじめ憲法のなかに制度として組み込んでいる。

　日本国憲法に組み込まれている憲法保障の主なものを挙げてみよう。

　宣言による憲法保障　　憲法の最高規範性の宣言（97条、98条）や、主権・人権に関する宣言（前文からの各条文）は、それを読む公務員や国民に対して、《国家の仕事》の内容と《国民に保障される権利》の内容を知らせている。

　公務員等の憲法尊重擁護義務　　公権力を行使する公務員、行使しない天皇などに憲法尊重擁護義務を課す99条は、憲法を維持するための基礎ルールである。

　憲法改正手続　　憲法改正の手続については、多くの国で、通常の法律よりも厳格な手続を要求し、簡単には改正できないようにしている（硬性憲法）。日本国憲法もこのタイプに属している。

　権力の集中を避ける仕組み　　立憲主義をとる国の多くは、国家権力を一点に集中させず分散する仕組みを採用している。日本国憲法では「三権分立」と「地方自治」の２つの権力分散制度を採用している（後述）。

　事後的保障としての違憲審査制度　　上に見たような予防的な憲法保障があっても、実際には憲法が守られず国民が侵害を受けることはありうる。そうしたときに、裁判所が国の行為について憲法違反がなかったか（憲法適合性）を判断する違憲審査制度が採用されている（81条）。よく「憲法訴訟」、「違憲訴訟」と呼ばれる。

（2）三権分立と地方自治

　近代以降に生まれた憲法の多くは、国家権力を分散させて相互にチェックし合う仕組み（均衡・抑制の仕組み）を作ることで、国家権力が憲法を無視して国民の権利を侵害しないように工夫している。権力は一極に集中させたほうが、物事がスピーディに決まって効率が良さそうに見える。しかし国家権力が１つの機関に集中すると、独断や腐敗への歯止めがきかなくなり、濫用されやすくなる。その結果、国民の権利・自由が侵害される恐れが高くなる。憲法はそうした危険を防ぐために、権力を敢えて分散させている。「抑制と均衡（チェック＆バランス）」ともいわれる。

　日本国憲法もこの工夫を組み込んでいる。国政の作用を３つに分けた三権分立と、国政と地方とを分けて統治を二段階構造にした「地方自治」がそれである。

　三権分立は、権力の濫用を防ぐ仕組みとして、「立憲主義」の重要な要素と考えられている。日本国憲法は、41条・65条・76条で、国家の作用を三権（立法権・行政権・司法権）に分けて規定し、それぞれを「国会」「内閣」「裁判所」という異なる機関に属するものとすることで、それぞれの役割の区別を明確にしている。この三権分立によって、立法権・行政権・司法権のそれぞれが、他の二権からチェックを受けるように仕組まれている。

　また憲法は、国（中央）と地方（ローカル）との関係でも、地方自治制度を定めた92条から95条によって、国がすべてを管轄する中央集権型ではなく、「地方自治」による権力の分散を図っている。

4　象徴となった天皇

（1）「象徴」の意味と地位

第１条　天皇は、日本国の象徴であり日本国民統合の象徴であつて、この地位は、主権の存する日本国民の総意に基く。

第２条　皇位は、世襲のものであつて、国会の議決した皇室典範の定めるところにより、これを継承する。

　象　徴　　ここまで見てきたように、日本国の主権は日本国憲法制定によって国民のものとなった。では、主権者でなくなった天皇はどのような位置付けになったのか、見てみよう。

　1条は、これまで主権者だった天皇がもはや政治上の意思決定に参与しないことを「象徴」という言い方で確認している[5]。

　象徴とは、抽象的でそれとしてイメージしにくいものを具体的なもの（シンボルマークなど）に置き換えて表すことである。たとえば「オリンピック」を五輪のマークで表す、彦根市を「ひこにゃん」、熊本県を「くまモン」で表す、といったことである。天皇についていわれる「象徴」は、政治的決定や公権力の行使に関わらないことを示す言葉で、「象徴として何をすべきか」という積極的意味合いは本来はない。

　皇　位　　天皇の地位のことを「皇位」という。天皇制および天皇の地位は、国民全体の意思すなわち「総意」によって成り立っているので、この「総意」に基づいて制度や役割を縮小したり廃止したりすることは、可能である。

　皇位継承については、「皇室典範」に詳しく定められている。そこでは皇位につけるのは男子のみと定められているが、世襲による天皇制そのものが憲法自身の定めた例外と考えられるので、平等原則に反するとは考えられていない。しかし「天皇ファミリー」が国民の「モデル・ファミリー」として社会に影響を与えている事実も考慮すると、男女の役割意識や「家族」のあり方など、社会文化のなかに象徴天皇制が影響力を及ぼしていることは、憲法問題として考えてもよい問題だろう。

　現在、女性や女系の天皇を認める法律改正をしてもよいのではないかとの議論も続いている。皇室メンバーが自ら「法の下の平等」に基づいて男女平等な皇位継承権を主張することはできないと考えられるが、主権者の意思（議会の決定）によって天皇制に男女平等の原則をとり入れることは、現行憲法上可能である。

（2）天皇の行為

第3条　天皇の国事に関するすべての行為には、内閣の助言と承認を必要とし、内閣
　　　が、その責任を負ふ。
第4条　天皇は、この憲法の定める国事に関する行為のみを行ひ、国政に関する権能
　　　を有しない。
第6条　天皇は、国会の指名に基いて、内閣総理大臣を任命する。
　2　天皇は、内閣の指名に基いて、最高裁判所の長たる裁判官を任命する。
第7条　天皇は、内閣の助言と承認により、国民のために、左の国事に関する行為を
　　　行ふ。
　一　憲法改正、法律、政令及び条約を公布すること。
　二　国会を召集すること。（以下略）

　国事行為　　天皇が国家の「象徴」として国家に関連する行為を行うことを
「国事行為」という。天皇が単独で国事行為を発案して行うことはできず、憲
法の定めた範囲内で、内閣からの助言と承認によって行われる（3条、4条）。
　国事行為の内容は、法律、政令、条約の公布や憲法改正の公布、総選挙施行
の公示、内閣総理大臣と国務大臣の任命、最高裁判所長官の任命など、憲法6
条と7条に列挙されている。すべて、形式的なセレモニー（儀礼）である。
　公的行為　　天皇の行為には、上に見た国事行為と、天皇が私人として行う
私的行為がある。国事行為は憲法が挙げているものに限られ、憲法の拘束を受
けるが、研究・芸術活動などの私的行為は憲法の拘束を受けない。
　実際には、国事行為と私的行為の中間にあたるような、憲法上の位置付けの
あいまいな行為もある。これは「公的行為」と呼ばれ、国政に直接関与するも
のでない限りは許容されると考えられている。たとえば国会開会式や全国戦没
者追悼式、国民体育大会などの出席や、新年一般参賀、園遊会の主宰は、「公
的行為」として扱われている。メディア上の表現としては、国事行為と公的行
為を合わせて「公務」と呼んでいる。
　国政の決定に関わらない行為であっても、現実には政治的な効果を生み出す
ことがある。たとえば、どの国をいつ訪問するかなど、皇室外交の果たす政治
的役割は実際には大きい。「公的行為」はその意味で政治的意味合いをもつこ
とが少なくないことは、意識しておくべき事柄だろう。

■コラム1-1　日本における「主権の転換」とポツダム宣言

押しつけられたもの？　　日本国憲法は外国から押しつけられたものだ、という声を聞くことがある。これは本当なのだろうか。

日本国憲法の成立の経緯を見てみよう。第二次世界大戦を終結させるにあたって連合国が日本に提示した「ポツダム宣言」は、《武装解除と領土の原状回復》《基本的人権の尊重、平和主義、民主主義、責任政治を基本原則とすること》《日本国民の自由に表明する意思によって将来の政府を樹立すること》といった内容を含んでいた。その受諾は、国家と人間の関係の180°転換を意味していたのだが、当時の日本政府は、「国体（天皇による統治）に関する変更を含まないものとの了解のもとにこれを受諾する」と返答した。連合国側は、日本には後日必ずポツダム宣言の趣旨を理解させる、との合意の下にこの「受諾」を認め、第二次世界大戦は終了した。

しかし終戦後に行われた新憲法の草案作成作業で、当時の日本政府は、天皇の統治権（君主主権）を維持して、条文の細部だけを修正することに終始していた。そのため、GHQ[6]から「期日までに自主憲法草案が作れないなら、こちらが示したモデル案を直接に国民投票にかける」と厳しく迫られ、この「転換」の受け入れを余儀なくさせられることとなった。

当時の日本政府には、天皇に戦争責任を負わせたくない、天皇の命は守りたいという強い意向があった。そのため、天皇の命を守ることと引き換えに国民主権を受け入れ、さらに日本が再び軍事国家化することは決してないことを国際社会に信頼してもらうための決意表明として、戦争・戦力を永久に放棄するという案を出した[7]。

解放された民間の知性　　ただし、「迫られた」というのは当時の日本政府にとってのことである。当時、GHQのメンバーは、憲法のモデル案を作成するにあたって、日本の憲法学者たちが自主的に作っていた憲法草案の存在を知り、これを参考にしていたことが明らかになっている[8]。さらに国立国会図書館が明らかにした議事速記録と、これを元にして構成されたNHK制作の映像資料によると、新憲法採択のために召集された戦後最初の国会の小委員会では、委員たちから「自らの意志で決意したといえる文言にしよう」との意欲を示す修正発言が活発に行われている。こうなると、民主主義の手続として正当な審議、修正、議決が行われたことを無視することはできない。

押しつけというとしたら　　世界史のレベルで考えてみると、1789年当時のフランス政府にとってのフランス革命、アメリカ南北戦争終了当時のアメリカ南部にとっての奴隷制廃止と人種平等、1990年代の南アフリカのアパルトヘイト廃止と人種平等といった事柄も、押しつけといえる。しかし私たちは、普遍的価値に照らし

て必要だったといえる場合には、それを覆して元に戻そうとは考えない。

　日本国憲法成立について、仮にこれらの過程を「押しつけ」と呼ぶならば、押しつけられたのは9条（武力放棄）の条項ではなく、国民主権・民主主義だったということになるのだが、私たちは、この原理を「押しつけられたものだから要らない」といえるだろうか。　　　　　　　　　　　　　　　　　　　【志田陽子】

■コラム1-2　憲法の始まりと憲法の改正

　憲法の「始まり」　「八月革命」による日本国憲法の制定という説明方法は、日本国憲法が過去から断絶され、新しい「始まり」となるものだということを強調する。旧憲法（大日本帝国憲法）の基本原理が天皇主権であるのに対し、新憲法は国民主権を掲げており、両者は根本的な部分で完全に異なるものであることから、それらには連続性はなく、日本国憲法は法的意味での「革命」によって、新たに立ち上がった「国民」により制定されたのだ、と説明する。

　フランスやアメリカの憲法など、典型的な近代憲法も、近代市民革命を経て成立している。そこでは、人権を生まれながらに有する個人が集まって「人々（We, the people）」を構成し、これが憲法制定権力を行使することで従来の国家体制とは全く異なる国家システムを樹立した、という説明がなされる。

　ところがイギリス憲法の場合、1689年の名誉革命といった市民革命こそ経験したものの、憲法制定権力の行使を通して新たな憲法を樹立する、ということが行われることがなかった。そのため、憲法典は制定されず、また議会を構成する議院が貴族院と庶民院という名称を持つことに象徴されるような中世の制度の名残りが随所に見られる。

　2022年9月にイギリス女王のエリザベス2世が亡くなり、葬儀が執り行われたが、その際、棺の上には王冠などのほか、宝珠（オーブ）が乗せられていたのを覚えているだろうか。球体の上に十字架が取り付けられた金属である。これは、国王の権力が神に由来することを意味する道具だとされ、儀式の際に国王が手に持つものである。王の統治権が神に由来するという考え方は近代以前のものであり、このことも、イギリスの統治システムの基本原理の形式が近代に入って完全に転換しなかったことの例証である。

　イギリス憲法の形式と実質　イギリスの統治システムが、君主の統治権を中心にするという建前に基づいているというは事実である。この建前は、立法・行政・司法の中にも見られる。たとえば、立法は、議会の両院の助言と承認によって国王が制定する建前であることが、あらゆる法律の制定文に書かれている（「至高なる

女王陛下によって……以下のように制定される」)。議会の開会式では君主が演説を行い、その中では「私の政府は、今期の議会で○○のための法律を提出する」などの方針を述べる。そして、裁判所部門の中には、「王座部 (King's Bench)」という名称の部門があるが、これは中世以来の国王裁判所の名称を引き継ぐものである。

　しかし、すでに19世紀に、バジョット (1826-1877) は、イギリス統治システムにおける「尊厳的部分」と「実効的部分」を分けてみるべきであると指摘している。すなわち、国王が統治権の中心であるという建前は、きらびやかな儀式を通じて印象的に行われるが、これは尊厳的部分の機能にすぎない。実際の統治活動の内容は、儀式的な場面とは別のところで行われているのである。それが実効的部分の機能である。

　先ほどの例で行けば、民選の庶民院を含む議会が審議した法律案に対して国王が拒否権を行使することは、憲法習律という政治的規範により禁止されている。また議会の開会式で国王が読み上げる施政方針は、当然のことながら内閣が作成している。そして、裁判に国王が関与することは法の支配に反するというのが、確立した基本原則である。つまり、イギリス統治システムの実効的部分、すなわち統治システムの実質は、国民から選挙された代表者と独立した裁判官によって担われているのである。そしてその究極の決定者は国民であり、すでに19世紀にダイシー (1835-1922) が「政治的には国民主権だ」と述べた通りである。

　それでは、このような統治システムのあり方はどこに規定されているのだろうか。憲法に書いてあるかといえば、そもそもイギリスには憲法典がない。つまり、日本における日本国憲法のように、「憲法典」と称する文書（形式的意味の憲法）は、イギリスには存在しないのである。

　もっとも、イギリスにも、国家の基本ルールを定める法（実質的意味の憲法）は存在する。ただし、その存在の形式が、憲法典という形ではなく、各種の法律、判例法、憲法習律などといったバラバラな形を取っているということである。言い換えれば、イギリス憲法を探すためには、いろいろな法律、判例などに当たらなければならないのである。

　なお、イギリスの統治システムの実質は、前述の通り国民の意思が中心となっている。そしてその国民たちは、歴史的に、自由な市民社会の形成の担い手であり、したがって国民の民主的意思も、伝統的には市民的自由を重んじてきた。このような自由主義的・民主主義的な基本原理は、イギリスの実質的意味の憲法の随所にしみわたっているのであり、したがってイギリス憲法の実質的内容は「立憲的意味の憲法」ということができる。

イギリス憲法の「改正」?　　それでは、イギリスにおいて「憲法改正」というものは存在するのだろうか。もちろん、形式的意味の憲法は存在しないのだから、その意味では憲法改正という概念も存在しない。

そして、たとえば日本での憲法典の改正手続は厳格であり、このことを「硬性憲法」と呼ぶわけであるが、イギリスの場合には、厳格な改正手続によって保護される憲法典が存在しない。そして、実質的意味の憲法は普通の法律などという形で行き渡っているのであるから、国家の基本ルールを変えるという意味での憲法改正は、通常の法律を改正するのと同じ手続で行えるのである。

　とはいえ、イギリスにおいても、国家の統治システムの変更は、憲法的な改革であると認識される。現に、2000年代以降のイギリスは憲法改革の連続であり、最高裁の新設、裁判官に違憲審査権に類する権限の付与、スコットランドなどの各地域への自治権の移譲など、国家の形を大きく変える改革が、法律の制定・改正によって行われてきた。そして、これら重要な改正は、形式的にはたとえ通常の法律改正で済むとはいえ、憲法事項にわたるものであるから、基本的には慎重な手続で行われるべきであると考えられているのである。

　なお、近年のイギリスでは、レファレンダム（国民投票）を実施することで、難しい政治的課題を解決しようとする例が見られるようになった。2016年に実施されたEU離脱を問うレファレンダムはその最大の例である。これは、あたかも、主権者国民による憲法制定権力の行使によって答えを出そうとする動きのようにも見える。これについては、国民の声がたとえ憲法制定権力のような機能を持つとしても、これはあくまで憲法という枠組みの中のものであり、したがってレファレンダムを含めた手続全体が慎重なものであるべきことが求められる、という指摘がある。

　憲法の改正に求められること　　ひるがえって、日本国憲法について考えてみよう。日本国憲法の条文の改正自体は、厳格な手続を踏まなければならない。しかし重要なのは、各議院の2/3とか国民投票の過半数とかといった、表決・投票を行う時点での数字をクリアできるかどうかというよりは、それに至るまでの充実した熟議を行えるかどうかである。この意味で、国民投票法で国民投票運動をどのように行えるようにするのかは重要である。

　また、そもそも日本国憲法は条文数・文言数が少ないため、通常の法律に大きく依存していると指摘されている。これは言い換えれば、実質的意味の憲法が、形式的意味の憲法以外の場所に多く規定されている、ということである。したがって、形式的には憲法改正に当たらないものの、実質的にはそれに当たる、ということが十分にあり得るのである。このように実質的意味の憲法の改正に当たる場合にも、慎重な審議や手続が必要というべきであろう。　　　　　　　　　　【岩切大地】

【注】
1)　「国家」と「国」について、本書では次のように使い分けている。「国家主権」「国家

　安全保障」のように、理論上の概念や熟語となっているものについては「国家」とする。日本政府が裁判の当事者になったり政策を出すなど、具体的な場面では、「国」とする。

2)　現在、多くの国家で《憲法》は成文法典の形をとっているが、成文憲法をもっていない国家もなんらかの形で《憲法》をもっていることになる（イギリスなど）。

3)　「人民主権」という言い方もある。「国民主権」と「人民主権」は学問上は大きな違いがあるので関心のある人は調べてみてほしい。

4)　ホッブズ、モンテスキュー、ルソー、ロックなどの思想家がそれぞれ何を説いたか、確認しておこう。

5)　当時、主権の転換が日本政府にとってどれほど困難な重大事だったかは、DVD『NHKスペシャル　日本国憲法誕生』（NHK エンタープライズ、2007年）を参照。

6)　GHQ（連合国軍最高司令官総司令部）と日本の関係については、「平和のうちに生存する権利」の章も参照してほしい。

7)　この憲法制定過程に関する映像資料としては、前掲注5のDVDと杉原泰雄監修『映像で語るわたしたちの日本国憲法』（イメージユニオン、2004年）がある。

8)　「憲法研究会」における鈴木安蔵らの草案。

☆参考文献はすべて、学生向けのおすすめ参考文献です。筆者が本章を書くにあたって参考にした学術専門書はここでは省略し、「電子版 Appendix」（QR コードでアクセス）に掲載しています。

参政権と国務請求権

国家の車輪システム

　民主主義の国家では、代表者（議員）はさまざまな観点から選ばれるので、ときには知識の浅い人々が法案を提出したり審議・可決したりする場合もある。だから彼らを選んだ国民（主権者）は、決まった政策（法律）の内容や決定プロセスや施行後の社会的影響をいつも見守り、次の政治参加（選挙）の機会に生かす必要がある。国政はこうした循環（サイクル）で動いている。

　主権者としての姿勢を身に着けるための教育を「主権者教育」といい、高校までの学校教育のなかでもこれが重要課題となっている。その一方で、教員は自分自身の政治活動を制限されているため、そのルールを知っておく必要もある。教職をめざす人々にとって、参政権や国務請求権は、避けて通れないテーマになっている。

1　民主主義のサイクルとルート

　まずは、民主主義のサイクル（回転運動）を理解しよう。そのサイクルのなかで、国に新たな法律の制定を求めたり、現在ある法律の廃止や改正を求めたいとき、主権者である私たちにはどんなルートがあるだろうか。現在、大まかにいって次の5つの方法がある。

　1、参政権：自分が立候補する、またはこれと思う人物や政党に投票する。

　2、請願権：現職の議員や行政窓口への請願・嘆願、陳情。

　3、政府や自治体が募集する「パブリック・コメント」への投稿。

　4、市民運動：メディアや各人の表現活動によって世論を形成する。

　5、裁判：行政訴訟や国家賠償請求訴訟を通じて法令やその適用の憲法適合性を問う。

　サイクルのなかで理解しよう　　ある法律の制定や改廃が、上記のなんらかのルートを通して国会で審議され、案が可決されたとする。その施行後、行政による執行や裁判所の適用によって、国民はその影響を受ける。その結果に満足する人もいれば、反対したいと感じる人もいるだろう。そのときはまた、最初のサイクルに戻って、国政へ働きかけることになる。民主主義は、このように終わりのない軌道修正の循環（サイクル）となっている。この章で見る参政権や国務請求権は、このサイクルを支える権利である。

2　参政権（1）選挙権

　私たちは、主権者として・民主主義の担い手として、国政に参加する「参政権」をもっている。参政権には、選挙権（15条）、最高裁判所裁判官の国民審査（79条）、憲法改正における国民投票（96条）がある。まず、私たちにとってもっとも身近な権利である選挙権について見ていこう。

（1）国民主権と選挙権

憲法前文（第1段）　日本国民は、正当に選挙された国会における代表者を通じて行
　　動……する。そもそも国政は、国民の厳粛な信託によるものであつて、その権威は
　　国民に由来し、その権力は国民の代表者がこれを行使し、その福利は国民がこれを
　　享受する。……
第15条　公務員を選定し、及びこれを罷免することは、国民固有の権利である。
　2　すべて公務員は、全体の奉仕者であつて、一部の奉仕者ではない。
　3　公務員の選挙については、成年者による普通選挙を保障する。
　4　すべて選挙における投票の秘密は、これを侵してはならない。選挙人は、その選
　　択に関し公的にも私的にも責任を問はれない。

　前文の初めに書かれている「代表者」を選ぶのが選挙である。その選挙は、
国民の意思が歪曲や操作を受けることなく反映された正当なものでなければな
らない。これを受けて、15条で選挙権が定められている。
　具体的に選挙で公務員を選ぶ場面について15条の内容を見ていくと、15条1
項で「国民」が選ぶ「公務員」は実際には国会議員のことを指している（地方
議会議員はその地方自治体の「住民」が選ぶが、この条文はすべての選挙に通じる基本
原則として生かされる）。行政職の公務員は、法律と議会を通じて間接的に民主
コントロールを受ける。
　ここでいう「選定」は選挙で選ぶことで、「罷免」はその職を辞めさせるこ
とだが、国会議員については国民が直接に議員を免職する制度（リコール制度）
があるわけではない。[1] これは議員は国民が選挙で選ぶことができるし、選ばな
いことで議席を失わせることもできる、という意味である。
　「全体の奉仕者」という定めは、まずは歴史上の身分制における官吏のあり
方を否定して「国民」全体のために仕事をすることを意味する。次に、自分を
選んでくれた特定地域や特定グループの利益を代表するわけではなく、全体の
ために最善の最終判断をすることが求められている。そのため、選挙で「人」
または「政党」を選ぶときには、ある特定の課題についてある政策を実現する
ように候補者を拘束することはできない、と考えられているが、なんらかの拘
束を取り入れるべきだと考える専門家もいる。

　選挙権を実現するための制度とルールについては、憲法44条の規定を受けて「公職選挙法」が定めている[2]。また、地方自治体の選挙については、「地方自治法」が定めている。

（2）保障されている内容と基本原則

普通選挙と平等選挙　　（一定の年齢になった）すべての国民に選挙権がある、という原則である。これは身分や財産（収入）によって選挙資格者を限定していた「制限選挙」を克服したことを意味している。

　世界の選挙制度の歴史を見ると、さまざまな理由から現実の選挙権が平等に反する制約を受けていた。その代表が、性別による制約（女性の参政権が保障されていなかったこと）と、人種による制約（とくにアメリカや南アフリカでの黒人の排除）である。民主主義は、その国を構成している人々が平等に政治に参加できることを意味するので、これらの不平等を克服することは民主主義の実現には欠かせない課題だった。日本国憲法では15条とともに14条「政治的平等」と44条「選挙資格の平等」で、この原則を確認している[3]。

　また、この平等選挙の原則からは、一人一票の原則が導かれる[4]。特定の人々に投票権がないことや、ある特別な人が二票以上の票をもつことは、平等に反する。ここにはさらに「一票の価値の平等」も含まれる（後述）。

「自由投票」と「投票の秘密の保護」　　選挙権は主権者としての義務ではなく「権利」なので、投票することは国民の自由意思に任されている。投票率の低下や国民の政治離れが心配されていることは確かだが、選挙権をはじめとする参政権は憲法12条の「不断の努力」を必要とする「権利」として国民の自覚を必要とするもので、国家から強制されるべきものとはならない。公職選挙法では、特定の候補者や政党に投票することを強制したり金銭などの利益を与えることによって誘導・買収したりすることを厳しく禁止している。

　また、各人が自分の投票内容を詮索されたり公開を求められたりすると、それが心理的圧迫となって自由な投票を行いにくくなるため、投票内容の秘密が守られる。有権者が自分の投票内容を自分から言うのは自由だが、公権力がその内容を調査することは許されない。選挙管理委員は、投票に不正がないかどうか

を見守るだけであって、投票者の投票内容を見たり尋ねたりしてはならない[5]。この趣旨からは、学校教員も、有権者となる学生の投票内容について立ち入った詮索が起きないように配慮しながら主権者教育を進めていく必要がある。

（3）残されている課題

　すべての国民に選挙権が平等に保障され、自由な意思で投票できることが、民主主義の国家の条件である。現在の選挙制度は、こうした憲法の趣旨を、十分に生かしているだろうか。

　この分野の権利保障については、21世紀に入ってから大きな動きが見られる。海外在住の日本人のための投票制度に不備があったことや、成年被後見人の選挙権停止について違憲判決が出され、法改正も行われている[6]。一方で、歩いて投票所に行けない事情を抱えた人に対する在宅投票制度が不十分なことや住所のないホームレスの人々が投票できないこと、受刑者の選挙権、外国人の参政権については課題や論争があり、訴訟も起きている。

　選挙権や選挙のためのさまざまな自発的活動（選挙運動）は本来「人権」なのだから、これを行使しようと思う者の権利の実現が優先する。これを制約するとしたら、選挙の公正性を確保する必要からやむを得ず制約する場合に限られる。この観点からは、日本の選挙制度への制約は過剰になっていないか、議論すべき問題が多く残されている。

◎重要判例◎在宅投票制度訴訟

最高裁1985（昭和60）年11月21日判決
　選挙権を行使するには、投票ができる仕組みが確保されていなくてはならない。これについては在宅投票制度が不十分で、多くの人が投票できないという問題がある。在宅投票制度とは、病人や身体障がい者、要介護老人など歩いて投票所に行けない人々が郵便で投票をする制度のことである。この制度は、1940年代、現在の選挙制度が始まってすぐに導入されたが[7]、その後すぐに廃止された。その後、昭和49年に重度身体障がい者についてだけ在宅投票制度を設ける法改正が行われたが、この制度で投票できる人の範囲は大変狭く、病人や、事故などでけがをして動けない人や、高齢のため歩行困難となった人は投票に参加できない状態が続いている。

　1985年、在宅投票制度が廃止されたこととその後この制度を復活させないことを憲法違反に問う違憲訴訟について、最高裁は、その種の制度は「立法裁量」に任せるべき問題で、現行の制度は違憲ではない、と判断した。以後、同じ趣旨の ALS 患者選挙権訴訟（東京地裁2002（平成14）年11月28日判決）でも、同じ姿勢がとられているが、改革が必要との声は強い。

◎重要テーマと判例◎在外投票制度訴訟と外国人参政権

　社会の国際化に伴って、日本の選挙制度にも2つの大きな課題が生じた。

　一つは、海外に出ている日本人が海外から日本の国政選挙の地方区選挙に参加できる制度（在外投票制度）が不十分な形にとどまっていたことである。これについては当時の投票制度の不備を国の立法不作為と認める違憲判決が出されている（在外選挙権訴訟最高裁2005（平成17）年9月14日判決）。この判決後、国会でもこの制度を実現する施策が行われた。

　その一方で、日本国内に定住している外国人の参政権をどう考えるかは、論争となっている。裁判では、権利の性質から見て日本国民に限定されると考えられるものを除き、外国人に保障できる権利は平等に保障することを原則とすることが確認されている（マクリーン事件　最高裁1978（昭和53）年10月4日判決）。では、選挙権は性質上、外国人に保障できる権利か、日本国民に限定される権利か。[8]

　国会議員を選ぶ国政選挙について、裁判所は、15条の選挙権は日本国籍をもつ日本国民に限定されるとの解釈を示しているが、地方参政権については立法政策によって定住外国人に選挙権を認めることは憲法上禁止されていないとの見解を示した（最高裁1995（平成7）年2月28日）。これは国家にその保障が義務付けられるという意味での「人権」とまではいえないが、この権利を外国人に拡大する政策をとることは憲法上許容されている、という考え方である。国会でも外国人参政権を認める案が何度か議論になっているが、まだ結論は出ていない。

　地方自治体の公務員や議会議員の選挙資格・被選挙資格については、各自治体の自主的な判断に任されていると読める判決がある（ヒッグス・アラン事件　最高裁1993（平成5）年2月26日判決）が、その後、地方自治における「住民」も国家における「国民」であることが前提だ、とする判決が出ている（最高裁1995（平成7）年2月28日判決）。ここでも、ローカルな政治に参加する権利を、地方自治体が外国人に認めることは、自治体の判断に任された事項だという趣旨だと読むべきだろう。

　一般に、参政権は外国人に平等に保障できる性質の権利ではないと考えられている。しかし、日本の国籍法が「日本国民」の範囲を他の国々よりも狭く限定している実情を考えると、日本の参政権は、他の国であれば選挙権が認められると考えられる人にこれが認められない、狭いものになっている。人権保障について国際化が

進めば、この部分にも再考が求められるのではないだろうか。

　教育現場でも、同じ教室のなかに定住外国人や留学生が同席することは日常の風景になっている。主権者教育の場面で、外国人参政権について説明することは、教員にとっては相当の思考力と人権感覚が必要となる事柄だろう。裁判所の言葉は、「その実現は民主主義のルートで」という意味なのだ、ということを主権者教育の一環として伝える必要があるだろう。

◎重要テーマと判例◎一票の価値の平等

　「平等」の中身　　選挙権の平等については、「一人一票」だけでなく、その一票の投票価値（各票が選挙結果に対してもつ影響力）の平等を保障しなければ、本当に平等を保障したことにならない。これについては、公職選挙法の定める議員定数配分によって一票の価値に大きな地域間格差があることを違憲として争う裁判が繰り返し起きている。

　国政選挙（衆議院・参議院の国会議員の選挙）では、比例代表制と地方区の2つの方式が並行してとられる。このうち、地方区では、公職選挙法（別表）で地域ごとに当選すべき議員の数を決めて割り当てている。有権者はこの割り当てに従って、自分が住む選挙区内の立候補者について投票をする。このとき、選ばれるべき議員の数に対して有権者の数が多ければ、有権者一人あたりの一票の重さは低くなり、議員の数に対して有権者の数が少なければ、一人あたりの一票の重さは高くなる。人口が急に増えた地域と急に減った地域の間では、この割り当ての見直しが追いつかず、一票の重みに格差が出てくる。このようなとき、公職選挙法別表を見直す法改正が行われていないことを憲法違反に問う裁判が議員定数訴訟（定数不均衡是正訴訟）である。

　裁判所は、選挙権の平等には「投票価値の平等」も含むとする見解をとっている（1976（昭和51）年の最高裁判決以来、この点は一貫している）。

　そうであれば、投票価値はすべての選挙区を比較して1対1にするべきだが、現実問題としては、許容できる限度はどこまでか、という考え方になる。最高裁は、人口増によって投票価値が最小になる選挙区と人口減によって投票価値が最大になる選挙区との格差（最大較差）が約1：5となった衆議院議員選挙について違憲判決を出している（最高裁1976（昭和51）年4月14日判決）。その後、2012年から2013年にかけては高裁でおおよそ1：2.3の格差について「違憲状態」または「違憲無効」の判決が相次ぎ、2013年には最高裁が衆議院議員定数の不均衡を「違憲状態」と判断した（最高裁2013（平成25）年11月20日判決）。

　現実への配慮　　裁判所は、議員定数配分の不平等が許容範囲を超えたこと自体で配分規定を違憲としているのではなく、国会が憲法上要求される「合理的な期間

内」にその是正を行わなかったことについて、違憲としている。

　これに加えて最高裁は、国政に大きな混乱を招くことを避けるため、選挙が違憲・違法であることを宣言するが、選挙を無効とはしない判断方法をとってきている（1976年には「事情判決」、2013年には「違憲状態判決」最高裁2013（平成25）年11月20日判決）。こうした判決方法については、やむを得ないとする考えもある一方で、国会への実効的な影響力をもたない違憲宣言に終わるのではないかとの批判もある。

　一方、こうした裁判と並行して、国会の立法論としては、参議院のあり方ついて、人口以外の要素を考慮して制度を組み直してはどうかという議論が続いている。

■コラム2-1　選挙と政治活動と18歳

　政治活動・選挙運動への制約　公職選挙法では、候補者またはその事務所に所属する応援者が有権者の家を回って話をする「戸別訪問」が禁止されている。これは選挙運動の自由（表現の自由）への過剰な制限であり、とくにメディアに広告を出すような大きな資金をもたない小さな団体や個人の立候補者にとって不利な制限ではないかと疑問視されている。

　これは「公共の福祉」の一環として、選挙の公正性を守る目的から規制されている。買収などの不正を防ぐ必要の重さと、権利を行使する資格のある人々の投票の機会が封じられることの重さとを比較して、憲法上正当なバランスを考えていく必要がある。

　2013年にはインターネット上の選挙活動が解禁され、選挙運動の自由が一歩前進した。人々の関心とコミュニケーションの回路を開いていく方向としては、一歩前進した。ここでは、更新禁止期間のことや未成年者の書き込み禁止など、いくつか細かいルールがあるが、人々の自由なコミュニケーションが萎縮することがないよう、ルールを定める側が十分に配慮する必要がある。

　高校生の政治活動と学校教員　2016年から、選挙権を行使できる年齢が18歳に引き下げられた。これにより、多くの18歳有権者が、高校3年生在学中に選挙に参加できることになった。

　これに伴い、高校から主権者教育が行われ、また高校生の政治活動も認められることとなった[9]。これに関する文科省（文部科学省）の新通知は、「違法、暴力的なおそれが高い」場合、「学業や生活に支障がある」場合には、学校の判断で活動の禁止・制限ができるとしている。これに加え、文科省通知は、「生徒の安全確保」を目的とする「届け出制」を「必要かつ合理的な範囲内の制約」として認めた。生

徒が校外の政治活動に参加する場合には学校へ届け出をすることを義務づける学校もあるが、生徒の主体的な活動を尊重する、という本来の原則との適切なバランスが求められる。

　この問題に関する参考として、文科省HPは、昭和女子大事件判決　最高裁1974（昭和49）年7月19日判決や麹町中学校内申書事件　最高裁1988（昭和63）年7月15日判決を上げている。学校が教育方針として政治的活動を学則で規制したこと適法とした判決である。現在同じケースで同じ判決が出るかどうかは疑問だが、これを覆した判例はまだない。

　教員として知っておこう・政治的活動への制限　　教職をめざす人々は、市民として保障される参政権と、教員・公務員に課されている制約を理解しておこう。ま[10]た、将来の主権者教育の担い手として、学生に保障される参政権と政治的活動の自由と禁止される行為について、把握しておこう。

教育関係法規	禁止・制限される行為	規制の対象となる学校
教育基本法　14条2項	特定の政党を支持し又は反対するための政治教育その他政治的活動の禁止	公立・国立・私立
教育公務員特例法　18条	国家公務員の例による政治的行為の制限（人事院規則に定める政治的行為の制限）	公立
公職選挙法　137条	教育者の地位を利用した選挙運動の禁止	公立・国立・私立
公職選挙法　136条の2	公務員の地位を利用した選挙運動の禁止	公立
義務教育諸学校における教育の政治的中立の確保に関する臨時措置法　3条	職員団体等の組織又は活動を利用し、義務教育諸学校に勤務する教育職員が児童生徒に対し、特定の政党等を支持又は反対させる教育を行うことを教唆又はせん動することの禁止	公立・国立・私立

【志田陽子】

3　参政権（2）司法へのチェック、憲法改正国民投票

第79条　2　裁判所の裁判官の任命は、その任命後初めて行はれる衆議院議員総選挙の際国民の審査に付し、その後十年を経過した後初めて行はれる衆議院議員総選挙の際更に審査に付し、その後も同様とする。
　3　前項の場合において、投票者の多数が裁判官の罷免を可とするときは、その裁判官は、罷免される。……

（１）最高裁判所裁判官の国民審査

　日本では、裁判官は国会議員と異なり、選挙で選ばれるわけではない。しかし裁判は、人権保障の最後の砦となる場面ともなるので、国民の権利を常に誠実に考える方向で「裁判官の良心」を発揮してもらわなければならない。このことを国民が見守り、最高裁裁判官の職にふさわしくないと思う者があったときには不信任の意思表示をすることができる、というのが「国民審査」の制度である。

　方法としては、衆議院総選挙のさいにこの国民審査のための投票用紙も投票者に渡され、裁判官の名前の上に「×」をつけるようになっている。これで実際に罷免（解職）された裁判官はまだいないが、少なくとも国民が最高裁を「見ている」ということを示すものとして価値のある制度といえる。

　これについては2022年、海外にいる日本人がこの投票をする制度がないことを憲法違反とする最高裁判決が出された（最高裁2022（令和４）年５月25日判決）。

（２）裁判員制度

　裁判に国民参加を呼び入れる方策として、2009年から「裁判員制度」が始まった。これは「裁判員の参加する刑事裁判に関する法律」に基づくものである。殺人、強盗など一定の重罪で起訴された刑事裁判については国民が裁判員として刑事裁判に参加し、有罪か無罪かの判断と、有罪の場合の刑について、裁判官との合議で決めることとなっている。裁判員によって審理が行われるのは一審のみで、控訴審以降は専門家裁判官が判断する方式となる。

　この制度を「参政権」の一種と見るかどうかは見解が分かれている。裁判員制度にはむしろ刑事司法のプロセスのなかに《市民の目》を組み入れる点に大きな意義があり、むしろ国民の「責任」として考えるほうが素直ではないか、との疑問もある（この制度については14章の「司法」の項目も参照してほしい）。

（３）憲法改正における国民投票

　第96条　この憲法の改正は、各議院の総議員の三分の二以上の賛成で、国会が、これを発議し、国民に提案してその承認を経なければならない。この承認には、特別の国民投票又は国会の定める選挙の際行はれる投票において、その過半数の賛成を必

要とする。………

　憲法を改正するさいには、国会で「総議員の３分の２」という特別多数による可決が求められるが、これだけでは改正は成立しない。国会はこの要件を満たした憲法改正案を国民に対して「発議」し、これに対して国民投票が行われ、投票数のうち過半数の賛成票を得ることで、憲法改正が成立する。

　憲法改正要件の厳しさは、憲法が国家の土台を定めるルールであることの重さを考えれば、必要なものである。改正のさいの国民投票は、国民主権がもっとも直接に現れる場面として重大な意味をもつ参政権である。

　この改正に関する具体的な手続については、「日本国憲法の改正手続に関する法律（憲法改正国民投票法）」に定められている。[11] この法律では、投票権者は18歳以上の日本国民である（３条）。憲法改正案ごとに一人一票の投票を行い（47条）、国民は投票用紙にあらかじめ印刷された「賛成」または「反対」の文字のどちらかに○をつける（57条）。

　ただし、この厳しい手続をクリアして行われた変更であっても、この憲法を生み出し支えている原則となる部分を削除するなど、憲法の同一性を失わせる変更を加えることは、この憲法そのものの否定・破棄になる。これは「改正の限界」と呼ばれる。もしも国民がそれでもその《破棄》を選択した場合には、国民は現行の憲法に基づく「改正」を超えて、別の原理に基づく別の国家形態を選んだことになる（14章の「憲法保障」の項目も参照してほしい）。

4　国務請求権

　国が行うべきさまざまな仕事を「国務」という。この「国務」のうちいくつかのものは、国民からの請求があって初めて行われる。この国務の実行を求める権利が国務請求権である。憲法上明記された国務請求権には請願権（16条）、国家賠償請求権（17条）、裁判を受ける権利（32条）、刑事補償請求権（40条）がある。「受益権」ともいわれる。

　国務請求権は、民主主義のサイクルを回していくエンジンとしての価値をも

つという点では参政権とも共通性をもつ。また国に積極的な作為を求める権利ということでは社会権とも共通性をもっているが、判例で「具体的権利ではない」といわれている社会権とは異なり、国務請求権は、国民からの請求に対して国家が義務を負う具体的な権利である。

（1）請　願　権

　第16条　何人も、損害の救済、公務員の罷免、法律、命令又は規則の制定、廃止又は改正その他の事項に関し、平穏に請願する権利を有し、何人も、かかる請願をしたためにいかなる差別待遇も受けない。

　保障される内容　　国政や地方自治について、公務担当者に要望を伝えたいと思った者は、平穏な方法でこれを伝えることができる。請願を受けた官公署等は、請願に対し誠実に処理する義務を負う（請願法5条）。これは、為政者に意見を申し立てた者がそのことで不利益を受けたり要注意人物としてマークされたりすることのないように、との反省から生まれた権利である。この趣旨からは、公権力が請願を萎縮させるような圧力を加えることも許されない。

　課題と裁判例　　請求できる内容（国その他の公の組織が負う義務）は、請願を受けたら誠実に処理する、というものにとどまる。国や自治体に請願内容を実現するように法的拘束を課すことはできない。それでも議会や行政に一定の気づきを促すという意味では、政治に参加する手段としての意義があり、参政権を補う価値をもつ権利と考えられる。こうした16条保障の趣旨からは、国や公的な組織が請願者を実力行使で排除することはもちろん、心理的に圧迫する質問調査や、後から考えを変更させるような介入を行うことも許されない。

　近年の代表的な事例として、「関ヶ原訴訟」がある。廃校が予定されている小学校のPTA有志が統廃合反対の署名簿等を町長に提出したが、その町長が署名者に対する戸別訪問調査を行った。これについて裁判所は、署名行為も署名活動も「表現の自由」および請願権によってその活動が保障され、憲法16条には請願を実質的に萎縮させるような圧力を加えることは許されないとの趣旨が含まれる、と述べた上で、このような戸別訪問調査を権利侵害と判断してい

る（二審：名古屋高裁2012（平成24）年4月27日判決）。[12]

　なお、最近では、さまざまな行政機関や自治体が、ネット上で一般市民からの「パブリック・コメント」を募集するようになっている。現在行われている「パブリック・コメント募集」は、コメントを寄せる一般市民側には議題の設定に関わる道がない点、その意見は住民投票のような決定力をもつわけではない「参考意見」にとどまる点で、参政権や国務請求権の一場面とまではいえないが、「自由な意見表明」の活性化を図るという点で、民主主義の環境に良い影響を与えることが期待される。

（2）裁判を受ける権利

　第32条　何人も、裁判所において裁判を受ける権利を奪はれない。

　保障される内容　「裁判を受ける権利」とは、司法機関（裁判所）に救済を求める権利をいう。また、裁判所以外の機関から裁判されないことをいう。[13] 違憲審査制を採用した日本国憲法の下では、これが基本的人権を保障するための最終的な手段を確保する権利となる。[14] この役割から、裁判所は、政治権力から独立した公平な判断を行うように要請されている（憲法76条）。

　裁判を受ける権利を「奪はれない」とは具体的にどういうことだろうか。

　裁判（訴訟）には民事・刑事・行政の三種類がある。民事訴訟は借金の返還や離婚・相続など「民事」に関する訴訟、刑事訴訟はいわゆる「犯罪」を扱う訴訟、行政訴訟は国や地方自治体に対する訴訟のことを指す。

　そのなかでまず、民事事件や行政事件では、国民が自分の具体的な権利・利益の侵害の主張について裁判所の裁定を求める権利をもっているので、適法に提起された裁判を裁判所が拒絶することは許されない。また刑事事件では、犯罪の嫌疑をかけられた者は、裁判所の判決によらなければ刑罰を科せられない。刑事事件では、この意味でとくに「公開の裁判」を受ける権利が37条1項で重ねて保障されている。

　「立法不作為」を問う裁判　国が人権保障のために必要な制度を実現するには、まず立法が必要となる。これは国の重要な義務だが、その制度作りが実現

しないままで放置されているとき、これを国の立法不作為という。

　現在の違憲審査制の下で憲法訴訟が成立するためには民事・刑事・行政のどれかの訴訟が成立しなければならないが、立法不作為の訴訟は、その法律に基づく行政行為が「ない」ため、通常の訴訟を起こすことができない。そのために、「裁判を受ける権利」の趣旨と「国家賠償法」（後述）の制度を組み合わせて立法不作為の違憲性を問う方法がとられている。[15)]

　教職をめざす人々へ　日本社会では、民事裁判を起こした原告が一般市民からの嫌がらせを受けて訴訟を取り下げるなど、裁判があるべき形で市民生活に定着しているとはいえない場面もある。この権利が社会に定着するためには、市民への法知識の提供や法教育が欠かせない。将来、教育現場に立ったら、裁判への理解を語れる教師になってほしい。

（3）刑事補償請求権

　第40条　何人も、抑留又は拘禁された後、無罪の裁判を受けたときは、法律の定めるところにより、国にその補償を求めることができる。

　保障される内容　刑事事件の解決のために身柄を拘束され社会活動が行えない状態に置かれた人は、さまざまな損失を被ることになる。自分が受けた疑いについて無罪判決を受けた者は、この損失について、国から金銭の補償を受けることができる。

　深刻な冤罪事例　5章で見るように、法の適正手続保障を踏み外した国家活動によって生じた損害には深刻なものが多いが、これに対する補償・賠償はまだ不十分である。違法な国家活動から生じた冤罪事件については、損失の補償とは別に、損害に対する国家賠償も併せて支払われるべきではないかと考えられるが、再審無罪になった事件で国家賠償が認められたケースはまだない。

（4）国家賠償請求権

　第17条　何人も、公務員の不法行為により、損害を受けたときは、法律の定めるとこ

ろにより、国又は公共団体に、その賠償を求めることができる。

保障される内容　　憲法17条は、公務員の不法行為によって損害を受けた国民に対して、国に損害賠償を請求する権利を保障している。この国家賠償請求権を具体化するために、国家賠償法（国または公共団体が起因する損害を賠償する法律）が制定されている。

17条の国家賠償請求権や40条の刑事補償の規定は、日本国憲法制定のときに新しく取り入れられた。憲法の目的を人権保障ととらえた場合、そこに現実に人権侵害が起きているならば、この現実に着目した救済がはかられなければならない。国家も間違うときがあることを正面から認め、そのときにどうするかという思考を取り入れた統治は、民主的な健全性を備えたものといえる。

個別の公務員だけでなく、国の行為に全体として組織的過失が認められた例、法令が違憲とされた例（郵便法事件[16]）もある。ほかに、空港・軍事基地の近隣住民への被害をめぐり、国家賠償と差止を求めた訴訟[17]、国が採用した安全保障制度を憲法違反に問う訴訟や、内閣が憲法53条後段の規定による臨時会を召集しないことを憲法違反に問う訴訟などが、国家賠償を求める訴訟として起こされている。

◎重要判例◎予防接種事故訴訟

最高裁1998（平成10）年6月12日判決

　種痘、インフルエンザ、日本脳炎等の予防接種の副作用で死亡ないし後遺障害を残すことになった被害児とその親たちが、国を被告として、国家賠償を求めた訴訟。裁判所は医師に高度な注意義務があることから、過失があったとして賠償請求を認めた。

◎重要判例◎ハンセン病訴訟

熊本地裁2001（平成13）年5月11日判決

　国の誤った政策によって不当な差別を受けているとして、ハンセン病患者たちが起こした国家賠償請求訴訟である。国が正しい医学的知見に基づく法改正を行わずに、各種の人権を否定する扱いを制度上放置してきたことについて、立法不作為が

あったことが認められ、これに基づく国家賠償請求が認められた。生存権25条2項の項目も参照してほしい。

【注】

1)　地方自治体の長については、住民による解職請求（リコール）の制度がある。
2)　13章を参照。
3)　日本で明治時代に始まった選挙制度は、国税納付額の高い男子に資格を限定する「制限選挙」から始まり、大正、昭和にかけて次第に制限が緩められ、戦後、日本国憲法によって完全な普通選挙の保障が実現した。12章も参照してほしい。
4)　公職選挙法36条に、この趣旨を受けた規定がある。「投票は、各選挙につき、一人一票に限る」。
5)　この投票の秘密の保護の原則は、憲法14条にある「信条……により、……差別されない」という原則と結びついている。
6)　成年被後見人選挙訴訟　東京地裁2013（平成25）年3月14日判決。被後見人の選挙権を制限する公職選挙法11条1項1号は憲法違反との主張を、裁判所が認めた。
7)　昭和26年にこの制度を利用した不正投票が大量に発生したため、翌27年の国会でこの制度が廃止された。
8)　マクリーン事件や国籍の問題については、11章を参照してほしい。
9)　高校生の政治活動は、昭和44年の文部省初等中等教育局長通知によってほぼ禁止の方向で「配慮」通知が出されていたのだが、これが廃止され、新しい通知が出された。
10)　公務員（公立学校教員）は選挙運動に参加してはならないとされている。職務上の地位を利用した選挙誘導が規制されることには合理性があるにしても、職務を離れた一市民としてであっても不可とするのは、公務員の市民的自由を不当に制約するものではないか、との指摘がある。
11)　平成19年に制定、平成22年に施行。令和3年に一部改正。
12)　参考文献：市川正人『表現の自由の法理』（日本評論社、2003年）。
13)　裁判員裁判が「裁判を受ける権利」を侵害しているとして憲法判断を求めた事例として、最高裁平成23年判決がある。これについては14章を参照してほしい。
14)　参考文献：松井茂記『裁判を受ける権利』（日本評論社、1993年）。
15)　松井・前掲注13。
16)　郵便法事件違憲判決　最高裁2002（平成14）年9月11日判決。
17)　大阪空港訴訟　最高裁1981（昭和56）年12月16日判決、厚木基地公害訴訟　最高裁1993（平成5）年2月25日判決など。

☆参考文献はすべて、学生向けのおすすめ参考文献です。

3章

精神的自由権（1）
表現の自由

　表現の力は大きい。一人ではできないことでも、大勢の共感を呼ぶことで実現の可能性は高まる。説得力や魅力のある表現は、そうした潮流を作り出す力をもっている。そのために歴史上、表現者が国家から注視され妨害される事件が多く起きてきた。だからこそ憲法でその「自由」を確保する必要がある。

　表現の自由は、人間本来のあり方にとっても、民主的な社会にとっても、欠くことのできない重要な権利である。現在ではインターネットが社会的コミュニケーションの重要な手段となり、ネットを介した市民同士のトラブルや情報流出問題も増えているため、その自由と規制のあり方が議論されている。高校までの学校教育でも、ネット社会のリテラシーや政治活動に関するルールの教育は、情報社会教育の一環としても主権者教育の一環としても、必須の課題となっている。

1　「表現の自由」の価値と弱さ

第21条　集会、結社及び言論、出版その他一切の表現の自由は、これを保障する。
2　検閲は、これをしてはならない。通信の秘密は、これを侵してはならない。

（1）「表現の自由」の価値と弱さ

個人の人格的存在を支えるものとして　　人間の精神・人格といわれるものは、各人に最初から「ある」ものではなく、他者とのコミュニケーションによって形成されていくものである。人は、他者との関わりのなかで自分の《人格》を形成し、確認し、発展を続ける。「表現」は、それぞれの個人の人格形成と自己実現のために不可欠のものとして、その自由の保障が重要と考えられている。

民主主義または共存社会を支えるものとして　　私たちは民主主義の社会に生きている。この民主主義は、参政権と選挙制度と議会制度が整備されていることを必要とするが、実質的には、国民がなんらかの選択をするときには十分な情報を得る必要があるし、他者と政治的問題について話し合う自由も必要である。その意味で「表現の自由」は、民主主義を支える不可欠の前提条件と考えられている。

　日本の歴史のなかで、国が一般市民の表現活動を妨害した例は多い。代表的なものは、戦時中の報道統制や、一定の思想内容およびその表現を危険視し刑事犯罪として扱うことを定めた「治安維持法」だろう。実際にあった事例として、小説家が取り調べ中に暴行を受けて死亡した小林多喜二事件や「横浜事件[1]」がある。

　さらに、民主主義であろうとなかろうと、人間には生きる権利があり、生きるために社会を必要とする。そういう人間たちが社会的弱者として一方的に圧迫されたり、暴力的な紛争に陥ったりせずに共存するためにも、「表現の自由」は必要である。

デリケートな権利　　「表現の自由」は、上に見たような価値に加えて、とくにデリケートな弱い権利であるため、国に《取扱い注意》が求められる。

33

もしも何かの意見表明をしたことで、処罰などの不利益があれば、人々はそんな不利益をこうむってまで表現をしようとはしなくなる。この自粛傾向を「萎縮効果」と呼ぶ。国家は「表現の自由」のこの弱さ、デリケートさを考慮しなければならない、と考えられている[2]。

（2）自由が保障される「表現」は

「一切の表現の自由」　「一切の」という言葉には、国が表現の価値の有無を選別することをせず、あらゆる表現のあり方について「自由」を保障し、その評価は市民社会に委ねるという強い決意が現れている。したがって「表現の自由」の保障は、すべての表現に及ぶ。条文に明記されている集会、結社（団体を作ること）、言論（演説など）、出版（新聞や図書の発行）は、歴史的に妨害されやすかった表現ジャンルについて、権利保障を明確に示したものだが、他にも絵画、写真、インターネットへの投稿、映画、演劇、音楽などあらゆる形態の表現の自由が保障される。個人各人の表現も、メディアの自由も保障される（ただし、実際の裁判では、「わいせつ」などが「価値の低い言論」として扱われている）。

　表現の送り手の自由だけでなく、受け手の権利である「知る権利」も保障される。

　「表現の自由」の保障の基本的な意味は、表現の内容や方法は表現者の「自由」に委ねることとし、国や自治体などの公権力が妨害、強制、内容操作などの介入をしてはならない、ということである。公権力が表現内容に踏み込んで規制するとすれば、犯罪の教唆など強い必要性のある事柄に限られ、規制が必要と認められる場合でもその規制方法は必要最小限度のものでなくてはならない。

　「表現の自由」の限界——「公共の福祉」　権利の保障にはそれぞれ一定の限界がある。憲法12条の「濫用してはならない」、13条の「公共の福祉」といったルールは憲法上の権利の全体に及ぶ一般原則なので、「表現の自由」にもあてはまる。しかし「表現の自由」の場合には今見てきたような価値と《取扱い注意》の考え方があるために、規制をする場合にはとくにその必要性を厳格に絞る考え方がとられる。とくに経済的自由に比べて「表現の自由」を含む精神的自由権を強い姿勢で保障する考え方を、「二重の基準」という（6章参照）。

（3）「検閲の禁止」

　「表現の自由」保障の基本的な意味は、国や自治体などの公権力が国民の自由に介入してはいけない、ということである。憲法21条2項で禁止されている「検閲」は、もっとも深刻な表現介入だったため、とくに明記されている。

　検閲の絶対的禁止　表現物の内容をその公表に先だって公権力（国や自治体）が閲覧し、公表の可否を審査することを「検閲」という。日本国憲法は、とくに戦前の日本が行ってきた言論弾圧の深刻さを反省し、「検閲」を絶対的に禁止している。[3]

　ここでいう検閲は公権力によって行われるもののことで、放送業界や映画業界、ゲーム業界などが自発的に団体を作って事前チェックや年齢制限指定を行うことは、ここには含まれない。

　最高裁は「検閲」の定義をかなり狭く限定している。1984年の税関検査事件では、最高裁は「検閲」を《行政権が主体であること、思想統制であること、網羅的・一般的な禁止であること、事前規制（発表前の審査、禁止）であること》とした上で、税関検査はこれにはあたらない（合憲）としている（最高裁1984（昭和59）年12月12日判決）。

　事前抑制・内容規制の原則禁止　ある規制が検閲にあたらないとしても、事前抑制にあたらないか、という視点から引き続き厳格な検討姿勢が求められる。「表現の自由」保障の趣旨からは、表現内容の良しあしは市民の判断に委ねられるべきもので、害があるものの場合は、いったん社会に出した後で被害を受けた者が訴え出るのが原則である。表現が社会に出る前にそれを止めることは、よほど切迫した必要性のある例外的な場合でなければ認められない。最高裁は「北方ジャーナル事件」で、名誉毀損にあたる出版物の事前差止めの仮処分は事前抑制にあたり、原則として許されないが、その内容が公表されることによって重大で回復不能な被害が生じるおそれがある場合に限り例外として認めるとした（最高裁1986（昭和61）年6月11日判決）。

（4）表現の内容・方法・場所

　「表現の自由」の趣旨から考えれば、表現内容に対する規制は原則として許

されず、深刻な被害の現実的な危険を防止するために強い必要性が認められる例外的な場合のみ、規制が認められる。

これに対して、表現内容そのものに着眼するのではなく、表現の時間や場所や方法について規制する場合は、やや緩やかに認められる。たとえば、表現内容は何であれ、住宅街で大きすぎる音で音声を流せば、自治体の迷惑防止条例などの規制を受ける可能性がある。また、性表現や暴力表現についても、あらゆる形で社会に出すことを禁止・処罰するような規制ではなく、売り場を分けるルールや映画館での表示を義務付けるなど、社会に出す方法を規制する場合には、内容そのものへの規制よりも規制が認められやすい傾向がある。

（5）通信の秘密

プライベートな通信　憲法21条2項後段が保障している「通信の秘密」は、「表現の自由」の一内容であることはもちろん、個人の生活の内部まで踏み込まれない自由（プライバシー）と「思想良心の自由」を保障する上でも必要な権利である。通信に関わる各種事業者を規制する法律では、この趣旨を受けて、検閲の禁止や秘密の保護を定めている（郵便法、信書便法、電気通信事業法、有線電気通信法、電波法など）。

ここでいう「通信」は、封書などの信書、電信・電話、インターネット上の電子メールなどのことである。通信者の同意なく、密かに会話を聴取する「盗聴」は「通信の秘密」の侵害となる。犯罪捜査における警察官による「傍受」はこの原則の特殊な例外だが、強い必要性・緊急性が認められる場合に限られる（犯罪捜査のための通信傍受に関する法律（通信傍受法：2000年施行））。

公共空間における通信　同じ通信技術の上に成り立っているコミュニケーションでも、不特定多数の人間を対象とするもの（公開のホームページなど）は、出版に準じる公開表現として扱われる。ただ、インターネット接続サービスを提供する電気通信事業は出版・放送と異なり、他人の通信の伝達路となるもので、自ら表現活動を行うことは本来の役務ではないと考えられてきた。そのため、インターネット上で名誉毀損やプライバシー権侵害や著作権侵害などの権利侵害問題が起きたとき、責任を負うのは第1には表現発信者（ユーザー）で

ある。しかし同時に、こうした情報を媒介しているインターネット事業者の責任が問われる場合もある。「プロバイダ責任制限法」（「特定電気通信役務の提供者の損害賠償責任の制限及び発信者情報の開示に関する法律」）は、この責任の適正な範囲について調整している。

■コラム3-1　芸術の自由――ドイツを参考に

　インターネットの普及とそれに伴う情報教育の浸透、スマートフォンやタブレット端末の利用年齢の低下などにより、児童も主体的にアートシーンに参加する機会が増えている。また、作曲アプリ、アートアプリなどを利用して誰でも自ら作品を作り、SNSを通じて多くの人に発表・発信することができるようになっている。そのようななかで、言論、出版といったオーソドックスな意味での表現活動を超えて「芸術的な」表現活動を行う場合に、「芸術の自由」といった個別の憲法的権利の保障が認められるのか、その際「表現の自由」の保障と程度が異なってくるのか、ということは考察の価値がある問題であろう。

　「芸術の自由」とは　　日本を離れて諸外国の憲法に目を向けると、「芸術の自由」を保障した条文が目に入る。たとえば、ギリシャ、イタリア、ポルトガル、ドイツ、そしてオーストリアなどである。また興味深いことに、冷戦後、共産主義体制が崩壊した東側の中欧・東欧の国々が新しく作った憲法のなかで採用されていった。ここではそのなかでも古くから保障されてきたドイツの「芸術の自由」を紹介しよう。

　ドイツでは皇帝ヴィルヘルム2世の厳しい芸術統制を経て、第一次世界大戦後ドイツ帝国の崩壊とともに成立したヴァイマル憲法においてその142条で「芸術の自由」が初めて規定された。しかし、この142条はプログラム規定と解釈されていたために国家に対する強制力をもたないと解釈されていた。そして後にナチスが政権を握りヴァイマル憲法の実効性が失われていくなかで、「ドイツ民族の芸術」と相容れない芸術作品「退廃芸術」を生み出す者として烙印を押された芸術家は弾圧されていった。第二次世界大戦後制定され、現在も効力をもつドイツ連邦共和国基本法（日本でいう「憲法」と同じもの）5条3項において、「芸術の自由」は再び規定されることになった。基本法5条ではその1項で「言語、文章及び図画によって自己の意見を自由に表明し流布させる権利」としての「意見表明の自由」が保障されている。これは日本国憲法21条の「表現の自由」に近いものと考えてよいだろう。それに対して3項は「芸術および学問研究および教授は自由である」、という規定になっている。この両項の間に2項「これらの権利は一般的法律の規定、青少年保護のための法律上の規定、及び個人的名誉権によって制限を受ける」があり、1項の「意見表明の自由」は青少年の保護などの目的で制限されることになるが、

３項の「芸術の自由」に関しては、原則として２項による制限は及ばないと考えられている。素直に解釈すると、「意見表明の自由」よりも「芸術の自由」のほうが保障の度合いが強いことになるのである。

　「芸術の自由」とその限界　　ではドイツでは、「表現の自由」と違って「芸術の自由」のほうは無制限に保障されるのか。たとえば誰かの名誉を深く傷つけたりプライバシーを著しく侵害したりするような作品まで、芸術的であることを理由に無制限に保障されるのだろうか。「芸術の自由」に関するリーディングケースである「メフィスト」事件に関する裁判（連邦憲法裁判所1971年２月24日決定）を見ていくことにしよう。これはクラウス・マンの小説「メフィスト――ある出世物語」が登場人物のモデルとされている人物（ナチス政権の庇護の下、舞台芸術監督の要職についていた俳優として描かれる）の人格権を侵害しているとして出版差止めが問題となった裁判である。まず、連邦憲法裁判所は芸術の自由で保障される「芸術」について、その本質は自由な創造的形成にあるとし、芸術の自由の保障は芸術家の活動（作業領域）についてのみならず、芸術作品の展示や流布（作用領域）にも及ぶと確認した。その上で芸術の自由もやはり無制限ではなく、ただし憲法自身によってのみ規定されるべきであり、最終的に芸術の自由も「基本法の価値体系の一部として、とりわけ基本法１条で保障され、最高価値として基本法の全価値体系を支配する人間の尊厳に従属する」としたのである。

　日本国憲法と「芸術的」表現　　この点、「芸術の自由」に関する個別の規定をもたない日本では、芸術的表現も日本国憲法21条の「表現の自由」において保障されると考えられているが、芸術的作品における表現の自由と他の憲法上の価値との衝突事例ではどのように判断されているのだろうか？　下級審の判決であるが、「メフィスト」事件同様、人格権（プライバシー）の侵害に関するリーディングケースとされる「宴のあと」事件（東京地裁1964（昭和39）年９月28日判決）を見てみよう。これは元外務大臣で東京都知事候補の有田八郎をモデルとした三島由紀夫の作品が問題となった事例である。東京地裁は表現の自由も絶対的なものではなく、プライバシーなどの法益を侵害しない範囲で認められているとし、「プライバシーの価値」と「芸術的価値」の基準は全く別のものであるとして「芸術的表現」の優越性の主張を退けている。このような姿勢は千円札の模型作品が問題となった事例や「チャタレイ夫人の恋人」事件をはじめとする文芸作品中の性表現が問題となった事例で基本的に引き継がれている。芸術性があっても「公共の福祉」に反することは許されないとした最高裁は、徐々に「芸術的価値」の有無により違法性を判断するようになるが、ドイツの裁判所が芸術に特殊な視点に考慮を払わねばならないという前提の下、詳細に対立する価値と衡量し結論を出しているのとはなお対照的である。

【奥山亜喜子】

2　表現の自由と民主主義

（1）基本の考え方

　表現の自由と民主主義の関係からすると、選挙や政治的争点に関わる言論は、すべての人にとってもっとも重要な事柄であり、その自由が最大限に尊重されるべきことになる。しかし日本の公職選挙法は、選挙に関わる表現活動をかなり制約している。教員への制約も厳しい。

　人権の保障の仕方には、《消極型》と《積極型》がある。消極型とは、人々が自発的に行うさまざまな活動について、国家が強制や禁止、統制などの干渉をしてはならない、と線引きをすることである。国家に対して「No!」という権利といえる。一方、権利保障のためには国家が制度作りや行政の実行をする必要がある場合もあり、そうした場合には憲法が国家に対して「Do!」と積極的な活動を命じている。

　「表現の自由」の基本的な意義は、消極的な自由の保障にある。しかし、現代の社会では、国民が国家や自治体の行政機関に直接に情報の開示を求める「情報公開制度」のように、公的機関に積極的な役割を要請する場面も出てきた。

（2）政治的表現の自由

　選挙運動における表現規制　　日本の公職選挙法では、選挙期間中の表現活動にさまざまな制限がある。とくに、候補者が有権者の家を訪ね歩く「戸別訪問」は全面的に禁止されている（公職選挙法138条）。これは、買収などの不正行為を招きやすいので、選挙の公正性を守る観点から必要な禁止だといわれるが、[4] これが規制の十分な根拠となるのかどうか、むしろこうした表現活動を自由にするほうが民主主義の趣旨にかなうのではないか、と疑問視する声も多い。

　また、公職選挙法では、教育者（公立・私立を問わず学校教育法に定められた学校の教員）は、教育上の地位を利用して選挙運動をすることはできない（137条）。年齢満18歳未満の者は、選挙運動をすることができず、その者を使用して選挙運動をすることもできない（137条の2）。

署名活動・デモ・ビラ配り　　市民が国家や自治体に要望を伝えたいとき、請願という方法もある（2章参照）。

　また、市民が自分たちの主張を世間に広く知らせることを目的として集団で行進することを「デモ」（集団示威運動）という。これは民主主義にとって重要な意味をもっているが、一般通行人の交通の自由も守る必要から、届出制や許可制などのルール化が行われている[5]。ここで行われる調整は、交通や住民の安全を守るための調整に限られるべきであり、内容を不許可の理由にすることは、原則として憲法に反する[6]。また、日本ではビラ配りをした人が住居侵入罪で有罪判決を受ける事件が起きているが、深く考える必要のある事例である[7]。

　公立学校の教員は公務員なので、国家公務員法102条によって政治活動が禁止されている。こうした禁止は、公務員の職務の中立性を守る趣旨から、規制が必要な場面を公務の場面に限定すべきだとする議論がある。

（3）知る権利

　知る権利と報道の自由　　国民が、国や自治体が公正な国政や自治を行っているか、自分が生活する地域が安全な環境なのか、といった公共的な事柄について知ることは、民主主義の担い手として必要なことである。この場面での「知る権利」の守り方のひとつとして、メディアの報道の自由を守るという消極型のものがある。この意味で、メディアは国民の「知る権利」に答える情報発信主体として強い公共性を担っている。

　報道の前提となる「取材活動の自由」も憲法上の権利として認められる[8]。

　情報公開制度　　一方、メディアも営利企業なので、それなりの個性・傾向があることは否定できない。そこで「知る権利」の実現のためには、国民がメディアに依存せず直接に情報を得るルートも必要となる。この必要に応えるための制度が「情報公開制度」であり、その手続を定めた法律が「情報公開法」（「行政機関の保有する情報の公開に関する法律」）である[9]。

　ただ、その1条には「国民主権」は明記されているが、「知る権利」は明記されなかった。また現在の情報公開制度では、政府が当該の記録を保管していないとなれば情報は開示されない。制度の誠実な運用を確保するための課題は

多い。
10)

　「知る権利」に応えるためのもう一つの制度・施設として、図書館がある。
とくに公立図書館は、国民の「知る権利」を出版図書の閲覧という文化面から
支えている。

　「公共情報」　「表現の自由」と他の権利や公共ルール（人格権や選挙の公正性
確保の必要や知的財産権）とが衝突しているとき、その表現が「公共情報」であ
る場合には、「表現の自由」と受け手の「知る権利」を最大限に優先する必要
がある。「公共情報」とは、国政や地方自治など（統治）に関わる事柄や、災
害情報など国民・住民の安全や環境に関わる事柄など、国民として関心をもつ
ことが当然に認められるような社会的公共性のある情報のことである。

　これとは異なり、個人情報やプライバシーについては一般社会の目から個人
を保護する方向が重視される。「情報公開制度」にも「公共情報は開示する
が、個人情報は開示しない」という分別が組み込まれている。

　常に公共の関心事に関わる立場にあるような人物は、「公人」と呼ばれる。
国政に関わっている議員や閣僚は、「公人」の典型である。

◎重要判例◎図書館図書廃棄事件

最高裁2005（平成17）年7月14日判決
　公立図書館の職員（司書）が、「新しい歴史教科書をつくる会」の執筆・編集に
よる図書107冊を自己の価値観によって廃棄した。最高裁は、公立図書館の職員は
「独断評価や個人的な好みにとらわれることなく、公正に図書館資料を取り扱うべ
き職務上の義務を負う」とした上で、図書館職員がこの義務に反する取り扱いをし
たことによって、図書の著作者の「思想の自由、表現の自由」に照らして、その著
作者の人格的利益が侵害されたと判断した。

3　表現の自由とさまざまな権利の衝突

　表現活動が他者の権利を侵害したり圧迫したりする場合には、その表現に一
定の制約がかかる（公共の福祉）。表現の自由と衝突する「他者の権利」のうち、

41

代表的なものを整理すると、人格権と呼ばれる権利群と、著作権など経済に関わる権利群に分けられる。人格権は、憲法13条「幸福追求権」に根拠をもつ重要な権利群と考えられており、具体的には、名誉権、プライバシー権、肖像権などが含まれる。[11]

（1）人 格 権

名誉権と名誉毀損[12]　個人各人は、自分の名誉（社会的信用）を守る人格的権利としての「名誉権」をもっている。これは本人の主観的な自己評価ではなく、社会に認められている客観的評価をいう。これを害する表現が名誉毀損となる。

たとえばある教員が「あの先生の授業、退屈だった」との批評を受けたとしても、表現者の側の論評の自由が優先し、教員の法的な「名誉権」が害されたことにはならない。これに対して、「あの先生は学歴を詐称している」と、当人の社会的信用を下げる事実情報を公言されたときには、「名誉」を害されたことになる。その話をネット上の公開の場に投稿すれば、「公然と」にあたる。

名誉毀損には、刑法上の名誉毀損罪（刑法230条、230条の２）と、民法上の不法行為（民法709条、710条）がある。民事裁判の場合にも「名誉毀損」にあたるかどうかについては刑法の規定を参照して判断される。

ただしこれには特例があり、その内容が「公共の利害に関する事実」である場合には、それが社会の利益のための公表であり、公表された内容が「真実であった」場合にかぎり、名誉毀損は成立しない（刑法230条の２）。企業や政治家や学校（教員）の不祥事を報道することが名誉毀損にならないのは、このルールがあるためである。

また名誉毀損にあたる表現は、民事裁判の場合、出版前に差し止めの仮処分が行われることもありうる。このことが「検閲」または「事前抑制」にあたらないかが争われた「北方ジャーナル事件」がある。[13]

プライバシーの権利と個人情報保護　「プライバシー権」は、各人が自己の情報について他者から不当に調査されたり・開示・公表されたりすることを拒否できる権利である。[14] 問題となる内容が本人によって公表されている場合には、プライバシー侵害とはならない。SNS上で自分から公表した自己情報は保護

されないことになる。

　「個人情報」は、「プライバシー権」の対象となる情報よりも広く、個人各人を特定したり生活状況を確認したりするさまざまな情報のことで、個人の氏名、住所、電話番号、戸籍（結婚離婚歴）、家族構成、銀行口座情報、納税額や資産状況、勤務先や所属団体、病歴などが含まれる。これらの情報を業務上、集積し管理している個人情報取扱事業者（国の行政機関や自治体、また学校・病院・金融機関・通信サービス関連企業など）は、これらの個人情報を目的外に使用したり本人の同意なく開示・流出させたりしないように保護することが義務付けられている。[15]

　社会全体の高度情報化と金融・信用経済の発達により、個人の情報が不当に利用される危険が高まり、これを防ぐ必要が高まってきた。学校はとくにこの個人情報を多く取り扱う場所であるため、教員一人ひとりが児童・生徒・学生の個人情報の取り扱いについて、知識をもつ必要がある。[16]

　2016年からは「マイナンバー法」が施行され、行政による個人の把握が一本化された。行政は十全な管理体制を整え、管理責任を引き受ける必要がある。[17]

肖像権と匿名の権利　写真表現は「肖像権」と衝突することが多い。肖像権は、意に反して撮影されること・意に反して自分が写っている撮影物を公表されることを拒否できる権利である。[18]現在では肖像権は、報道写真や個人が撮る写真など、私人同士の表現活動ルールとして語られることが多い。しかし《政治的表現の自由》に深く関わる権利でもある。

　自分の実名を隠しながらメディアやネットに投書・投稿する「匿名の権利」も、注視・詮索を避けたいというニーズが含まれている。ただし匿名表現は、名誉毀損やプライバシー侵害などの人格権侵害を引き起こしやすいと考えられているため、自由を保護しつつ権利侵害の問題に配慮するという緻密な思考が求められる。

　裁判や犯罪に関する報道で、被疑者や被告人の実名や肖像などの本人特定情報を媒体に出すことは、公共情報性が優先されるので権利侵害とはならないと考えられている（近年では、実名報道の可否・あり方について議論もある）。しかし、本人が刑事責任を終えて一般社会に復帰した後は、その人物の実名や肖像

は、時の経過に伴って権利保護の対象となると考えられる[19]（5章も参照）。

（2）青少年の発達の権利

　未成年者には、いくつかの権利制限がある。本人の判断能力が未熟なことを考慮して、本人の利益を害する危険の高い事柄を法によって遠ざけているのである。表現についても、いくつかの規制がある。

　少年事件報道における本人特定情報の保護　　「犯罪」にあたる事件の実行行為者が一定年齢（20歳・2022年4月現在）未満だった場合には、「少年事件」と呼ばれ、一般の刑事事件とは異なる扱いとなる。少年法の61条では、少年事件を報道する場合には、氏名、肖像など、本人を特定できる情報の公表を控えることが求められている。この61条の対象となる少年の年齢が、2022年4月から施行された改正少年法によって、20歳から18歳に引き下げられた。18、19歳は、引き続き少年法の適用対象となるが、この61条の規定の適用対象とはならず、実名報道される場合がある。

　有害な情報からの「健全な発達」の保護　　青少年の健全な発達を守るために、青少年を性的虐待や不当な性的利用から保護することは必要である。この観点

から、表現にも一定の制限がある。

　満18歳未満の者を性表現の被写体とすることは、当人の同意があっても、「児童ポルノ法」（「児童買春、児童ポルノに係る行為等の処罰及び児童の保護等に関する法律」）によって禁止される。また、「青少年が安全に安心してインターネットを利用できる環境の整備等に関する法律」や、各自治体の青少年保護育成条例などによる制約が課され、「有害情報」「有害図書」への規制が行われている。

　自己決定能力のない幼年者を被写体とする性表現を禁止することは、被写体を《現実の》性的虐待、性的利用から保護する必要から、憲法違反とは考えられていない。しかし、漫画・アニメーションのような架空表現に規制が及ぶことについては、議論の成熟が待たれる。

◎重要判例◎「有害図書」条例をめぐる憲法判例
　岐阜県青少年保護育成条例は、「著しく性的感情を刺激しまたは著しく残忍性を助長する」ために「有害図書」の指定を受けた図書を自動販売機で販売することを禁止している。この合憲性が争われた岐阜県青少年保護育成条例事件判決では、「青少年の健全な育成を阻害する有害環境を浄化する……必要やむを得ない制約」として、これを合憲とした（最高裁1989（平成元）年9月19日判決）。福島県の同様の条例に関する判決もほぼ同様の判決内容である（最高裁2009（平成21）年3月9日判決）。専門研究者の間ではこれらの合憲性を疑問視する見解が多い。

（3）「表現の自由」と経済社会

　広告表現と消費者の権利　広告表現は、「営利表現」とも呼ばれ、消費者保護や公正な競争という観点から通常の「表現の自由」よりも多くの制限を受ける[20]。しかし広告表現には美的・文化的要素も含まれることも多いため、もっと立ち入った判断基準を立てる必要があるだろう。

　知的財産権　表現活動は、他者の知的財産権によって制約を受ける場面もある。知的財産権のなかでも著作権は、「表現の自由」と深い関連をもち、時に緊張関係に立つ（詳しくは本書7章を参照）。

■コラム3-2　プライバシー権と忘れられる権利

プライバシー権　19世紀、アメリカではメディアが発達し、誰もが知る有名人、"スター"が誕生した。すると発行部数を増やしたい大衆新聞が、有名人のスキャンダルを暴露する記事を多数掲載するようになる。加熱する報道合戦のなか、有名人であっても私生活の平穏は守られるべきでないのか——こうした考えが次第に広まり、「一人で放っておいてもらう権利」（right to be left alone）としてプライバシー権の概念は誕生した。

日本では明文の規定はないが、憲法13条の幸福追求権の一種として位置付ける考えが有力である。裁判所は「宴のあと」事件でプライバシー権に基づく損害賠償請求を認め、さらに「石に泳ぐ魚」事件では差止請求まで認めた。だが、個人の私生活に踏み込むモデル小説やTV報道、雑誌報道などはプライバシー権侵害の恐れと常に隣り合わせにある。表現の自由や取材・報道の自由を過度に萎縮させないことにも留意しつつ、プライバシーの保護を図っていく必要があるだろう。

今日では政府機関、民間企業、個人を問わずコンピュータが普及し、個人情報がさまざまな場所で収集、蓄積、管理されている。高度の情報化社会を迎えた現代では、プライバシー権は「自己情報コントロール権」として、①自己に関する情報を不当に取得収集されないという自由権的側面のみならず、②自己に関する情報について、閲覧、訂正、削除を要求する請求権的側面も有していると考えられている。

■判例①「宴のあと」事件（東京地裁　1964（昭和39）年9月28日判決）
小説家の三島由紀夫が実在の政治家を題材にしたモデル小説「宴のあと」を執筆したところ、政治家がプライバシーの侵害であるとして損害賠償などを請求した。裁判所は、プライバシー権を「私生活をみだりに公開されないという法的保障ないし権利」と定義し、損害賠償請求を認容した。

■判例②「石に泳ぐ魚」事件（最高裁　2002（平成14）年9月24日判決）
小説家の柳美里が実在する一般女性をモデルにした小説「石に泳ぐ魚」を執筆、雑誌に掲載した。小説には女性の出身、経歴や顔に生まれつき腫瘍があることなどの事実が描かれており、女性はプライバシー権侵害を主張、単行本化の差止と損害賠償を請求した。最高裁は、公的立場にない女性の名誉、プライバシー、名誉感情が侵害され、単行本の出版により重大で回復困難な損害を被らせる恐れがあるとして、単行本化の差止を命じた。もっとも、既に雑誌媒体で公表されていた小説をさらに単行本化することを禁じたものである点には注意が必要である。

忘れられる権利　　プライバシー権と関連して、最近では「忘れられる権利」が唱えられるようになってきている。「忘れられる権利」とは、インターネット上の自分に関する過去の情報や他人による書込み等を削除してもらう権利である。過去に自ら公表した情報について、後から都合が悪くなったことなどを理由に消去してもらえるのか。あるいは他人が書き込んだ情報まで、書き込み者の同意を得ずに消去してもらえるのか。それが濡れ衣など、明らかに間違った情報であったらどうか。「忘れられる権利」を認めるべきか否か、仮に認められるとしてもどの範囲まで「忘れてもらう」ことが可能なのか、さまざまな議論が行われている。とくに、犯罪歴や過去の事件の報道記事などは公益に関わる側面があり、安易に削除してしまっては知る権利の侵害になる可能性があるだろう。しかし、過去に罪を犯したが刑に服し、更生した人にとって、自分の名前を検索すると犯罪歴がすぐ明らかになってしまうとなると、社会復帰を妨げる要因になってしまうことにも注意すべきである。

　忘れられる権利について、日本では明文の規定はまだなく、インターネット上の情報の削除要請については各サイトの管理者が定めた削除ガイドラインに則って個別に対応しているというのが現状である。そうしたなか、自分の氏名を検索すると逮捕歴に関する報道内容が表示されるのはプライバシーの侵害だとして、男性が検索サイト Google に対し検索結果の削除を求めた裁判で、2017年に最高裁は、個人のプライバシー保護が検索結果の社会的意義と比べ明らかに優越する場合には削除が認められるが、本件で問題となった男性の逮捕歴は公共の利害に関するとして、削除を認めない判断を下している。最高裁は「忘れられる権利」という概念には言及せず、プライバシー保護という枠組みでこの問題を捉えているようである。

　だが、たとえ忘れられる権利が認められたところで、現実問題として、インターネットで一度公開した情報は、オリジナルのデータを消去してもキャッシュなどの形で複製され、削除を求めてもいたちごっこの状態となり完全に抹消することが難しいといわれている。本人の意思にかかわらず情報がインターネット上に半永久的に残ってしまうことを入れ墨に例えて、「デジタル・タトゥー」という言葉も生まれているほどだ。電子掲示板、ブログ、SNS、写真・動画投稿サイトなど、気軽に情報を共有できるサービスが世のなかには溢れているが、「送信」ボタンを押す前に、一度冷静になってみよう。将来就職したり、教壇に立ったり、子どもが生まれたときに、あなたは本当に後悔しないだろうか？　　　　　　　　【比良友佳理】

4　表現の自由と共存社会

　表現への規制は、表現の自由と衝突する個人の《権利》がはっきり確認できる場合だけにはとどまらず、社会の安全を脅かす表現も対象となる。たとえばコンピュータ・ウィルスの作成・提供（刑法168条の２）を処罰するルールは、被害の発生を待たずに表現活動を規制している。以下では、共存社会を維持するための方策と考えられる法規制について見ていく。

（1）性表現に対する規制

規制のための法律・条例　　日本の法律には、多くの性表現規制の規定がある。

　刑法175条は、国内で流通するわいせつ表現物を規制している。これによれば、わいせつな文書、図画その他の物を人々に配ったり、販売したり、陳列したりすることが罰せられ、人目に触れない状態で自分だけで所持していた場合にも販売の目的があった場合には罰せられる。海外から輸入される物品については、関税法69条の11の１項で、「公安又は風俗を害すべき書籍、図画、彫刻物その他の物品」と「児童ポルノ」の輸入が禁止されている。

　害か道徳か、自己決定か配慮か　　こうした性表現規制は、直接の被害者がいない。そのため、これは不必要な規制であって憲法違反ではないか、また、このままでは規制対象が広すぎる点で憲法違反ではないかという疑問が、多くの専門家から出されてきた。

　これについて裁判所が採用する規制理由は「最小限の性道徳の維持」が憲法13条「公共の福祉」の内容に入るというものである。

　「見たくない者の自由」を守ることは必要だが、その観点からは、提供者に告知を義務付けたり、見たくない者に遮断技術を提供したりする方法で目的を達することができるので、現在のような広い範囲に刑事罰が及ぶ規制は憲法違反ではないか、との疑問はある。

　まだ自己決定能力のない幼年者を被写体とする性表現への禁止については、「青少年の発達の権利」の項目（前述）を参照してほしい。

◎重要判決◎わいせつ規制の目的と判断基準

　刑法175条と憲法との関係が争われた初期の事件として、「チャタレイ夫人の恋人」事件がある（最高裁1957（昭和32）年3月13日判決）。ここで最高裁は、刑法175条には最小限の性道徳を維持する目的があり、法律自体は合憲としつつ、その適用範囲を絞るため、「わいせつ」の判断基準を示した上で、被告を有罪とした。その後、「悪徳の栄え」事件判決（最高裁1969（昭和44）年10月15日判決）では、「全体的考察方法」、「四畳半襖の下張り」事件判決（最高裁1980（昭和55）年11月28日判決）では「相対的わいせつ概念」と呼ばれる理論によって、作品がもつ芸術的価値や作者の意図などを勘案した結果、わいせつと判断されない場合がある、とされた。ただしこれらの事例では、この基準に照らしても作品は「わいせつ」にあたり有罪とされた。

　これ以後の裁判では、おおむね上の流れを引き継ぎつつ、わいせつ表現そのものを目的とした表現と、それ以外の社会的または芸術的要素を目的とした表現を区別する考えがとられている。[21]

◎重要判例◎「メイプルソープ写真集」事件

最高裁2008（平成20）年2月19日判決

　税関検査のなかには拳銃や麻薬、偽ブランド品といった項目と並んで表現物に関する項目があるが、表現物への検査は憲法21条が禁止している「検閲」にあたるのではないか、という議論がある。これについて最高裁は、「検閲」の定義をかなり絞り込んだ上で、税関検査を合憲としている。

　こうしたなかで、写真家ロバート・メイプルソープの写真集の海外版を購入して国内に持ち込もうとした個人が、税関で処分を受けた。最高裁はこの事例で税関検査制度（法令）は合憲としつつ、処分をこのような芸術表現についてまで及ぼすべきではなかったとして、処分の取り消しを命じた。[22]

（2）差別表現

　差別表現　　差別表現とは、人がもっている特性を、その人の価値を低める方向で表現したり、その人々に対して社会が抱いている偏見を助長するような内容を表現することである。社会的文脈から、ある単語が差別の意味をもつ場合、そうした言葉を「差別語」という。

　平等をめざす社会において、これを克服することは重要な課題となる。しか

し、そのために「表現」を法律で規制することは「表現の自由」の保障と強い緊張関係に立つ。日本ではこうした表現の問題については法律ではなくメディアの倫理（自主規制）に委ねられてきた。

　個人がメディアを介さずにインターネットや街頭などで発言するときには、この問題は個人の良識に委ねられてきた。しかし良識を踏み越えた表現が多数見られることから、2021年から2022年にかけて、「侮辱罪」の厳罰化や「プロバイダ責任制限法」の改正などの法的対応がはかられることとなった。

　ヘイトスピーチ（憎悪表現）　偏見を助長する差別表現のうちでも、ある特性をもつ人々にたいする憎悪や暴力や社会的排除を内容とする言論のことをとくに「ヘイトスピーチ」と呼ぶ。現在多数の国が加盟している「人種差別撤廃条約」では、この種の表現を行うことやこの種の表現に資金を出すことを刑事罰の対象とするように各国に求める条項がある[23]。日本は、この部分だけを留保して、条約に加盟している（詳しくは後のコラムを見てほしい）。

　これまで見てきた表現の自由保障の趣旨からは、被害が生じてから裁判で救済すること（事後救済）が原則となる。しかし一方で、社会のなかで不利な状況にある弱者がさらに攻撃的な言葉を浴びせられているときには、法によって事前に規制しなければ弱者の側の精神的自由が確保されない、との主張もある。日本の場合、まず警察がマイノリティの被害の訴えに対して誠実に対応すること、民事救済（差止め命令や損害賠償命令）を弾力的に使えるように、ヘイトスピーチ被害に関する人格権侵害の裁判理論を確立・共有することが必要だろう。

　2016年にはヘイトスピーチ解消法（「本邦外出身者に対する不当な差別的言動の解消に向けた取組の推進に関する法律」）が制定・施行された。ここには罰則規定は設けられなかったが、こうした方策を行ってもなお被害が続いていることが報告・報道されており、条例で罰則を導入する自治体も出てきた。

◎重要判例◎京都朝鮮学校事件
大阪高裁2014（平成26）年7月8日判決
京都の学校周辺で起きた組織的なヘイトスピーチで、学校内の生徒・児童・教員

が、人身攻撃の威嚇や社会からの排除を含む激しい攻撃的言論にさらされた。この事件に関する民事裁判で、一審が国際条約の考え方を導入してその被害を認め、控訴審でも、被告に高額の賠償と街宣活動の差し止めを命じる判決が出た。

■コラム 3-3　「表現の不自由展」から「表現の自由」を考える[24]

　表現の自由の 2 つの価値　　表現の自由は民主主義にとって不可欠の権利である。表現の自由には 2 つの価値があり、表現活動によって自分の人格を発展させる「個人的な価値」（自己実現の価値）と並んで「民主政に資する社会的な価値」（自己統治の価値）がある。「自己統治の価値」とは、政治への批判を含む多様な表現の自由（「報道の自由」は「表現の自由」に含まれる）が保障されてはじめて私たちは選挙で正しい選択を行うことができることを意味し、民主主義にとって不可欠なものなのである。しかし、近年行われた芸術イベント「表現の不自由展」では、表現の自由をめぐって大きな議論が巻き起こった。以下では、「表現の不自由展」を題材として表現の自由を考えてみよう。

　「表現の不自由展」とは　　2019年、愛知県で芸術イベント「あいちトリエンナーレ」が開催され、それらの 1 つが県立美術館で開かれた「表現の自由展・その後」であった。ところが、そこで展示されていた「平和の少女像」（一部報道では「慰安婦像」と呼ばれた）や昭和天皇を描いた版画を焼き、それを足で踏むという映像を含む「遠近を抱えて PartⅡ」などの一部の展示作品をめぐって抗議が殺到し、わずか 3 日間で中止に追い込まれたのである。

　芸術と憲法　　しかし、このように多くの市民にとって「不愉快」だったり「非常識」だという理由で表現の自由を制約することは、憲法21条の表現の自由の原則に反することになる。なぜならば、表現の自由とは私たちが表現活動を行うことを国家によって妨げられないということを意味するからであり（芸術の自由は表現の自由の一部である）、さらに少数派の表現を多数派の意見から守るということをも意味する。このように、憲法21条は私たちが行う表現行為を国家が制約することを強く否定しているのである。

　また、この問題では「こんな『不適切な』表現の展覧会を行政が財政的に支援するのはおかしい」という声も多く聞かれた。しかし、これもまた行政（つまり国家）にとって「良い表現」には財政的に支援し、「悪い表現」には支援を行わない、ということになり、やはり「表現の自由」に反することになるので違憲である。

　それならば、「いっそのこと国家は展示会や芸術活動には支援を一切行わなければいいのではないか」と皆さんは考えるかもしれない。しかし、とりわけ芸術活動

においては表現する場所や手段がなければ、その権利を十分に行使することができない。それは、ひいてはそれらの表現を受け取り、鑑賞する私たちも芸術に接する機会を失うということになる。したがって、国家が「表現行為」を行う場を提供したり、助成を行ったりして芸術活動を支援することは表現の自由を保障するために不可欠なのである。

「政治的なメッセージ性の高い芸術を国家が支援することは、政治的中立性という観点から問題だ」という批判もある。しかし、ピカソの代表的な作品「ゲルニカ」を例に出すまでもなく、そもそも芸術と政治とは切り離して語ることができないものである。行政が介入することなくイベント開催者や美術館が展示作品を選定したり、展覧会を運営しているのであれば、政治的な作品が展示されたとしても行政がそれを支持したとはいえないし、中立性という観点から問題とはならないだろう。

もちろん、表現の自由にも限界はあり、他人の名誉やプライバシーを侵害する表現、児童ポルノのような性的搾取は規制されている。しかし、留意しなければならないのは、表現が規制されるには必ずそのための法律が必要だということである。

表現の自由と民主主義　上述したように、芸術と政治は分かち難いものであり、そもそも芸術とは、必ずしも鑑賞者である私たちを心地よい気分にさせるために存在しているとは限らない。世の中の劣悪さや醜態を告発するために、受け手を不快な気分にさせるような作品も数多く存在する。

古今東西、表現の自由は国家や為政者によって侵害されており、日本も戦前、治安維持法等の運用によって多くの表現の自由が奪われた歴史がある。そのため、表現の自由はこわれやすく、場の空気や雰囲気によって簡単に侵害されてしまうものなのである。だからこそ、「不快な」表現を含む多様な表現の自由を認める寛容さが私たちに求められている。

【伊藤純子】

【注】

1)　第二次世界大戦中、当時の国際政治動向を伝える論文が雑誌に掲載されたことで大量の出版関係者が治安維持法違反の疑いで逮捕された事件。この事件で有罪判決を受けた人々が、終戦後に名誉回復を求めて国を訴えていた。裁判所は裁判そのものを取り消す「免訴」の判決を出している（最高裁2008（平成20）年3月14日判決）。

2)　近年では、東京都の「青少年の健全な育成に関する条例」の7条（図書類等の販売及び興行の自主規制）が漫画やアニメ表現に対して萎縮効果をもたらすとか、著作権法の「違法ダウンロードへの刑事罰」の部分がネットユーザーに対して萎縮効果をもたらすといった議論があったが、これはこのことに着目した考え方である。

3)　最高裁は、表現物への税関検査や教科書検定は、憲法が禁じる「検閲」にはあたらな

52

　　いとしているが、定義を狭く絞りすぎていることを疑問視する議論も多い。

4)　戸別訪問禁止規定合憲判決　最高裁1981（昭和56）年6月15日判決。

5)　新潟県公安条例事件（最高裁1954（昭和29）年11月24日判決）、東京都公安条例事件
　　（最高裁1960（昭和35）年7月20日判決）などの判例がある。

6)　ただし、ヘイトスピーチにあたる場合だけは、各自治体が解消の責任を負っているた
　　め、会場使用等が認められないなどの措置を受ける。

7)　立川反戦ビラ事件（最高裁2008（平成20）年4月11日判決）。

8)　博多駅フィルム事件　最高裁1969（昭和44）年11月26日決定。メディア（取材者）と
　　取材源（情報提供者）との間の信頼関係を損なうような形で警察などが二者の間に踏み
　　込むことには慎重でなければならず、憲法違反の疑いが強い事例もある。

9)　参考文献：松井茂記『情報公開法入門』（岩波書店、2000年）。

10)　この観点からは、日本の統治と国民の「知る権利」の間に多くの問題があることが指
　　摘されてきた。近年、大きな議論となった例では、特定秘密保護法（「特定秘密の保護
　　に関する法律」2013年制定、2014年施行）をめぐる議論がある。この法律は、国家の安
　　全保障に関する情報のうち「特に秘匿することが必要」な情報について、情報を漏洩す
　　ることに罰則を定めている。これは国家公務員に課される法律だが、メディアへの情報
　　提供が禁止される点、メディア側の取材が情報漏洩行為の「そそのかし」に当たる可能
　　性がある点で、取材・報道の自由を狭め、結果的に国民の「知る権利」も狭められる可
　　能性があることが指摘されている。この点を憲法違反に問う違憲訴訟も提起された
　　（2015年11月18日東京地裁判決、請求却下及び棄却）。

11)　参考文献：五十嵐清『人格権法概説』（有斐閣、2003年）。

12)　参考文献：山田隆司『名誉毀損――表現の自由をめぐる攻防』（岩波書店、2009年）、
　　松井茂記『表現の自由と名誉毀損』（有斐閣、2013年）。

13)　判決では、①事前抑制は「表現の自由」に対する強度の規制なので原則として許され
　　ないが②例外的に表現内容が真実ではない場合や、被害者が重大で回復不能な被害をこ
　　うむる恐れがある場合には認められるとした（最高裁1986（昭和61）年6月11日判決）。

14)　実際の裁判ではこれを民法の「不法行為」の規定のなかに読み込む考え方がとられて
　　いる。日本では「宴のあと事件」で「私生活をみだりに公開されない法的保障ないし権
　　利」としての「プライバシーの権利」が認められた（東京地裁1964（昭和39）年9月28
　　日判決）。

15)　法令は、「個人情報の保護に関する法律」「行政機関の保有する個人情報の保護に関す
　　る法律」など。

16)　参考文献：坂田仰・黒川雅子『増補版　事例で学ぶ“学校の法律問題”』（教育開発研
　　究所、2014年）、藤井俊夫『学校と法』（成文堂、2007年）。

17)　参考文献：岡村久道『よくわかる共通番号法入門』（商事法務、2013年）。

18)　参考文献：佃克彦『プライバシー権・肖像権の法律実務　第2版』（弘文堂、2010
　　年）。肖像権と「パブリシティ権」については10章も参照してほしい。

19)　判例としては、犯罪歴のある人物が実名で書かれているノンフィクション小説につい
　　て、社会復帰している人の過去の犯罪情報にプライバシー権を認めた事例（ノンフィク

ション小説「逆転」事件　最高裁　1994（平成6）年2月8日判決）、個人の逮捕歴等ついて、インターネット上の検索サービス事業者に検索結果の削除が命じられる場合があることを、一定条件のもとに認めた判例（最高裁2017（平成29）年1月31日廷決、などがある。

20)　代表的な例は、「不当景品類及び不当表示防止法」による「不当表示の禁止」、「不正競争防止法」による「不正競争行為の差止め」、「医療法」や「あん摩はり師きゅう師及び柔道整復師法」による「広告の制限」「広告禁止事項」、「薬事法」や「宅地建物取引業法」による「誇大広告の禁止」などである。

21)　近年の事例として、「ろくでなし子裁判」（最高裁2020（令和2）年7月16日判決）。

22)　税関検査の合憲性については、「検閲」の項目も参照してほしい。

23)　「あらゆる形態の人種差別の撤廃に関する国際条約」4条。

24)　参考文献：曽我部真裕「あいトリ『表現の不自由展』中止事件」Journalism 2019年12月号、志田陽子「怒号は放置ですか？『表現の不自由展』めぐる警察の矛盾」WEB論座（2021年、https://webronza.asahi.com/politics/articles/2021071200003.html?page=1)、奥平康弘『表現の自由を求めて』（岩波書店、1999年）。

☆参考文献は原則として学生向けのおすすめ参考文献ですが、学校教員にとって有用と思われるものも載せています。

　　この章全体に通じる参考文献として、志田陽子『「表現の自由」の明日へ』（大月書店、2018年）、志田陽子・比良友佳理『あたらしい表現活動と法』（武蔵野美術大学出版局、2017年）、安西文雄・巻美矢紀・宍戸常寿『憲法学読本　第3版』（有斐閣、2018年）（表現の自由の章）をおすすめします。

精神的自由権（２）

思想・良心の自由、信教の自由、学問の自由

　左の写真は、ドイツのフンボルト大学の近くにあるベーベル広場の記念碑で、地中にある空（から）の書棚をモチーフにしている。1933年5月10日、この場所でナチスによる焚書処分が行われた。記念碑の横には「本を燃やす場は、人を燃やす場になる前触れである」という詩人ハイネの言葉が刻まれており（右の写真）、このときハイネの本も焚書処分に遭っている。当時、ドイツではワイマール憲法によって「学問の自由」が保障されていたのだが、それでも起こったこの事件は、学問の自由がいかに侵害されやすいかを示している。

　私たちはそれぞれ、自分の考え方や世界観を持っている。精神的自由権は、個人の人間らしい生き方にとっても民主的な社会にとっても、なくてはならないものである。学校でもこれらの権利は最大限尊重されなければならないが、同時に、児童・生徒の健全な成長に配慮して学校が制約を設ける場合があり、教員がその役割上、思想信条の表明を制約される場面もある。そのため、学校現場を舞台とした裁判例も多い。

1 精神的自由権の歴史と地図

第19条　思想及び良心の自由は、これを侵してはならない。
第20条　信教の自由は、何人に対してもこれを保障する。いかなる宗教団体も、国から特権を受け、又は政治上の権力を行使してはならない。
2　何人も、宗教上の行為、祝典、儀式又は行事に参加することを強制されない。
3　国及びその機関は、宗教教育その他いかなる宗教的活動もしてはならない。
第23条　学問の自由は、これを保障する。

　憲法に定める権利は、自由権、社会権、参政権の３つに大別できるが、なかでも自由権は基本的人権の中心的な位置を占める権利である。自由権とは、「国家からの自由」とも呼ばれ、私たちの自由な意思決定と活動を保障するために、私たちの生活に国家が恣意的に介入することを防ぐ権利である。この自由権の内容には、精神的自由、経済的自由、人身の自由があり、本章で学ぶ思想・良心の自由、信教の自由、学問の自由は、精神的自由に含まれる。

　信教の自由とは別に、思想・良心の自由を独立した条文として規定している憲法は、諸外国にもほとんど例がない。にもかかわらず、日本国憲法が思想・良心の自由を保障している理由は、治安維持法の運用でも明らかなように、明治憲法下において個人の内心までも統制されたことへの反省に立ち、規定されたことによる。

　それに対して、信教の自由は、西欧における中世の宗教的圧政の歴史から生まれた権利である。この権利は、精神的自由権の確立に寄与したという点において重要な意味をもち、多くの国々の憲法に定められている。明治憲法においても信教の自由は保障されていたが、その保障の内容は不十分なものであった。日本国憲法はそれらの状況を踏まえ、個人の信教の自由の保障とともに政教分離を規定している。

　学問の自由は、明治憲法には規定されておらず、諸外国でも規定している憲法は多くないが、戦前、京大事件（滝川事件）や天皇機関説事件（67頁参照）など、学問の自由が国家によって侵害された歴史に照らして規定されている。

2　思想・良心の自由

（1）思想・良心の自由の性質

　上述したように、信教の自由とは別に、思想・良心の自由を独立した条文として規定している憲法は、ほとんど存在しない。その理由としては、内心の自由が、西洋史的な観点から見れば、主として信教の自由への要求から生じたということと、内心の自由は、国家権力によって侵害されることのない絶対的自由であると考えられていたということ、また思想・良心の自由は、それを外部に表すことによって表現行為となるため、表現の自由を保障することで十分だと考えられていたことなどが挙げられる。

　しかし、日本においては、治安維持法の運用にも見られるように、表現の自由だけでなく、個人の内心の自由までも統制されたという歴史がある。明治憲法には思想・良心の自由を規定した条文は存在しなかったが、ポツダム宣言には「言論、宗教及思想ノ自由並に基本的人権ノ尊重ハ確立セラルベシ」（10項）と定められ、これに基づいて、日本国憲法には信教の自由とは別に、19条において思想・良心の自由が定められたのである。

（2）思想・良心の自由の意味

　憲法19条は、「思想・良心の自由」は「侵してはならない」と定めている。「思想」と「良心」の内容については、倫理的な性格の思考が「良心」であり、それ以外の思考については「思想」であると解されるが、19条がこれらを包括的に保障するため、通説・判例は両者をとくに区別せずに一括して解している。

　19条の意味するところは、国家権力は、特定の思想を抱く個人に不利益をもたらすことや、特定の思想を強制または禁止してはならないし、同様に、個人が抱く思想を外部に表出させることを国家が強制することもまた許されないということである。ここで問題となるのは、思想・良心の自由の保障の範囲が、内心一般であるのか、一部の内心活動に限定されるのかという点である。

思想・良心の自由の範囲を限定する学説（信条説）は、内心のうちでも、信教の自由や学問の自由といった体系的なものに関わっていることに限定されると解する。それは、人格形成活動に関する思想にのみ保障される範囲を限定することにより、真に尊重されるべき権利の保障を強化するという理由によるものである。したがって、この説によれば、19条の思想・良心の自由は人の内面的な活動のうち、世界観、人生観、思想体系、政治的意見などのような人格形成に役立つ内心活動を意味し、単なる事実の知不知のような人格形成活動に関連のない内心の活動は、19条の保障の範囲外であるとする。[1]

　それに対して、思想・良心の自由の内容を広く解する説（内心説）は、「内心の自由一般」を保障すると解する。この説によれば、限定説で採られている人格形成活動に関する思想とそうでない思想を二分することは実際には困難であり、また、憲法19条が個人の内面を対象とするため、人権保障のうち、もっとも原理的な意味合いをもっており、その保障対象はむしろ広範に解されるべきだからである。

　確かに、信教の自由や学問の自由といった他の条文との関連性という観点から思想・良心の自由を限定するとする説も理解できるが、むしろ、他の条文によって保護されない領域こそ、19条によって保護を受けるべき意義があると解されよう。

　この問題が問われた事例として、謝罪広告強制事件（68頁参照）があり、これは、裁判所が命じた謝罪広告が19条に違反するかどうかが争われた事件である。本判決は、「単に事態の真相を告白し陳謝の意を表するに止まる程度」であれば、これを代替執行によって「倫理的な意思、良心の自由を侵害することを要求するものとは解せられない」と判示した。ただし、本判決には「事物の是非弁別の判断に関する事項の外部への表現」を判決で命ずること、あるいは謝罪・陳謝という倫理的な意思の公表を強制することは、良心の自由を侵害し違憲である、という反対違憲が付されている。謝罪という行為は、善悪の判断が不可避であり、このような善悪の判断は、「良心の自由」のまさに中心的な意味合いをもつと解されうる。したがって、裁判所が被害者の名誉回復を目的として、謝罪広告による「真相の告白」を強制することは許されるとしても、

謝罪の強制までをも強制することには違憲の疑いがあるだろう。

（3）思想・良心の自由の範囲

　19条は、国家権力が個人の内心の自由を侵害することを禁止しているが、では、直接的な内心の自由の侵害ではなく、特定の団体・結社への加入および参加の経歴の開示を求めることは19条の趣旨に照らしてどのように解されるだろうか。大学在学中の学生運動歴を隠していたとして企業に採用を拒否されたことが、19条に定める思想・良心の自由に反するかどうかが問われた三菱樹脂事件最高裁判決では、最高裁は「人の思想、信条とその者の外部的行動には密接な関係があり」、問題となった学生運動への参加のような外部的行動は、「なんらかの思想、信条とのつながりをもっていることを否定することができない」として、個人の内心だけでなく、その内心に基づいて行われる外部的行為もまた思想・良心の自由に含まれると判示した。

◎重要判例◎謝罪広告強制事件

最高裁1956（昭和31）年7月4日判決

　衆議院選挙において、他の候補者に名誉を毀損されたとして訴えられた被告たる候補者が、裁判所に民法723条の「名誉を回復するに適当な処分」に基づき、新聞紙面に「右放送及記事は真相に相違しており、貴下の名誉を傷げ御迷惑をおかけいたしました。ここに陳謝の意を表します」とする内容の謝罪広告の掲載を命じられた。本件は、裁判所による謝罪広告の強制が良心の自由を侵害するものであるとして、被告が上告した事件である。最高裁は、「単に事態の真相を告白し陳謝の意を表するに止まる程度」であれば、これを代替執行によって「倫理的な意思、良心の自由を侵害することを要求するものとは解せられない」と判示した。

◎重要判例◎三菱樹脂事件最高裁判決

最高裁1973（昭和48）年12月12日判決

　原告は、被告企業（三菱樹脂株式会社）に採用されたが、大学在学中の団体加入の有無や学生運動歴につき、入社試験の際に秘匿したとして、3カ月間の試用期間の後に本採用を拒否されたため、これが思想・良心の自由を侵害するものであるとして提訴した事件である。本判決は、学生運動への参加といった外部行為は、憲法

19条が定める思想・良心の自由に含まれると判断した。とはいえ、同判決は、企業の雇用の自由に基づいて「特定の思想・信条を有する者をそのゆえをもって雇い入れることを拒んでも、それを当然に違法とすることはできず」、また、「労働者の思想・信条を調査し、そのためその者からこれに関する事項についての申告を求めることも」違法ではないとして、原告の訴えを退けている。

（4）思想・良心の自由の適用

さらに、内心に反する行為の強制は、思想・良心の自由の侵害にあたるかどうかもまた問題となる。この問題が争われた事例として、ピアノ伴奏拒否事件がある。これは、公立小学校の教諭が入学式での「君が代」斉唱のピアノ伴奏を命じた校長の職務命令に従わなかったために受けた戒告処分の取り消しを求めた事件である。最高裁は、この職務命令は特定の思想を強制したり禁止したりするものではなく、思想および良心の自由を侵すものではないため、合憲だとする判断を行った。

本判決は、「合理性の基準」によって当該職務命令を緩やかに判断したと思われるが、本件で問題となっているのは思想・良心の自由であり、このような精神的自由の審査は、より厳格な基準で行われるべきであっただろう。

子どもの教育を受ける利益の達成という観点から、仮に本件職務命令が合理的であったとしても、藤田宙靖裁判官の反対意見が示すように、思想・良心の自由との間の「慎重な考慮」によって、原告の教諭によるピアノ伴奏以外の代替手段もあったのではないだろうか。

人権を侵害する事例や法令があるという訴えに対して、裁判所がその合憲性を審査するためには一定の基準が不可欠である。これに有用だと考えられている審査基準に、アメリカの判例によって打ち出された「二重の基準（double standard）」の理論がある。[2]これは、憲法に定められた基本的人権を「精神的自由」と「経済的自由」の2つに分け、精神的自由は、経済的自由よりも優越的な地位を占めると解する。その理由として、経済的自由はもし侵害されても選挙等の民主的政治過程によってそれを取り戻すことが可能であるのに対して、表現の自由や集会・結社の自由といった精神的自由の制約は、民主的政治過程

に不可欠の権利であり、いったんそれらが侵害されてしまうと回復することが不可能であることなどが挙げられる。したがって、職業活動の規制といった経済的自由の規制には、立法府の裁量を尊重してその目的に「合理的な理由」があれば足りるとする比較的緩やかな基準で審査されるのに対して（合理性の基準）、精神的自由の規制については、より厳格な基準によって審査されなければならないとされる。この「二重の基準」は学説からも広く支持され、国内の裁判例にも用いられている。[3)]

◎重要判例◎ピアノ伴奏拒否事件

最高裁2007（平成19）年2月27日判決

　公立小学校の音楽専科の教諭が、入学式において「君が代」斉唱のピアノ伴奏を命じた校長の職務命令に従わなかったため、地方公務員法32条および33条に違反したとして、受けた戒告処分の取り消しを求めた事件である。

　最高裁は以下のように判示した。すなわち、学校行政の目的が「子どもの教育を受ける利益の達成」にあることは当然であり、また、公務員は、憲法15条2項に規定されているように、「国民全体の奉仕者」である。したがって、入学式の国歌斉唱の際のピアノ伴奏拒否が、教諭の歴史観ないし世界観に「一般的には……不可分に結び付くということはでき」ず、「直ちに上告人の有する上記の歴史観ないし世界観それ自体を否定するものと認めることはできない」とし、当該職務命令が、特定の思想の有無の告白を強制するものではないとして、合憲であると判示した。

◎重要判例◎麹町中学校内申書事件

最高裁1988（昭和63）年7月15日判決

　学校教育下にある学生の思想・良心の自由を認めるか、学校側の管理・裁量が優先するか、という問題を扱った事例。中学校在学中に学則に反して政治的表現活動を行った生徒が、内申書に「他校の生徒と共に校内に乱入し、ビラまきを行った……」等と記載されたことにつき、国家賠償請求訴訟を起こした。一審では思想・良心の自由の主張が認められ勝訴したが、二審と最高裁では敗訴。この裁判がきっかけとなって、内申書の公正性について関心が高まり、情報公開が進んだ。

3 信教の自由

（1）信教の自由の歴史

　アメリカ合衆国は、イングランドによるピューリタン教徒への宗教的迫害から逃れた人々によってその礎が築かれたということはよく知られている。1791年に成立したアメリカ合衆国憲法修正1条は、「連邦議会は、国教を樹立し、または宗教上の行為を自由に行うことを禁止する法律を制定してはならない」と規定し、政教分離原則とともに信教の自由を規定している。

　このように、国家による宗教弾圧は、古くは西欧における宗教戦争からナチス・ドイツによるユダヤ人の迫害等、歴史上枚挙にいとまがない。「信教の自由」とは、とりもなおさず、西欧における宗教的な圧制からの抵抗によって生じた権利である。

　フランスにおいては、1789年の人権宣言10条に宗教の自由が定められ、1905年に政教分離法によって政教分離が規定された。ドイツにおいては、1919年のワイマール憲法135条において信教の自由、そして同137条に政教分離が規定されている。現行ドイツ基本法（他国でいうところの憲法）では、4条1項で信仰の自由が保障され、137条から139条において政教分離原則の規定がある。このように、各国の憲法に信教の自由が定められているという点からも明らかなように、信教の自由は、精神的自由のまさに主柱を成す権利である。

（2）明治憲法における信教の自由

　明治憲法は28条で信教の自由を規定していたが、同条には「安寧秩序ヲ妨ケス及臣民タルノ義務ニ背カサル限ニ於テ」という留保が付されていた。そして、国家神道が国教として優越的な地位を認められていたにもかかわらず、政府が「神社は宗教にあらず」という立場を保持したため、キリスト教をはじめとする数多くの宗教が抑圧されたのである。

　ポツダム宣言10条は信教の自由を規定し、本条に基づいて、日本国憲法20条が規定された。したがって、ポツダム宣言の受諾は日本の敗戦だけでなく、天

皇を国の中心に据える国家神道と結合し、形成された国家体制である「国体」
の終焉をも意味している。このように、日本国憲法20条は個人の信教の自由を
保障するとともに、国家と宗教との分離を定めている。

（3）信教の自由の内容

　憲法20条1項は、「信教の自由は、何人に対してもこれを保障する」と規定
し、その内容には、信仰の自由、宗教的行為の自由、宗教的結社の自由が含ま
れると解される。

　政教分離をめぐる有名な判例として、剣道実技拒否事件が挙げられる。この
事件は、宗教（エホバの証人）を信仰する子どもが、所属する神戸市立高等専
門学校で必修科目となっていた体育に剣道の実技が含まれており、それが教義
に反するとして拒否したところ、最終的に退学処分とされたため、当該処分の
取り消しを求めて学校を提訴した事件である。最高裁は、学校側が訴えた他の
実技等による代替措置が「公教育の宗教的中立性に反するとはいえ」ず、退学
処分という不利益が「裁量権の範囲を超える違法なもの」であるという判断を
示した。

◎重要判例◎剣道実技拒否事件
　　　　　　　　　　　　　　　　　　　　最高裁1996（平成8）年3月8日判決
　宗教（エホバの証人）の信者である市立高等専門学校生が、必修科目であった体
育に剣道の実技が含まれており、それが教義に反するとして履修を拒否したために
受けた退学処分の取り消しを求めて提訴した事件である。最高裁は、「剣道の履修
が必須とまではいい難く」、代替的方法によっても可能であること、「その目的にお
いて宗教的意義を有し、特定の宗教を援助、助長、促進する効果を有するものとい
うことはできず」、「公教育の宗教的中立性に反するとはいえない」として、処分の
取り消しを命じた。

（4）政教分離の成立

　政教分離は、国によって成立の経緯が異なる。上述したように、アメリカ合
衆国はイングランド政府によるピューリタン教徒の宗教的迫害が建国の契機と

なったことから、信教の自由を保護するためには国と宗教を分離させることが不可欠であると考えられ、アメリカ合衆国憲法修正1条において、信教の自由とともに政教分離が定められている。

また、フランスは、革命期に王党派に与していた教会勢力を政府から切り離すことによって革命を成し遂げたという歴史がある。したがって、今日においても政教分離（ライシテ、laïcité）が共和国にとって不可欠な概念であると考えられている点は、そこに由来する。

このように歴史的に見れば、政教分離には、宗教からの国家の解放と国家による個人の信教の自由の保障という2つの側面がある。

したがって、欧米においては政教分離原則は個人の信教の自由を保護するどころか、しばしば信教の自由との対立を見せており、これら二者の概念が衝突する場は、主として公教育においてである。すなわち、自らが信仰する宗教の教義に基づく親の「教育の自由」と、国家が宗教から切り離して子どもに教育を行う政教分離原則が対立するのが、公教育という場だからである。この二者が対立した訴訟として、上述した剣道実技拒否事件がある。

（5）政教分離の基準の適用

もっとも、憲法に政教分離原則が規定されていても、現実には国と宗教の完全な形での分離は難しい。たとえば、宗教系学校にも私学助成金という形で国が援助を行っているし、また、神社・仏閣施設といった文化財への維持や補修の名目で国庫から費用が賄われているからである。そこで、国と宗教がどの程度までならば関わり合いをもつことが許容されうるのか判断するための基準が必要となる。

アメリカの判例は、レモン・テストと呼ばれる基準を用いてきた。その基準とは、①その国家行為が、世俗的目的をもつものかどうか、②国の行為の主要な効果が、ある宗教を援助したり抑圧するものかどうか、③その国家行為が、宗教との過度の関わり合いを助長するものかどうか、という3つの要件を個別に検討し、1つでも該当する場合には政教分離違反であるとする。

さらに、日本における国と宗教をめぐる特殊な事情も忘れてはならないだろ

う。とりわけ、国内において政治と宗教をめぐる問題として生じているのは、国と神社との関係である。

　日本の最高裁は、津地鎮祭判決以降、目的・効果基準と呼ばれる判断基準によって政教分離原則を審査してきた。この基準は、レモン・テストから影響を受けていると考えられるが、この基準によれば、「当該行為の目的が宗教的意義をもち、その効果が宗教に対する援助、助長、促進又は圧迫、干渉等になるような行為」と認められる場合に違憲とするものである。この基準は、レモン・テストと比べても基準が緩やかであるとして批判されている[4]。

　その他にも、政教分離をめぐる判例は複数存在する。たとえば、内閣総理大臣公式参拝違憲訴訟において、福岡高裁（1992（平成4）年2月28日判決）と大阪高裁（1992（平成4）年7月30日判決）は違憲の疑いを指摘したが、最高裁（最高裁2006（平成18）年6月23日判決）は法的利益の侵害を認めず、憲法判断を行わなかった。

◎重要判例◎津地鎮祭事件

最高裁1977（昭和52）年7月13日判決

　三重県津市が市立体育館建設にあたって神式の地鎮祭を行い、神職に公金から費用を支出したことが憲法20条、89条に反するとして提訴された住民訴訟である。二審判決は、地鎮祭は宗教的行事であるとして違憲判決を下したが、最高裁は目的・効果基準を用いて政教分離原則を緩やかに解し、「行為の目的が宗教的意義をもち、その効果が宗教に対する援助、助長、促進又は圧迫、干渉等になるような行為」であれば「宗教的活動」にあたるが、当該地鎮祭は世俗的で宗教的行事ではなく、政教分離原則に反しないと判断した。

4　学問の自由

（1）学問の自由の意義

　1849年のフランクフルト憲法152条は、「学問およびその教授は自由である」としてドイツの憲政史上初めて「学問の自由」を規定したことで有名であり、この条項は1850年のプロイセン憲法20条にも受け継がれた。他の西欧国家で学

問の自由を規定した憲法は多くないが、ドイツにおいては「学問の自由」の規定が伝統的な権利となっている。第一次世界大戦での敗戦によって、ドイツ帝国はワイマール共和国となり、1919年に制定されたワイマール憲法もまた学問の自由を規定していたが、その後、政権を獲得したナチス・ドイツがワイマール憲法48条の国家緊急権の適用によって憲法を停止させたことはよく知られている。そして、大学においても、ユダヤ人教員の迫害はもとより政権にとって都合が悪いとみなされた研究が多く弾圧されたのである。この反省に立ち、ドイツは戦後、ドイツ基本法5条3項で学問の自由を保障している。

　明治憲法の起草にあたっては、プロイセン憲法を手本にしており、プロイセン憲法にも学問の自由が規定されていたが、明治憲法には学問の自由は規定されていない。実際、戦前の日本においても学問の自由が国家権力によって侵害される事例が多く発生し、とりわけ、京大事件（滝川事件）と天皇機関説事件が有名である。

　学問とは、真理の探究や理論的・知的営為によってもたらされるものであり、学問の発展は、従来の理論や価値観を批判することによって可能となる。学問が批判精神を前提とする以上、時の政権への批判や社会的通念との相違も生じるため、学問は国家との緊張関係を生み出すこともある。これらの理論や経験の蓄積、学説の批判によって学問は発展するのであり、このような発展を通じて、学問は民主政を支えるという重要な役割ももっている。したがって、学問とは、権力の干渉を受けやすい性質をもっており、憲法に学問の自由を規定することには大きな意義がある。そして、これらの学問の成果を継承しつつ、学問の発展に中心的な役割を果たしているのが、大学である。

　日本国憲法が、学問の自由を独立した条文として定めた理由もまた戦前に学問の自由が侵害されたことへの反省によるものである。そのため、23条は「学問の自由は、これを保障する」と定め、他の精神的自由とは異なる独自の意義をもつことを認めている。

◎重要事件◎京大事件（滝川事件）と天皇機関説事件

　この２つの事件は、戦前、国家が日本の学問の自由と大学の自治を侵害した事件としてよく知られている。

　京大事件とは、以下のような事件である。1933年、京都帝国大学法学部教授であった滝川幸辰教授の思想が自由主義的に過ぎるなどとして、滝川が著した教科書が発禁処分とされ、当時の文部大臣であった鳩山一郎が滝川に辞職を要求した。それに対して、京大法学部教員が、大学の自治や研究の自由を侵害するものであるとして抗議し、法学部教員が全員辞職するなどして抵抗したが、結局、滝川をはじめ６名が免官に追い込まれた。滝川事件とも呼ばれる。

　天皇機関説事件とは、東京帝国大学法学部教授であった美濃部達吉が、天皇を国家機関の中心であると解する天皇機関説を提起したが、後年、この説が「国体」に反するとして軍部や右翼の攻撃に遭い、この説が当時の憲法学における通説的見解であったにもかかわらず、1935年、美濃部の著書は発禁処分となったという事件である。さらに、この説を大学で教授することも禁止され、政府が学説を公定するに至った。

　このように、戦前、国家によって学問の自由や大学の自治が侵害された反省に立ち、日本国憲法23条には学問の自由が規定されている。

（2）学問の自由の内容

　憲法23条は、個人が研究する自由と大学における学問の自由を保障することをその目的としており、この自由を保障するために、23条は「大学の自治」をも含む。したがって、学問の自由の内容には、①研究の自由、②研究発表の自由、③教授の自由といった概念が含まれると解されている。

　「研究の自由」は、憲法19条が保障する思想の自由の一部をなす権利である。「研究」は、真理の探究や理論的および知的営為によってもたらされる学問活動の中心的な意味合いをもっており、研究者は、国家権力や社会的権力等から圧力を受けることなく自由に研究を行う権利をもつ。しかし、「研究の自由」は、後述するように、近年では例外的に制約が認められる場合もあると解されている。

　「研究発表の自由」は、研究の成果を外部に発表することができなければ、その研究の意義はなくなってしまうため、学説・判例は、学問の自由に「研究発

表の自由」が含まれると解している。研究発表の自由は、憲法21条の表現の自由とコロラリーであり、表現の自由としても保障されるものであるが、他方で、学問の自由の中心的意義をなす点に留意が必要である。したがって、表現の自由とほぼ同じく一定の制約に服するが、その制約については、慎重な判断がなされなければならない[7]。

「学問の自由」をめぐる解釈でとりわけ問題となるのは、「教授の自由」の意味である。すなわち、23条にいう学問の自由が大学などの高等研究教育機関に限られるのか、それとも、初等および中等教育機関にも保障されるのかという点が問題となる。この点が問われた事例として、東大ポポロ事件最高裁判決がある。

本判決は、憲法23条に定める学問の自由は、「特に大学におけるそれらの自由を保障することを趣旨としたものである」と判示し、高等研究教育機関の研究者に限られるとした。初等および中等教育機関は、子どもが普通教育を身につける場である。したがって、初等・中等教育機関における教師の教育の自由は、23条ではなく、26条の子どもの教育を受ける権利の範囲内でもつと解すべきだろう。

◎重要判例◎東大ポポロ事件

最高裁1963（昭和38）年5月22日判決

　東京大学公認の劇団であるポポロ劇団が大学内で行った演劇発表会で、観客のなかに私服警官がいるのを学生が見つけ、学生が警察手帳の呈示を求めた際に警官に怪我を負わせたとして、暴力行為等処罰に関する法律違反で起訴された事件である。一審と二審では、裁判所が大学の自治を認めて被告人は無罪となったが、最高裁はこの集会が「実社会の政治的社会的活動」であるため、警察官の大学内への立ち入りが大学の学問と自治を享有するものではないと判示した。

（3）大学の自治

　大学の自治とは、西欧における中世以来の伝統をもっており、学問の自由は、大学の自治なくして成り立ちえない。そして、大学における自由な研究教育を行うこと、大学内行政を大学が独立して決定すること、学外からの干渉を

阻止すること、大学の独立を維持することをその目的としている。

　前出のポポロ事件最高裁判決も、「大学における学問の自由を保障するために、伝統的に大学の自治が認められている」と判示し、憲法23条に定める学問の自由には大学の自治が含まれていることを明らかにしている。

　大学の自治の内容としては、大学内の管理権や教授会の自治を中心として、教員の人事における自治、施設管理における自治、学生の管理における自治などが挙げられるが、最近では、これらの他に、研究教育を実現する自治や予算管理における自治を含める説が有力に主張されている。[8] 学校教育法の趣旨に鑑み、学生も教授の指導の下に研究に従事する存在であると解されること、学生は大学を構成する重要な主体であり、学生もまた大学の管理・運営に参加する権利をもつと解されうる。[9]

（4）学問の自由の限界

　このように、学問の自由は、本来は大学や研究者に委ねられるべきものである。しかし、近年では、科学技術の進歩が倫理的な問題を孕んでいることも少なくない。従来は、それらの研究の是非については研究機関の自主的な判断に委ねられるべきだと考えられてきたが、近年では、法的規制が強く主張されている。とりわけ、原子力研究、遺伝子組み換え研究、体外受精、臓器移植および遺伝子治療といった分野においては、科学技術の発展によって人類への貢献が期待される反面、人間の尊厳ないし生命・身体に対する権利との衝突が避け難い。したがって、今日の通説的見解は、上記のような例外的な事柄に限って法的規制を課すことも憲法上許容されうると解している。

■コラム4−1　孔子廟判決から政教分離を考える[10]

　近年、政教分離が問題となり、最高裁で違憲判決が下された判例に孔子廟判決がある。以下では、本判決から政教分離について考えてみたい。

　概　要　本事件の概要は以下のようなものである。「久米三十六姓」で構成さ

れる一般社団法人「久米崇聖会」は、2013年から沖縄県那覇市の中心部にある公有地である松山公園の敷地に孔子廟を設置・管理している。同会の構成員は琉球王国時代に中国大陸から渡ってきた渡来人の子孫であるとされ、儒教を信仰している。久米三十六姓は18世紀までに孔子廟を建立していたが、第二次大戦中に焼失した。同法人は1974年頃に孔子廟を再建していたが、その移設を希望し、那覇市にそのことを訴えた。那覇市長Yは、同施設の歴史的・文化的な価値や公共性などを認め、市が管理する都市公園内への設置を許可し、年間577万円の土地使用料を免除した。それに対し、那覇市民Xがこの無償提供に対して疑念を抱き、訴訟を提起したのである。一審（那覇地判2018（平成30）年4月13日判決）はXの主張を全面的に認めたが、福岡高裁判決（2019（平成31）年4月18日）は同市の無償貸与は違憲・無効としつつも、Yの裁量が認められるとして一部認容に留めた。原告と参加人双方の上告により、最高裁大法廷（2021（令和3）年2月24日）は以下のように判示した。

　判　旨　　本件施設の建物等は「平成25年に新築されたものであって法令上の文化財としての取扱いを受けているなどの事情もうかがわれ」ず、「宗教性を有する本件施設の公開や宗教的意義を有する釋奠祭禮を挙行している」。市による土地の無償提供は、「参加人が宗教的活動を行うことを容易にするものであるということができ、その効果が間接的、付随的なものにとどまるとはいえない」。本件孔子廟は「宗教的意義を有する儀式である釋奠祭禮を実施するという目的に従って配置されたもの」であり、「一般人の目から見て」、市が「特定の宗教に対して特別の便益を提供し、これを援助していると評価されてもやむを得ない」。それに対し、林景一裁判官の反対意見は「これは信仰に基づく宗教行為というよりも、代々引き継がれた伝統ないし習俗の継承であって宗教性は仮に残存していたとしても、もはや希薄である」として請求を棄却すべきであるとした。

　政教分離原則の2つの柱　　政教分離原則は、国家が私たちの信教の自由を侵害しないよう、国と宗教を分離していると一般的に理解されている。しかし、見落とされがちであるが、政教分離原則には国家の世俗性（非宗教性）、すなわち宗教からの国家の解放という側面がある。国家の世俗性がなぜ重要かというと、その宗教の信者にとっては重要であっても非信者にとっては無意義の宗教に対して国の予算等が使われるべきでないからである。前者のケースとしては剣道実技拒否事件が挙げられるが、実は後者のケースの方が多く、後者には津地鎮祭訴訟や内閣総理大臣公式参拝違憲訴訟などがある。本件では地方自治体による孔子廟の土地の無償貸与が問題となったが、これは儒教信仰者の信教の自由の保障ではなく、国家の世俗性が問題となった事件であった。

　政教分離の2つの基準　　とはいえ、国家と宗教の完全な分離は不可能である。したがって、どの程度であれば国と宗教との関わり合いが認められるのか、その基準が必要となる。最高裁は津地鎮祭判決以降、政教分離をめぐる問題に対して目

的・効果基準（本書4章を参考のこと）を用いてきた。その判断基準を用いず、新たな基準（総合考慮基準）を用いたのが空知太判決である。総合考慮基準は様々な事情や社会通念などを含めて継続的行為を判断する上で有用であり、本判決でも用いられた。また、この総合考慮基準では、空知太判決では「一般人の評価」によって政教分離を判断しており、孔子廟最高裁判決も、「一般人の目から見て市が……特定の宗教に対して特別の便益を提供し、これを援助していると評価されてもやむを得ない」と判示する。しかし「一般人の目」というのは客観的な判断基準となりえず、より専門的な見地からの評価が必要ではないか。

　国家の非宗教性は民主主義とも密接に関わる問題である。本件のように、自治体による宗教団体への公有地の無償貸与は、特殊な問題ではない。全国に1,000以上あるともいわれる公有地に建つ神社とも大きく関わる問題なのである。皆さんの町にも公有地に建つ神社があるのではないだろうか。皆さんも神社と政教分離の問題について考えてみよう。　　　　　　　　　　　　　　　　　　　【伊藤純子】

【注】

1)　参考文献：伊藤正己『憲法　第3版』（弘文堂、1995年）257頁以下。

2)　参考文献：芦部信喜『憲法学II』（有斐閣、1994年）213頁以下が詳しい。

3)　「二重の基準」を用いていると解される判例には、全逓東京中郵事件判決（最大判昭和41・19・26刑集20巻8号901頁）、薬局距離制限事件違憲判決（最大判昭59・4・30民集29巻4号572頁）などがある。

4)　たとえば、参考文献：芦部信喜『憲法学III　人権各論（1）　増補版』（有斐閣、2000年）182頁。しかし、同じく目的・効果基準を用いた愛媛玉串料訴訟最高裁判決（最大判平成9・4・2民集51巻4号1673頁）では、同基準を厳格に適用し、愛媛県知事の靖国神社への公金による玉串料の支出は違憲であると判断された。

5)　イギリス、フランス、アメリカといった国々の憲法は、学問の自由をとくに条文として規定していないが、その理由として、伝統的に学問の自由とは、信教の自由や表現の自由に包含され、それらによって保障されると解されてきたことによる。とはいえ、これらの国々においても、時代とともに学問の自由という概念の必要性は認識され、現在においては、判例等で academic freedom が認められている。

6)　芦部・前掲注4、201頁。

7)　芦部・前掲注4、212頁。

8)　参考文献：佐藤幸治『憲法　第3版』（青林書院、1995年）511頁以下。

9)　参考文献：辻村みよ子『憲法　第7版』（日本評論社、2021年）232頁以下。

10)　木村草太「判評 14 那覇市至聖廟事件上告審判決」判例時報2517号（2022年）144頁以下、林知更「政教分離原則の構造」高見勝利ほか編『日本国憲法解釈の再検討』（有斐閣、2004年）116頁、樋口陽一『近代国民国家の憲法構造』（東京大学出版会、1994

年）第Ⅲ章。
11)　北海道砂川市内にある空知太神社に対し市が土地を無償提供していたことに対して、平成24年（2012年）2月16日、最高裁が「市が特定の宗教団体に便宜を図っていると一般人の目線から見て判断されてもやむを得ないものである」とし、違憲判決を示した事件。

☆参考文献はすべて、学生向けのおすすめ参考文献です。

5章

人身の自由と法の適正手続

人権の足元

『巌窟王（モンテ・クリスト伯）』『黒田官兵衛』『ルパン3世・カリオストロの城』。これらの物語や逸話に共通するものは、監禁、幽閉である。不当な身柄拘束からの脱出・救出を描いたドラマは、私たちを惹きつける。もちろん、このように人を拘束・監禁することは、あらゆる人権の行使を足元から縛ることになり、現在の立憲国家では許されない。日本国憲法上、その例外は、犯罪に関する《刑事手続》の場面だけである。しかし多くの人の身柄を預かる学校も、潜在的には「人身の自由」との緊張関係に立っている。

日本では世間の注目を集める凶悪犯罪事件が起きると、誰かが「日本の憲法は犯罪者の人権ばかりを手厚く保障していてバランスが悪い」と論評する。この論評は正しいだろうか。

1　人身の自由

第18条　何人も、いかなる奴隷的拘束も受けない。又、犯罪に因る処罰の場合を除いては、その意に反する苦役に服させられない。

（1）「人身の自由」の基本原則

根本的な自由　「奴隷的拘束」を受けない権利、「意に反する苦役」に服させられない権利を総合して、「人身の自由」と呼ぶ。人間は本来、拘束されたり労役を強制されたりするいわれはない。人間の側からすれば、不当な拘束と意に反する強制に対して「No!」と言う拒否・防御の権利があり、国家からすれば、人間をそのように道具・モノとして扱うことを禁止されている。これは人間が人間であるためのもっとも根本的な自由権である。

奴隷的拘束　18条前段の「奴隷的拘束」は、当事者同士の合意にも優位する絶対のルールと考えられる。後段のルールは、意に反しない場合、つまり当事者同士の合意がある場合にはキツイ労役があってもよいことになるが（後述）、実態として一方の当事者の生活上の自律や社会参加・政治参加を剥奪する奴隷契約となっている場合だけは、たとえ当事者同士の合意があってもその契約は無効となると考えられる。この種の契約は、民法の総則規定によって「公序良俗に反する」ため無効と判断されることになるが、その背後に憲法のこうした規定がある。

　このような人権侵害を絶対的に防止しようという考え方から、この規定は公権力に対してだけでなく、私人間でも効力をもつと考えられている。日本では私人間でこの権利が侵害される事態を防ぐため、刑法上の逮捕監禁罪、労働基準法５条（使用者は不当な拘束によって意思に反する労働を強制してはならない）など、さまざまな法律がある。

（2）「意に反する苦役」と現代社会

本人の意思か強制か　18条後段の「意に反する苦役」の禁止について見てみ

よう。ここでは本人の意思が重要なポイントとなる。労役は自分の意思に基づ
くものであることが基本で、このことは憲法22条「職業選択の自由」の前提と
もなる原則である。たとえば、スポーツにおける訓練など、他人から見れば苦
しい労役にあたるようでも、本人の意思による場合は本条の問題とならない。
ただし、正常な判断力が失われるような疲労状態での労務や訓練の継続は「本
人の意思による」とはいえない。学校教育では、学童をそのような疲労状態に
追い込むことのないよう、配慮が必要である。

　本人の志願の有無によらず年齢などの条件によって国民に一律に兵役を課す
「徴兵制度」は、この18条に反することになるため、認められない。また、収
入手段を失うわけにいかないという被雇用者の事情を利用して、労働契約時の
合意を超える不当な長時間労働を強制することや、契約時の合意に反する労働
内容を強制することは、「意に反する苦役」の強制となる。

　裁判員制度は、義務的な側面の強い制度であるため、これを「意に反する苦
役」とする主張を含む裁判も起きている。最高裁は、この制度は「意に反する
苦役」にはあたらず憲法に反しないとしている（最高裁2011（平成23）年11月16
日判決）。

　犯罪に因る処罰の場合　　ところで、この条文の後段には、「犯罪に因る処罰
の場合を除いては」、という条件が付いている。この場合は「人身の自由」の
例外として、本人の意に反する苦役が課されることがあることを憲法が認めて
いるのである。では、この場合、国家は、正義の名の下に人の身柄をどう扱っ
てもいいのかというと、そうではない。その場合には憲法31条以下のルールに
従うことが定められている。

■コラム5-1　**奴隷制の克服と人身売買や虐待の禁止**

　奴隷状態の本質　　「人身の自由」を組織的に剥奪する制度が「奴隷制」であ
る。世界史を見渡すと、アメリカ・スペインなどいくつかの国で19世紀半ばまでこ
の制度があったため、これを憲法で禁止する必要があった。日本国憲法はこうした
世界の努力の流れを汲んで、この反省を共有している。

所有物とされた「奴隷」は、自分の生き方を自分の意思で決める権利や政治参加の権利は認められていなかった。そして自分自身の意思とは無関係に、モノ（財産）として売り買いの対象とされ、与えられた労働に賃金なしで従事させられた。人を拉致して奴隷として売ることは莫大な利益を生む商売だったため、奴隷商行為は後を絶たず、国家はまず自らに対してこの制度を禁止し、また国民にも奴隷商行為を禁止する必要があった。[2]

　現代における奴隷状態　今日、こうした「奴隷」の問題はもう過去のものになった、といえるだろうか。あるいは「日本には存在しなかったことだから日本国憲法に18条の規定は不要だ」といえるだろうか。

　本質的に見て《人間にとって強制されるべきではない従属的状況》がある場合には、憲法18条の問題として考えるべきである。そのような視点から、世界中がその廃絶に取り組んでいる《人間の隷属状況》というものに、想像を及ぼしてみよう。すると残念ながらまだ課題はたくさん残っている。

　今日でも、世界の各地で、私人間のルートで「人身売買」や「児童労働」が行われていることが報告されており、人間をそのように利用することを禁止する条約が結ばれている。[3] 日本の国内法としては、2005年に刑法の226条の2に「人身売買罪」が追加される法改正が行われている。　　　　　　　　　　　　　　　【志田陽子】

2　法の適正手続

（1）ルールがあることの意味

　刑事手続　犯罪（刑事事件）が起きると、警察が実行行為者を特定し、検察が取り調べ内容を取りまとめて告訴し、刑事裁判が行われ、有罪判決が出た場合には刑罰が科される。この一連の流れを「刑事手続」という。また、この刑事手続に関わる公的機関（警察、検察、裁判所、刑務所など）を「刑事司法」という。刑事手続のために人の身柄が拘束される場合には、憲法18条の例外となる。この場合には、国は憲法31条から40条までに定められたルールを守らなければならない。これらのルールをまとめて「法の適正手続」と呼ぶ。

　憲法は公権力が暴走しないように国をルールで縛るという役割をもっているが、刑事手続の分野の規定はとくにこれが必要な分野である。適正手続の保障の確立していないところでは、人身の自由・移動の自由、表現の自由、思想良

心の自由やプライバシー権といった権利が崩されてしまうからである。

　「犯罪者の権利」？　　私たちの多くは、今たまたま犯罪の被疑者になることなく生活しているが、それでも何かの偶然で嫌疑をかけられる可能性はある。だから、これらの権利を守るように公権力にルールを課すことは、その国の法に服するすべての人々にとって必要なのである。

　さらに国内外のさまざまな例を見ると、一般人が警察によって身柄を拘束され、公正な裁判抜きで生命を奪われた事件もある。たとえば戦前の日本では、とくに『治安維持法』の下で、理由の明確でない恣意的な身柄拘束が行われた。具体例としては、小林多喜二事件や横浜事件がある。こうした事例を見ると、「法の適正手続」を要求する権利は《犯罪加害者の人権》という狭いものではなく、すべての人にとって必要な権利だといえる。

　日本の警察は高い水準を備えた組織だと海外から称賛されることが多い。だからこそ、もしもその高い実力が間違って使われれば深刻な人権侵害（暴力）を引き起こすことになるので、ルールでその行動にしっかりと枠づけをしておく必要がある。したがって、これらの憲法ルールが不要となることはない。

（2）法の手続の適正性、公正性

　第31条　何人も、法律の定める手続によらなければ、その生命若しくは自由を奪はれ、又はその他の刑罰を科せられない。
　第39条　何人も、実行の時に適法であつた行為……については、刑事上の責任を問はれない。

　不利益を課すときのルール　　国家が、犯罪の防止と処罰のため、必要に応じて国民に不利益や負担を課す場合がある。このとき国家は法律に基づいて、法律に従って行動しなければならず、その法律の内容も適正なものでなければならない。日本国憲法の31条は、この後に続く32条から第40条までの条文全体の基本的意味を定めた総則規定と考えられている。

　この31条は、まずは刑事手続のことを言っているが、その趣旨は行政罰その他、国家が国民に不利益を課す場合に広く及ぶと考えられている。たとえば、

交通違反に対する行政罰、財産権の制約、少年法による保護処分、伝染病予防のための強制処分などが含まれると考えられている。

罪刑法定主義と「公正な告知」　31条の趣旨からは、各人の自由を保障するためには、何が刑罰の対象（犯罪）になるのか、どのような刑罰が科されるのかという情報があらかじめ法律で明確になっている必要がある（罪刑法定主義）。犯罪となるべき行為が明確に決まっていれば、それ以外の行為については自由に行うことができるが、何が処罰対象なのかわからない不明確な法律があると、人は処罰の可能性を恐れて自由に行動できなくなるからである。

　さらに、国家が後出しで犯罪規定を作って処罰することができるとなると、今は自由とされている事柄も、いつなんどき後出しで「犯罪」とされてしまうかわからないので、やはり人は自由に行動できなくなる。そこで、人を刑事犯罪に問う場合は、あらかじめ「それは犯罪です」という告知が法律で明確に行われていなければならない、というルールがある（事後法の禁止）。社会の新しいニーズによって新しい犯罪規定が設けられるという場合[4]にも、新しい規定は、それが施行された後に行われた行為に対してだけ適用され、それ以前に行われた行為を処罰の対象にしてはならない。

　ただ、その内容がそもそも憲法に反する内容であってはならない。その意味での犯罪と刑罰の内容の合憲性は、この条文だけでなく、憲法のあらゆる条文に照らして検討されることとなる。たとえば「死刑」という刑罰内容は、刑法の条文に明記されており、「前もって明確な告知がある」という条件は満たしているが、その内容が憲法に適合するのか、という問題はこのこととは別の問題として長く議論されている（後述）。

　以下では、刑事手続の流れに沿って解説する。全体に通じる柱となるのは、「公正性の確保」と「暴力の禁止」と「人間の尊厳」である[5]。

（3）被疑者の権利──捜査〜逮捕に至るまで

第33条　何人も、……理由となつてゐる犯罪を明示する令状によらなければ、逮捕されない。

第35条　何人も、その住居、書類及び所持品について、侵入、捜索及び押収を受ける
　　ことのない権利は、……正当な理由に基いて発せられ、且つ捜索する場所及び押収
　　する物を明示する令状がなければ、侵されない。……

令状主義　　警察によって、犯罪に関わったという疑いを受けた者を「被疑
者」という。被疑者を逮捕して取り調べたり持ち物を調べるときには、何の犯
罪の疑いによるものかを示した「令状」がなくてはならない。これは検察官ま
たは警察官が裁判所に申請して、裁判所が発行する。

逮捕令状　　先に見たように、憲法は第18条によって「人身の自由」（不当な
拘束や苦役強制を受けない権利）を保障している。これを曲げて人の身柄を拘束
する「逮捕」には、明確で正当な理由（必要性）がなければならない。この理
由を明示したものが「令状」で、これは「人身の自由」への侵害を必要最小限
に抑えるための手続である。

捜索および押収に関する令状　　犯罪行為者の特定のためには、疑わしい者の
持ち物や住居のなかを捜索して、証拠を押収することも必要となる。しかし、
国民は、意に反して自分の住居に踏み込まれたり荷物を開けられたりしない
「プライバシー」の権利をもっているし、自分の持ち物を奪われない財産権を
もっている。これらの権利を曲げて住居への侵入、捜索、証拠物の押収を行う
ためにも、上記のような要件を満たす「令状」が必要となる。

（4）被疑者の権利──取調べ段階

第34条　何人も、理由を直ちに告げられ、且つ、直ちに弁護人に依頼する権利を与へ
　　られなければ、抑留又は拘禁されない。……
第36条　公務員による拷問及び残虐な刑罰は、絶対にこれを禁ずる。
第38条　何人も、自己に不利益な供述を強要されない。（2項）強制、拷問若しくは
　　脅迫による自白又は不当に長く抑留若しくは拘禁された後の自白は、これを証拠と
　　することができない。……

拘束を継続する場合　　取り調べは密室性の高い状況で行われることになるの
で、公権力による人権侵害が起きやすく、自白の強要によって冤罪が生まれる
可能性もあるため、これを防止するルールが必要となる。憲法は「人身の自[6]

由」を保障しているので、逮捕に続いて被疑者（公判前の取り調べ段階）・被告人（公判中）を自宅に帰さず拘束を継続するときには、拘束を継続することの正当な理由（逃亡の恐れが高い場合など）が必要である。身体の拘束のうち、一時的なものを抑留、より継続的なものを拘禁という。34条は、不当な抑留および拘禁を禁止した上で、抑留や拘禁を行わなくてはならない時には正当な理由を告げることを国（刑事司法）に義務付けている。また、抑留・拘禁される場合には、弁護人を依頼する権利が与えられる。この段階ではまだ「国選弁護人」を付けるところまで保障されていないが、被疑者の実情を考えると必要であることが指摘されている。

拷問の絶対的禁止　36条にいう「拷問」とは、自白させるために暴力によって苦痛を与えることである。暴力そのものが人権侵害にあたることは当然だが、拷問を受けた人はその苦痛から逃れたい一心で無実であるにもかかわらず有罪の自白（虚偽自白）をしやすいことが指摘されており、ここから生まれる冤罪の人権侵害性も大きい。そのため、暴力的な取り調べは「絶対に」禁止されている。暴力以外にも、強制や脅迫、不当に長い身柄拘束によって自白をとることも禁止されており、警察や検察がこのルールに反する方法で自白をとったときには、裁判で証拠として採用されない（38条）。

（5）被告人の権利──公正な裁判

第32条　何人も、裁判所において裁判を受ける権利を奪はれない。
第37条　……被告人は、公平な裁判所の迅速な公開裁判を受ける権利を有する。
　2　刑事被告人は、……証人を求める権利を有する。
　3　刑事被告人は、……資格を有する弁護人を依頼することができる。……
第38条　何人も、自己に不利益な供述を強要されない。
　2　強制、拷問若しくは脅迫による自白又は不当に長く抑留若しくは拘禁された後の自白は、これを証拠とすることができない。
　3　何人も、自己に不利益な唯一の証拠が本人の自白である場合には、有罪とされ、又は刑罰を科せられない。
第40条　何人も、抑留又は拘禁された後、無罪の裁判を受けたときは、法律の定めるところにより、国にその補償を求めることができる。

　被 告 人　　犯罪の疑いを受けた人（被疑者）は、取り調べが終わると検察官によって起訴され、裁判の「被告人」となる。32条の「裁判を受ける権利」は民事裁判、行政裁判、刑事裁判のすべてについての保障だが、第37条と38条はとくに刑事裁判の被告人の権利を定めている。

　裁判（公判）は、刑事裁判の被告人にとって、自分の側の事情や正当性を示したり、不当に重い責任を負わされないように自己防御をしたりする最終的・決定的な機会となる。

　37条は「公正」・「迅速」・「公開」の裁判を保障している。公正性を保障するためには一方的な断罪とならないよう、裁判官と裁判員が、検察側と被告人（弁護人）側のそれぞれの弁論を公平に聞いて判断する《当事者主義》がとられている。また、不当に長引いた裁判は37条の「迅速な裁判」の要請に反するとして打ち切られる場合がある。

　「公開」の意義については、裁判を受けることもできずに取り調べ中に死亡した人々の例を考えてみよう。国民の目が届く場所で犯罪の認定と刑罰の決定が行われることは、被疑者・被告人を最悪の事態から守るためのルールなのである。しかし現在、その本来の趣旨が理解されているとは言いがたい、被疑者・被告人バッシングが起きやすくなっている。法教育や社会科教育の一環として、裁判の公開や実名報道の本来の意義を折に触れて確認し、正義に名を借りたいじめを防ぐ教育を心がけたい。

　38条の自白の採用に関するルールは、取調べのルールとの連続で理解してほしい。警察、検察の側が憲法に反する強制手段を使って自白をとっていた場合には、裁判官と裁判員は、その自白を有罪判断の根拠にしてはならない。また自白以外に証拠がない場合にも、有罪にはできない。自白の強制を拒む権利として、刑事訴訟法311条で「黙秘権」が定められている。

　弁護人依頼権　　公正な裁判の保障の一環として、37条3項は「弁護人依頼権」を定めている。被告人には弁護人と接見して話し合ったり、助言を受けたりする権利がある。被告人が自費で弁護人を依頼できないときには、国の費用で弁護人を依頼できる（国選弁護人）。

　実際には、接見の権利が相当に制約されていること、公判以前の取り調べ

（被疑者）の段階で弁護人の助言が得られる仕組みが整えられる必要があることが指摘されている。

無罪判決と刑事補償　犯罪の疑いを受けて身柄を拘束された人が結果として無罪となった場合、拘束を受けた人は、40条の「刑事補償請求権」によって国に金銭補償を求めることができる。金額などの内容については、「刑事補償法」に定められている。

　無実の者が有罪とされることを「冤罪」というが、日本では冤罪事件が多い。「免田事件」（1983年再審無罪）、「松山事件」（1984年再審無罪）のように死刑判決後20年以上が経過してから無罪となったケース、「足利事件」（2010年再審無罪）のように無期懲役判決後17年が経過してから無罪となったケース、「袴田事件」（1980年死刑確定）のように死刑確定後30年以上が経ってようやく再審が認められ釈放されたが再審が長期間行われていないケース（2022年時点）、「大崎事件」のように再審請求が繰り返されながらなかなか認められないケース（2022年時点）などがある。こうした場合にも無罪判決が出れば当然に刑事補償が支払われるが、失われた年月は金銭では取り戻せない。金銭保証があることとは別に、冤罪を生み出さない仕組みづくりの模索は続けられる必要がある。

（6）刑罰と人権

第36条　公務員による拷問及び残虐な刑罰は、絶対にこれを禁ずる。
第37条　……被告人は、公平な裁判所の迅速な公開裁判を受ける権利を有する。

受刑者の人権　刑事ドラマのほとんどは、逮捕または判決の場面で物語が終わりになる。しかし当事者にとっては、ここで終わりではない。刑務所のように厳重に隔離された場所では、万が一人権侵害が起きたとき、救済が難しくなる。日本では2002年から2003年に国会（国政調査）で取り上げられた名古屋刑務所事件[8]のような実例もある。

　憲法には受刑者の権利について明記した箇所はない。しかし憲法31条から40条までを見通したとき、そこには一貫して、刑事司法手続から暴力性・嗜虐性

を取り除こうとする趣旨が見てとれる。この趣旨は当然、刑の執行の段階でも守られるべきである。正義が《正義に名を借りた暴力》に変質しないよう、国家は高い自制のルールをもたなければならないのである。

　刑務所が裁判によらずに実質上の罰の追加となることを独断で行ってはならない。また、処遇の実態が人としての品位（人間の尊厳）をことさらに貶めたり、人としての健康な生存が妨げられるような異常なものであることは、刑の執行を逸脱した《国家による虐待》となり、憲法36条違反となるため許されない。

　受刑者が指示に従わないなど、やむ得ない場合があるとしても、そのことを理由とした拘束は必要最小限に限定されなければならない。

　「刑事収容施設法・被収容者処遇法」へ　　日本は1990年代に、国連などの国際機関から刑務所内の処遇について人権侵害の危険が高いことが指摘されていた。そこに、先に見た名古屋刑務所事件が起き、これをきっかけとして「監獄法」が全面改正され、「刑事収容施設及び被収容者等の処遇に関する法律」（平成18年）となった。ここでは、一定の条件を満たした模範的な受刑者に外泊や電話の使用を認めるなどの処遇改善策が盛り込まれ、刑務所の運営改善のため受刑者の不服申立制度も新設された。[9]

　死刑制度は合憲か？　　36条は、拷問と同時に「残虐な刑罰」も禁止している。ここで禁止される「残虐な刑罰」とは、ことさらに苦痛を与える方法や人間としての尊厳を奪う方法のことをいう。

　死刑は残虐ではないのか、という問題については、多くの議論がある。[10]現在日本で行われている絞首による死刑は残虐ではないだろうか、という問題の立て方がある一方で、そもそも人の生命を奪う制度は36条にいう「残虐な刑罰」にあたるのでは、との議論や、13条の「生命権」に照らして国家に人の生命を奪う権利があるのかどうか、といった議論がある。[11]

　この問題について、最高裁は、死刑は36条の禁止にはあたらず憲法違反ではないとの立場をとっている（最高裁1948（昭和23）年3月12日判決）。ただ、仮に憲法が死刑を禁止していない（許容している）と考えるとしても、憲法が死刑制度を要求しているという意味にはならない。国際的には死刑制度を残している国は少数であること、1989年の国連総会で「死刑廃止条約」が採択されてい

ることなど、国際社会の合意や文化度を参考にしながら、議論していく必要が
ある。

（7）社会復帰後の人権

社会復帰と犯罪歴　　刑事責任を果たし終えた人間は、社会復帰することにな
る。刑事司法の制度は、社会復帰を予定した《有期》の刑を原則としている。
さまざまな制度改革も、社会復帰のための教育を充実させる方向をとっている。

　しかし社会の側に、出所後の元受刑者を受け入れる器はあるのだろうか。経
済活動の自由の主体である企業が犯罪歴の有無を選別の材料とすることを《雇
用差別》として禁止することは難しく、各企業の見識と善意に頼っているのが
現状である。

犯罪歴と情報の自由　　社会復帰後にその人なりの方法で新たな社会生活を営
むことができている個人についてその社会復帰を妨げることは、39条が禁止す
る二重処罰にかなり近いことになる。この趣旨と13条の幸福追求権からは、公
権力（国家や自治体）は社会復帰をしようとする者・社会復帰を果たしている
者の新しい生活を台無しにするような情報提供を行うべきではない、といえる
だろう。これについては、社会復帰後の人の前科情報を第三者（弁護士）に開
示した市役所の行為を「公権力の違法な行使」にあたるとした判例がある
（「前科照会事件」（最高裁1981（昭和56）年4月14日判決）。

　私人同士の場合はどうだろうか。「ノンフィクション小説『逆転』事件」判
決では、「人は、みだりに前科等にかかわる事実を公表されないことにつき、
法的保護に値する利益を有する」と認められた（最高裁1994（平成6）年2月8
日判決）。

　この種の問題については、刑事裁判は「公開」と定められており、これに関
連して報道された情報は公共情報として扱われるので、社会復帰後の犯罪歴情
報も公共情報だ、という考え方もある。その一方で、ある時期を過ぎれば多く
の人は犯罪事件を忘れていくもので、その状態を法的に保護することは必要
だ、との考え方もある。日本の判例は、基本的に後者の考え方をとっている。

　近年、ヨーロッパで「忘れられる権利」が認められ、インターネット上の検

索サービス提供者が、一定の要件の下で、サイト上に残っている権利者の個人
情報を削除する責任を負うこととなった¹³⁾。日本では今、こうした犯罪歴情報な
どがインターネット上に検索結果として表示されることを止める作業を、検索
サービス事業者に求めることができるか同かが議論され、裁判所の判断が注目
されている（2017（平成29）年1月31日判決）。この権利を権利者全般に対して実
現するためには、各種の企業が相当高度な作業を行わなければならなくなるた
め、日本でもこれに対応する法律の整備が必要か、現在のプライバシー権の枠
内で対応できるかが議論されている¹⁴⁾。

■コラム 5-2　　正義に名を借りた暴力を防ぐために

　法的正義と正義感情　　司法における正義をさまざまな角度からルール化した憲
法上の「適正手続」は、「悪い人間は許せない」という正義感情から見ると、ずい
ぶん制約が多く面倒に見えるかもしれない。憲法やそのルールを詳しく具体化した
刑事訴訟法は、正義の名のもとにであっても、暴力を刑事手続に持ち込むことや、
根拠・立証が不十分なままで有罪判決を出すことを禁じている。
　学校現場での問題解決プロセスにも　　学童の学級会（ホームルーム）が時とし
て熱を帯び、正義に名を借りた糾弾いじめになってしまう現象に直面することは、
教師ならば何度かあるに違いない。このとき、どこまでを学童・生徒の自主的な成
り行き（民主主義の実践）に委ね、どこからは教師が介入すべき事柄（立憲主義的
ルール）になるのか、判断に迷うこともあるだろう。
　また、学内・学外でいじめなどの非行行動があったとき、学童・生徒から事情を
聞き、ときには懲戒処分の決定をしなければならないこともあるだろう。
　そのようなとき、憲法が定めている手続の保障は、学校現場での調査や処分につ
いて定めたものではないが、考え方のヒントは多々、与えてくれる。そうした場面
でも憲法の知識・知恵が生かされることを願う。　　　　　　　　　【志田陽子】

【注】
1)　法律用語では、人間の思考としての判断や意欲や意図のことを「意思」という。
2)　奴隷制とその後遺症としての人種問題の克服については、猿谷要『検証　アメリカ
　　500年の物語』（平凡社、2004年）を参照。
3)　「人身売買及び他人の売春からの搾取の禁止に関する条約」（国連1949採択、日本

1958年加盟)、「児童の権利に関する条約」(国連1989年採択、日本1994年締結)、「国際的な組織犯罪の防止に関する国際連合条約を補足する人、特に女性及び児童の取引を防止し、抑止し及び処罰するための議定書」(国連2000年採択、日本2002年署名)といった条約がある。

4) たとえば2012年の法改正によって、著作権侵害に刑事罰を科す規定の中に新しく「違法ダウンロード」を含めるという法改正が行われたが、こうした規定は法改正の内容が施行された後に行われた行為に対してだけ適用される。

5) 参考文献：遠藤比呂通『市民と憲法訴訟』(信山社、2007年)(9〜12章)。

6) こうした問題を防ぐために、取り調べ中の音声録音やカメラ撮影とその開示など、取り調べの「可視化」が議論され、法改正が行われた(2016年)。

7) 刑法上一定の重罪に関する裁判は、公正で慎重な審理を保つため、一般市民が判断に参加する「裁判員制度」が平成21年から導入されている。

8) 名古屋刑務所で01年、男性受刑者の不審死がきっかけとなり、国会で調査が行われた。事件に関わった刑務官は後の裁判で特別公務員暴行陵虐致死の罪に問われたが、それと並行して、国会では制度のほうの問題が議論され、法改正につながった。

9) 参考文献：菊田幸一・海渡雄一編『刑務所改革——刑務所システム再構築への指針』(日本評論社、2007年)。

10) 参考文献：団藤重光『死刑廃止論　第6版』(有斐閣、2000年)。

11) 本書10章の「生命権」に関する項目を参照してほしい。

12) 「市民的及び政治的権利に関する国際規約の第2選択議定書」が死刑廃止を内容としている。

13) 欧州連合 (EU) 議会は2014年に、各国の国内法化によらず直接効力をもつ「EUデータ保護規則」を改正し、「忘れられる権利」を明文化した。

14) このテーマについては、本書3章の「人格権」の項目も参照してほしい。

☆参考文献はすべて、学生向けのおすすめ参考文献です。

経済的自由

大きな流れと個人

　私たちは、日々さまざまなお金の算段をしながら生活している。自分で得た収入は、自分の名義で貯金をすることも、自分の「財産」として使うこともできる。自分のもの（財産）を売ることもできる。

　経済の領域は、ときに個人を飲み込む巨大な流れになる。その中で、やりくりの苦心も含めて自らの意思と自己責任によって主体的に判断をしている人々の姿がある。経済活動の「自由」とは、このことを総合的に指している。大学生も、消費者やアルバイター、就職応募者として経済活動の世界にいる。また、教職にある人々は、未成年者の経済活動が制限されていることや消費者保護の制度があることについて、ときには生徒にアドバイスをする立場に立つことになる。日本国憲法はこの領域に対してどのような姿勢をとっているだろうか。

1 「自由」獲得から福祉国家型制約へ

（1）近代憲法の誕生と経済的自由

　私たちが暮らす日本は、自由主義（資本主義）経済をとりつつ、福祉の観点からそこに修正を加えている。人が経済的な豊かさを求めることや職業選択を通じて自己実現の道を見出すことを、日本国憲法は各人の「自由」として認めている。その一方で日本国憲法は、自由放任の経済が招く貧困・格差の問題を修正するために、福祉国家における国民の権利を「社会権」として明記している。経済的自由と福祉国家のニーズとは緊張関係に立つこともあるため、そのどこに適切なバランスを見出すかという課題は、民主主義にとっても憲法にとっても重要な課題となる。

　近代憲法は、18世紀から19世紀にかけてイギリス・アメリカ・フランスで次々に起きた市民革命によって生まれた。この時期の変革の大きな原動力となったのが、経済的自由を求める動きだった。

　それ以前の経済は、各人の職業が身分によって制約され、国王の許可が必要なものも多く、税も一方的に決められていた。財産（とくに土地）は上位身分者から貸し与えられたものとして支配を受けた（封建制）。しかし産業のあり方が変わり、経済力をつけてきた人々が、こうした君主制・身分制の制約からの自由と、自分たちが議会に代表者を送って税や予算配分などを決めることのできる政治的決定権を求めるようになっていく。アメリカ独立戦争の有名なスローガン「代表なければ課税なし」には、こうした事情がよく表れている。

　こうした経緯で確立してきた「財産権」は、18世紀末のスタート時においては、制約を受けることのない絶対的な保障を受ける人権と考えられていた。また、ここで達成された平等は、制度上の不平等を廃止したという意味で、「形式的平等」と呼ばれる。ここでは、すべての者が平等に同じスタートラインに立って自分の自由意思で経済活動を行い、その結果を受け取ることのできる社会、というイメージが考えられていた。

　じつはこの時点ですでに経済力（資本）を得ていた者とそうでない者との間

には力の格差があった。この格差への対処が国家の任務として考慮されてくるのは、もっと後の時代のことになる[1]（「社会権」の項目参照）。

（2）国家の役割の変化と「公共の福祉」

経済的自由に関する権利は、獲得された初期には、国家から制約を受けることのない「不可侵の権利」として強い保障を受けた。この発想を受けて、国家はできる限り市民社会に干渉せず（自由放任）、犯罪の取り締まりなどの警察的な役割だけを任務とすべきだと考えられていた（近代消極国家観）。

経済的自由には、「競争の自由」が含まれているが、この競争によって社会的・経済的弱者の問題が深刻化し、身分制や奴隷制以上の困窮状態や劣悪な労働環境も見られた。また、少数の強者によって市場が独占され、それ以外の者が競争に参入できない無力化状態に陥れば、自由競争そのものも成り立たなくなってくる。こうしたことへの反省から、国家の任務には、弱者に人間らしい生存を保障するために必要なルールや、公正な競争を維持するために必要なルールを作ることが含まれるようになった。このような役割を担う国家を、現代型積極国家（福祉国家）という。ここでは財産権や経済活動は一定の社会的制約を受けるべきものと考えられるようになった。第二次世界大戦後は、多くの国でこの考え方が採用されるようになっている。

このような福祉国家は、消極的な国家よりも多くの事柄を扱い、富の再配分を行うため、多くの財源（金銭）を必要とする。ここで国家は課税や規制という形で国民の経済的自由に介入する度合いを強めることになる。現代における経済的自由の保障はこのように、近代に獲得された絶対的保障から、福祉国家としての政策（公共の福祉）による調整や規制を受ける自由へと性格を変えてきた。

日本国憲法では、経済的自由を、22条「職業選択の自由、居住・移転の自由」と29条「財産権」の2つに分けて保障している。両方の条文に「公共の福祉」という言葉が出てくるが、この言葉は13条に出てくる「公共の福祉」に加えて、今述べたような政策的な調整があることを表している。社会的弱者への配慮を含むものとして「公共の福祉」という言葉がとくに選択されていること

を、上のような歴史に沿って理解しよう。

（3）規制の目的と憲法訴訟

　それぞれの人権は、「公共の福祉」によって制約を受けるが、その制約のあり方が憲法違反になっていないかと問う訴訟（憲法訴訟）が起きたとき、合憲か違憲かを判断するための判断基準を「違憲審査基準」という。

　規制の憲法適合性を判断するさいの違憲審査基準にも、この「公共の福祉」の意味の違いが反映されている。まず、13条型の制約を受ける権利（精神的自由など）と経済的自由権とを分けて、前者に対する規制については合憲とするためのハードルを高くして厳格に審査し、後者に対する規制については合憲とするためのハードルを低めにして緩やかに審査し、規制を認めやすくする考え方が概ねとられてきた。この考え方を「二重の基準」という。

　さらに、経済的自由権への規制にもさまざまな性格のものがあるため、その目的に応じて違憲審査基準がもう一段場合分けされる。この分け方は「新二重の基準」と呼ばれる。[2]

　たとえば、たばこのパッケージには「あなたの健康を害するおそれがあります」という警告が書かれている。これらは売る側にとっては明示したくない情報かもしれないが、こうした規制は、国民の生命や安全や健康を害から守るための規制、すなわち消極国家の発想から必要とされる消極的規制として認められている。このカテゴリーの規制は、なんらかの害を防止する必要性（目的の正当性）がなければならず、行き過ぎた規制や的を外した規制は憲法違反となる。

　これに対して、福祉国家実現の一環として、経済的弱者を支援したり、文化や産業を促進するために行う規制を積極的（政策的）規制という。このタイプの規制が憲法訴訟になったときには、裁判所よりも国会（立法府）の判断に委ねるほうが適切という考え（立法裁量論）がとられる。

　ここまで述べてきたことが、経済的自由権全体に共通する基本理解となる。以下では、経済的自由権に含まれる権利ごとに、その内容を見ていこう。

2　財産権

第29条〔財産権〕財産権は、これを侵してはならない。
　2　財産権の内容は、公共の福祉に適合するやうに、法律でこれを定める。
　3　私有財産は、正当な補償の下に、これを公共のために用ひることができる。

（1）財産権保障の意味と「公共の福祉」

　私たちは、自分の労働の対価として得た金銭は自分の財産として自分で使い
道を決定できるし、正当に入手した財産は自分の判断で自分用に使ったり他者
に貸したり売ったりできる。これらのことについては民法などで詳細にルール
を定めている。

　ここでいう「財産」は、大きく2種類に分けることができる。住むための住
居や家具、自分の生活で使う自家用車や衣類、食材など、自分が生活するため
の財産のことを「生活財」と呼ぶ。一方、転売したり貸したりするための不動
産や農業用地としての土地、運送業で使う自動車やこれらを生産する工場、飲
食店で使う食材など、経済活動のための財を「生産財」と呼ぶ。

　財産権も、先に見たとおり、他者の権利や社会の安全を守るための消極目的
による規制と、産業の活性化や弱者保護といった積極的政策に基づく規制を受
ける。ある規制が憲法上の財産権を不当に制約しているのではないかという裁
判が起きたときには、どちらのタイプの規制か、そして規制の対象となる財産
が生活財・生産財のどちらに属するかによって、判断方法が異なってくる。

　日本国憲法29条1項で財産権を「侵してはならない」といっているのは、生
活財への規制は他の自由権と同じく必要最小限度にすべきだ、という意味と考
えられる。一方、経済活動のために使われる生産財は、社会的影響が大きいこ
とから、社会政策上の必要があれば積極的な規制に服する場合があり、2項は
そのことを憲法自身がとくに認めた規定だと考えられる。企業や個人事業主
は、各種の経済規制立法（独占禁止法や不正競争防止法など）、産業規制立法（環
境保護のための廃棄物排出規制や設備の義務付けなど）、雇用関係に関して雇用者側

が守るべきルール（社会権の項で後述）などを遵守しなければならないが、それは憲法上、このような根拠によって認められている規制である。

（2）財産の公用と補償

　人が住んでいる土地や、大学のキャンパスとして使われている土地が、国や自治体の道路用地になることに決まったとする。このような公共事業の場合については29条3項に規定がある。

　憲法29条3項は、「私有財産は、正当な補償のもとに、これを公共のために用いることができる」と定めている。これは1項で「侵してはならない」と定めていることへの例外で、こうした場合には、生活財・生産財の区別なく、私有財産である土地を、国や自治体が公共事業のために収用したり、その土地の使用方法を制限したりできる。収用とは、ある土地を鉄道や道路の建設用地として使うなど、その財産を剥奪することである。制限するとは、たとえば建築基準法で、当該土地内で建物として利用できる面積や高さを制限することなどである。2020年には、コロナ感染者医療のために旅館などの建物を臨時の病院として使うための「収用」が議論された。

　私有財産を収用するさいには「正当な補償」が必要となる。この補償は、金銭で支払われることが多い。一方、使用の仕方を制限する場合には、すべての場合について補償が必要なわけではないと考えられている。では、農地として使うために所有していた土地について「耕作をしてはならない」と命じることはどうだろうか（「奈良県ため池条例事件」を参照）。また、収用の目的が倫理的に受け入れられないため、収用や使用制限を拒否したいという主張がある場合は、どうだろうか（沖縄米軍基地について地主が起こした訴訟など）。

　先に見たように、制約の目的・性質には消極目的と積極的政策目的とがある。まず消極目的による制約に関しては、自分の財産であっても他者や社会に危険を与える自由は含まれていないとの考え方（内在的制約）から、補償を行う必要はないと一般に考えられている。たとえば自動車の所有者に対して危険走行を禁止しても、そのことにつき国家が金銭補償をする必要はない、ということである。次に、政策上の必要から行われる財産権制約については、ある個

人に特別に負担を強いる場合には補償が必要とする考え方（特別犠牲説）と、制約の内容が実質的な財産権剥奪にあたる場合には補償が必要とする考え方の2つの考え方がある。実質的な剥奪とは、たとえば自動車の所有者に対して通常の走行を禁止した場合、その制約はその自動車そのものの剥奪と同じ意味をもつ、という考え方である。近年はこの考え方をとる説が有力視されている。2020年から2022年にかけて、コロナ感染防止対策として飲食店が休業や時短営業を要請された。このとき、「休業と補償はセット」というスローガンが流行したが、それはこの考え方に通じている。裁判としては、「グローバルダイニング訴訟」（東京地裁2022（令和4）年5月16日判決）が注目された。

◎重要判例◎奈良県ため池条例事件

最高裁1963（昭和38）年6月26日判決

　奈良県は、1954年、大雨時のため池の決壊による災害を防止するため、ため池の堤とうの土地の耕作を禁止する条例を制定した。この条例は、この条例制定以前から耕作を行ってきた者にとっては不利益となる。最高裁は、この規制は災害を防止し公共の福祉を保持するためにやむを得ないものであり、財産権を有する者が受忍しなければならない責務であるとした（条例が憲法29条3項の補償を定めていないことについて合憲とした）。この判決内容については、財産が本来の目的に使用できなくなる場合には、29条3項の補償をすべきだった、との見解もある。

◎重要判例◎森林法事件

最高裁1987（昭和62）年4月22日判決

　森林法では、森林を複数名で共有している所有者はその森林の共有分を分割することはできないと規定していたが、森林の分割を望んだ所有者が、この規定を憲法29条に反し無効であるとして争った。最高裁は、森林法186条の立法目的は、森林の細分化を防止することによって森林経営の安定と森林の保護を図るとした上で、分割禁止はこの目的を達成するにつき必要な限度を超えた規制にあたり、合理性と必要性のいずれも欠いている、との違憲判決を出した。規制目的の部分をどう読むか、規制目的と結論の関係をどう見るか、各自で考えてみよう。

3　職業選択の自由、居住・移転の自由

第22条　何人も、公共の福祉に反しない限り、居住、移転及び職業選択の自由を有する。
2　何人も、外国に移住し、又は国籍を離脱する自由を侵されない。

(1)「職業選択の自由」と「営業の自由」

「自由」保障の意味　　憲法22条1項が定めている「職業選択の自由」とは、各人が自分の職業を自分で決定することのできる自由をいう。これは希望する職業を保障してもらう権利ではなく、意に反して特定の職業に就くことを否定されたり強要されることはない、という消極的な「自由」である。転職も、自由が保障される。日本国憲法27条で国民には勤労の権利と義務があることが定められているが、この義務を、本人の意に反する労働強制の形で課すことはできない（18条）。

職業選択の自由は、その職業を実際に行う自由があって初めて意味をもつ。職業を実際に行うことと、財産を実際に稼働させることを総合して「営業の自由」と呼び、22条と29条の両方にまたがる憲法上の権利と考えられている。

憲法22条には、「公共の福祉に反しない限り」という文言がある。これは29条と同じく、憲法13条の「公共の福祉」と同じタイプの消極的規制とともに、それよりも踏み込んだ積極的規制が行われる場合があることを示している。たとえば営業の届出制（理容業など）、許可制（飲食業、貸金業など）、資格制・免許制（学校教員、医師など）といったものがある。近年注目された裁判として、医師免許なしに入れ墨（タトゥー）の施術を行うことが医師法に違反する犯罪行為になるか（タトゥー施術にそのレベルの資格ハードルを課すと彫師が業務を行えなくなる）が問われた裁判で、最高裁は「無罪」の判決を出した（タトゥー裁判最高裁2020（令和2）年9月16日判決）。

裁判所は、規制が消極目的によるものである場合には、必要性や関連性を厳しく問う「厳格な合理性の基準」を用いている（薬局距離制限事件違憲判決）。一方、規制が積極的な社会経済政策の実施を目的としている場合には、国の政策

を尊重して緩やかに判断する。しかし現実には、同じ法令の中にこの二つの要素が混在していることもある。

　また、職業選択や営業の自由には、各人の自己実現・幸福追求・人格の発展も含まれているため、こうした部分への制約となるような規制があった場合には、不必要な規制や的外れな規制となっていないか、丁寧に審査する必要がある。

◎重要判例◎薬局距離制限事件

最高裁1975（昭和50）年4月30日判決

　薬局の開設の条件として適正配置の距離制限（既存の薬局がある場合、ここから一定の距離以上離れていること）を要求する旧薬事法6条2項が争われた。最高裁は、本件薬局距離制限は、国民の生命・健康に対する危険の防止という消極目的のものであるとした上で、消極目的の規制には①規制の必要性・合理性の審査に加えて、②その目的の達成について人権への制限の度合いがより少ない手段がなかったかどうかを検討すべきであるとして、問題となった適正配置規制を違憲とした。

◎重要判例◎酒類販売免許制事件

最高裁1992（平成4）年12月15日判決

　酒類販売の免許を申請した者が、酒税法10条10号により「経営の基礎が薄弱である」ことを理由に免許交付を受けられなかったため、この規定の合憲性を争った。最高裁は、この許可制が「重要な公共の利益のために必要かつ合理的な措置」かどうかを審査し、酒税法が定めている免許制に合理性はあるとし、また酒類は酔性を有する嗜好品であるために販売秩序維持のために規制を受けてもやむを得ず、立法府の判断が「著しく不合理」とはいえない、との理由で、合憲とした。

（2）教育職員の「職業選択の自由」への規制

　高校までの教員には、免許取得が課されている。採用については都道府県の採用試験を課す公立学校と学校独自の採用方法をとる私立学校とで違いはあるが、その前提として「教育職員検定」を受けて教員免許を取得していなければならないことは共通である（教育職員免許法）。この制度は教員になりたい人に

とっては制約となるが、教育の重要性・公共性から認められている（詳しくは「電子版 Appendix」（QR コードでアクセス）を参照）。

（3）　居住・移転の自由

　職業選択の自由と居住・移転の自由は、隷属状態ではない「自由人」の条件といえる。憲法18条の奴隷的拘束の禁止とあわせて、その意義を理解したい。

　学びたいことがあって実家から遠い大学に入学する人、仕事の場所に合わせて引っ越しをする人、旅行して写真を撮ったり記事を書いたりする人、離れた土地で現地の産物を買い付けて販売する人（貿易商）、こうした人々や企業のさまざまな活動にとって、移動の自由は不可欠である。

　憲法22条1項は、「居住、移転」の自由を保障している。これは、自己の住所または居所を決定する自由やそれに伴う実際の移動の自由、旅行の自由、その他さまざまな移動の自由を保障した規定である。

　近代以前の身分制・封建制の社会では、多くの地域で領民や奴隷の離脱が禁止され、人の身分・職業が土地に拘束され、自主的な職業選択や商業活動は困難だった。そのため、人間を土地から解放して移動の自由を保障することが、経済活動の自由を実現する前提として、必要だったのである。

　しかし現在では、旅行をして自分の人生を充実させたい（幸福追求権）、学会出席や留学などによって学究を深めたい（学問の自由）、取材や集会参加といった表現活動のために現地へ行きたい（表現の自由）、といったように、移動の自由は人格発展や精神的自由権の実現の前提ともなっている。そのため、この自由に対する制約が憲法違反の疑いを受けたときには、一律に経済活動への規制と見て判断するのではなく、ケースに応じて、精神的自由の保障の観点からの厳しい審査も行われる必要がある。

　ところで、私たちは転居したときにはそのことを役所に届け出て、住民登録をしなければならない。このとき、自治体が特定の者の転入届を拒めば、その人は事実上、転居の自由を奪われる。ここから、自治体は転入者の受け入れについて人物の選別をしてはならないと考えられる。

（4）海外渡航の自由

日本人の渡航の自由　22条2項は移動の自由を国外への移動に広げて保障している。ここでは、日本国から海外へ移動することの自由、移住することの自由と、日本の国籍を離脱することの自由が定められている。

　海外渡航には定住のための渡航と一時的な旅行の両方が含まれる。実際の海外渡航には旅券（パスポート）の所持が義務付けられているが、旅券法13条では、外務大臣が裁量によって旅券の発給を拒否できることになっている。

　また憲法22条は国籍離脱の自由を認めているが、これは無国籍の自由を認める趣旨とは考えられていない。なんらかの国の国籍をもつことは人権保障の前提となる重要なことなので、これをすべて放棄することは認めるべきではないと考えられている（国籍法と憲法の関係については、11章を参照）。

　国際社会化に伴う人権保障の問題には、今後整備されるべき問題が多く残されている。22条の本来の趣旨としては、海外渡航の自由をすべての人に最大限に保障することが望ましいのだが、歴史上はその時々の国際情勢への配慮から、人の出入国の可否は国家の強い関心事となってきた。

　日本人が海外に渡航することは原則自由が保障されているのだが、外務大臣の裁量によって制限が認められることが判例で確認されている（旅券発給拒否事件・後述）。ただ、営利活動ではない学問追求、幸福追求、家族形成の自由に関連する移動について、経済的自由と同じ判断基準で制約の合憲性を判断して良いかどうかは疑問である。ジャーナリストの海外渡航に対する制限についても考えるべき問題がある。

外国人の入国・再入国　2015年から2022年にかけて、シリアの紛争地域から避難してきた難民やウクライナの避難民の問題が深刻な関心を集めた。22条2項は、日本国内から外国への出国や移住の自由は認めているが、外国から日本への入国と移住については何もいっていない。日本国籍をもたない人々が日本に来る際にその入国を認めるか否かは国の立法裁量や外務省の行政裁量に委ねられることになり、これに優越する憲法上の権利としての外国人の「入国・再入国・在留の権利」や「移住する権利」は存在しないと考えるのが通説である（マクリーン事件　最高裁1978（昭和53）年10月4日判決）[3]。

ただ、日本は難民の受け入れについてあまりにも高いハードルを課していること、国際的な人権保障の関心が薄いことが問題視されている。憲法の趣旨を生かした議論が必要だろう[4]。

◎重要判例◎旅券発給拒否事件

最高裁1958（昭和33）年9月10日判決

　元参議院議員が、モスクワで開催される国際経済会議に出席するため当時のソビエト連邦への旅券を申請したところ、外務大臣が旅券法13条1項5号の規定する「日本国の利益又は公安を害する行為を行う虞」に該当するとして、この旅券発給を拒否した。最高裁は、法令については「公共の福祉」に照らして、外務大臣の処分判断については当時の国際情勢化に照らして合憲とした。学説では、このように緩い判断基準で合憲とするべきではないとの指摘がある。

◎重要判例◎風営法ダンス規制事件

最高裁2016（平成28）年6月7日決定

　平成25年、大阪にあるクラブが大阪府公安委員会の許可なく客にダンスをさせたとの理由で、「風俗営業等の規制及び業務の適正化等に関する法律」（以下「風営法」）違反の疑いで逮捕・起訴されたが、一審・二審とも無罪判決を受け、最高裁もこれを支持し、無罪が確定した。風営法（改正前）は飲食・接客などの業種のうち「風俗営業」に該当する業者に対して「営業の健全化」「業務の適正化」を目的としたルールを課している。これが過剰な規制となっており憲法違反ではないかということが問われた。

■コラム6-1　契約の自由と児童の保護、消費者保護

　児童・生徒の就労　　学童期にある児童・生徒は、労働に従事させてはならず学校に通わせることが義務付けられている。国際社会でこのことを定めた児童憲章でも、児童の労働が教育を受ける機会の妨げとならないこと、虐待・酷使・放任から守られるべきことが定められている（8条、10条）。
　日本の労働基準法・第6章では、このことが具体的にルール化されている（詳しくは「電子版 Appendix」（QRコードでアクセス）を参照）。

　こじき行為、酒席に侍する行為を業務としてさせること、淫行をさせることは絶対的に禁止される（児童福祉法34条）。

　消費者保護のための法律と行政　　私たちは民法の規定により、18歳になれば経済活動の主体として自己の判断で「契約」[5]ができる。しかし経済活動の主体としてふるまうためには十分な情報や熟考が必要となる。

　とくに現在では、消費者保護のための法ルールが拡充されてきている。近年問題になっている架空請求や強引なキャッチセールスはもともと詐欺や強要が含まれる無効な契約だから当然に消費者が保護されるべきだが、そうした違法性のない行為でも、業者と個人とのやり取りでは経験と情報量に圧倒的な差があるため、個人は断れない心理状態に追い込まれたり、損失リスクを理解できず不利な契約をしてしまうことがあり、これを対等な立場での契約と見るのは実情に合わず酷な場合が多い。こうした事情から、「消費者基本法」を中心として消費者契約法や割賦販売法、クーリングオフ制度を定めた「特定商取引に関する法律」といったさまざまな法律によって消費者の保護が図られている。　　　　　　　　　　【志田陽子】

【注】

1)　憲法の理解の基礎となるこれらの歴史については、参考文献：芦部信喜『憲法　第6版』（岩波書店、2015年）、樋口陽一『憲法　第3版』（創文社、2007年）、高橋和之『立憲主義と日本国憲法　第3版』（有斐閣、2013年）、辻村みよ子『憲法　第5版』（日本評論社、2016年）など。本格的な学生向け憲法解説書を1冊は参照してほしい。

2)　経済的自由の分野での、こうした理論と判例については、前掲注1に加えて参考文献：安西文雄・巻美矢紀・宍戸常寿『憲法学読本　第3版』（有斐閣、2018年）（経済的自由の章）。

3)　「マクリーン事件」については11章を参照してほしい。

4)　外国人の権利については、11章を参照してほしい。

5)　2018年の民法改正により、成人年齢が20歳から18歳に引き下げられた。施行は2022年から。

☆参考文献はすべて、学生向けのおすすめ参考文献です。

7章

知的財産権と憲法

教育現場のリテラシー

　私たちの身の回りには画像や動画、音楽などさまざまな著作物が溢れている。インターネットやデジタル技術の普及のおかげで、今日では多様な著作物を作り、コピーし、加工し、世界中の人と共有し、楽しむことが簡単になった。著作権をはじめとする知的財産権に関する知識は、今や誰もが知っておかなければならない時代になっている。とくに教員は、自分自身が授業で著作物を扱う機会も多く、自分のためにも生徒指導のためにも、法的な知識をもつことが求められている。知的財産教育が推進されているのも、こうした社会の流れを受けてのことである。

　この流れのなかで、表現活動と深く関わる著作権が、憲法が保障する「表現の自由」などの基本的人権とどのような関係にあるのかということも、真剣に問われるようになっている。

1　知的財産権とは

（1）私たちの生活と著作権法

　2020年東京オリンピック・パラリンピックの公式エンブレムとして発表されたデザインが、ベルギーの劇場のロゴマークに似ていると指摘され、白紙撤回となるなど、近年、「著作権」や「知的財産法」といった話題に注目が集まっている。

　小説、論文、漫画、アニメ、イラスト、絵画、彫刻、音楽、写真、TV 番組、映画など、私たちの身の回りにはさまざまな作品がある。私たちはそうした作品を鑑賞し、ときには作る側になることもある。人々が作り出すこうした作品の利用についてルールを定めているのが著作権法である。

　デジタル技術やインターネットの普及が進み、今日では誰もが PC やスマートフォンを使って動画や写真、音楽などのコンテンツを作成したり、加工したり、世界中の人と共有することが可能になっている。ブログの執筆や写真撮影、自分で曲や動画を作って SNS などでシェアすることを趣味にしている人は少なくないだろう。

　そして、教職をめざす読者にとっても、著作権法に無関心ではいられない時代になっている。教育現場では児童・生徒が創作した作文や絵画などを文集にまとめたり展示したりと、著作物を扱うことが多い。また、授業の教材として、画像やビデオ、書籍、音楽などのさまざまなメディアを活用することも多々あるだろう。教員の職務、活動のさまざまな場面で、実は著作権法が関係しているのだ。

　さらに、2002年に「知財立国」（知的財産の創造、保護、活用による経済・社会の活性化）が国家戦略として掲げられ、2008年には知的財産推進計画において「各学校段階に応じた知財教育を推進する」ことが打ち出された。それを受けて、さまざまな学校種、教科において、知的財産権に関する記載が学習指導要領に盛り込まれている。教員は知的財産教育を行う担い手となることも期待されているのである。

また、大学のレポートや卒業論文を書く際、「引用」のルールに気をつけなければならないとか、コピペ（コピー・アンド・ペースト）は厳禁だとか、著作権に関する注意事項を聞いたことがある人がいるかもしれない。大学生活と著作権法も、切っても切れない関係にある。

（2）さまざまな知的財産法

　人が作り出す情報の利用行為についてルールを定める法制度は、著作権法の他にも特許法、商標法、意匠法などさまざまなものがあり、「知的財産法」とは、これらの総称である（なお、知的財産法という名前の法律は存在しない）。著作権法は著作物を、特許法は発明を、商標法はブランド・ロゴなどのマークを、意匠法は工業デザインを利用する行為について、それぞれ権利を定めている[1]。

　さまざまな知的財産法のなかでも、とくに著作権法は創作活動・表現活動に直接関わるため、憲法が保障する表現の自由との関係が議論されている。以下ではまず、著作権制度の基本的な考え方と内容を簡単に見ていこう[2]。

2　著作権法の基礎知識

（1）著作権はなぜあるのか

　著作権法1条は「文化の発展に寄与」することを目的として掲げている。世の中により多くの著作物が生み出され、かつそれをさまざまな形で私たちが享受できることで、多様な表現が花開き、芸術や文化は豊かになる。どうすれば創作と利用がバランスよく促進されるかという点こそが、著作権の永遠のテーマだといってよい。

　著作権の歴史を遡ると、誕生の背景には、ドイツのグーテンベルクによる活版印刷術の発明がある。それまで、文章を複製するには手書きで一つ一つ書き写さなければならなかったのが、複製技術の登場によって短時間で大量に文章の複製を作ることができるようになった。すると、印刷装置と文章の内容さえ入手すれば、誰でも大量に複製物を製作、販売できるようになる。この結果、出版社Aが小説家Xに依頼して、原稿料を渡した上で小説を書いてもらって

も、別の出版社Bは、店頭に並ぶ小説を1冊購入さえすれば、同じ内容の本を作ることができてしまうという事態が生じる。出版社Bは原稿料を負担していない（せいぜい本1冊分の出費のみ）ので、出版社Aよりも安い価格で同じ内容の本を売ることができるだろう。これでは出版社Aから出ている本は売れなくなり、AやXの利益が失われてしまう。複製が完全に自由な世のなかでは、AはXに原稿料を支払ってまで、最初に出版しようと思わないだろうし、報酬が入ってこないとなるとXは生活が苦しくなったり、せっかくの苦労が報われず新たな創作活動を行おうという意欲がなくなってしまったりするだろう。

そこで、著作権法は、Xに、他人が無断で複製することを禁止できる権利を設けたのである。このような禁止権があるおかげで、出版社Bの行為を止めることができ、Xと出版契約を結んだAから出ている本が売れ、A、ひいてはXの元に対価が還元する。Xはその利益を元に、新たな創作活動を続けることもできるだろう。このように、Xに対して、市場を通して金銭的な対価が入ってくるという流れを確保してあげることで、創作活動のインセンティヴ（やる気、誘引）を与えることが、著作権法の存在理由の一つである（インセンティヴ論）。著作権法は、自分の創作した著作物について、他人の利用を認めたり、禁止したり、あるいは認めるのと引き換えに対価を要求するといった形で、財産的な価値を守る「著作権」を定め、著作物の利用のコントロールを可能にしている。

他方、作家にとって作品は自分の"子ども"のようなもの、といわれることがある。知的な創作物には作った人の人格が発露されているため、愛着やこだわりをもつものだ、という発想から、当然に権利を有するという考え方も、著作権法のもう一つの存在理由として有力に主張されている（自然権論）。このように、創作者が著作物に対して有する一種の愛着を保護するため、著作権法は無断の改変行為や公表行為などを禁止する「著作者人格権」も規定している。

（2）著作物

著作権法で保護の対象としている「著作物」は、①文芸・学術・美術又は音楽の範囲に属するもので②思想又は感情を創作的に表現したものでなくてはならない（著作権法2条1項1号）。前者の①の要件については、絵画や彫刻な

ど、鑑賞対象となる純粋な美術作品が対象になるのはもちろんだが、絵画をポストカードやＴシャツの絵柄にしたものや、彫刻を模した鉛筆立てのように、実用的な機能をもたせたものも対象になるかが問題になる（応用美術の問題）。

　②後者の「思想又は感情の創作的表現」という要件は、単なるアイディアや誰が作っても同じものになるありふれた表現といったものは保護しないという意味をもっている。具体的には、抽象的なコンセプトや自然法則、数式、技法、事実をありのままに書いたもの等は著作物にはならない。逆に、それ以外の私たちが普段「作品」という言葉から思い浮かべるものは、ほぼ著作物になりうると考えてよい。著作権法10条は例として、言語、音楽、美術、建築の著作物等を挙げている。

　「創作的な表現」と聞くと、高いハードルであるように思われるかもしれないが、これは高度な芸術性を要求しているわけではない。ある作品が芸術的に優れているか否かは、法律のプロであって芸術のプロではない裁判官が判断できることではないし、一国家機関たる裁判所が芸術を選別することは検閲に繋がるおそれがあるからである。子どもの描いた稚拙な絵や、商業的に価値のない駄作といわれるものであっても、他と異なってさえいれば保護の対象になる。

（3）著作権の種類と権利の侵害

　著作権法では、2つのタイプの権利のカタログを用意している。一つが著作（財産）権で、もう一つが著作者人格権である。著作財産権は著作物の経済的な利用をコントロールするという発想が強く、複製を禁止する権利を中心に、著作物の財産的価値を損なわないよう設けられたものが多い。その権利を行使できるのは、著作物を作った著作者か、その人から権利を譲り受けた人（著作権者）である。それに対し著作者人格権は、著作物を作った人の愛着、こだわりを守るという観点から、実際に著作物を作った著作者本人にのみ認められる権利である。それぞれ主な権利は以下の通りだ。

著作（財産）権	複製権（21条）	無断複製（コピー）を禁止する権利
	公衆送信権（23条）	TV放送やネット等を通じた送信を禁止する権利
	翻案権（27条）	翻訳、映画化など二次的著作物の作成を禁止する権利
著作者人格権	公表権（18条）	無断の公表を禁止する権利
	氏名表示権（19条）	著作者名をどう表示するか決める権利
	同一性保持権（20条）	意に反する改変をされない権利

　著作権侵害が成立するには、①他人の著作物に依拠して②類似の範囲内で③著作権法に挙げられている上記の利用行為をしたといえなくてはならない。したがって、①依拠せず、たまたま偶然の一致で他人と似た著作物を生み出してしまったとしても、それは著作権侵害にならない。また、②類似とはいえない、つまり創作的な表現が異なっている場合も著作権侵害は成立しない。共通しているのは抽象的なアイディアだけだという場合も、著作権侵害にはならない。

　大学のレポートで他人が書いた文章を参考にする場合を例に挙げれば、おおまかな内容は共通しているが言葉の選択や言い回しが違うのであれば非類似になる可能性が高い。逆に、コピペのように、一定のまとまりの表現をそのままの形で利用する場合は（後述する「引用」の要件を満たさない限り）著作権侵害と判断される。「自分の言葉で書く」ということを心がけよう。

（4）著作権の制限規定

　著作物の利用促進や公益への配慮という観点から、一定の場合には著作権が制限される。日本の著作権法では、著作権法30条以下で、制限される場合を具体的にリストアップしている。とくに重要な制限規定とその趣旨は以下の通りだ。制限規定の要件さえ満たせば、著作権侵害に問われることはない。

条　文	趣　旨	具体例
私的複製（30条）	私的領域での行動の自由を確保すべき。また、利用されたかどうか把握することはコストがかかり困難	書籍、CDを個人で楽しむためコピーする。家族で観るためにTV番組を録画する

引用 （32条1項）	報道、批評、研究などの目的で、どうしても既存の表現を利用しなければならない場合には利用を認めるべき	ある学説を正確に紹介・論評するため、必要な部分のみを、かぎ括弧でくくってレポートに引用する ※出所の明示が必要（48条）
学校その他の教育機関における複製（35条）	教育現場での教材の提供の便宜を図るため、学校などの教育機関における教育担当者に、必要と認められる限度で、公表済の著作物の複製を認めるべき	小、中、高、大学、高専等の授業の教材として、担当教員が市販されている本を必要部分のみコピーしてプリントを作り配布する

3　著作権と憲法の関係

（1）著作権の憲法上の位置づけ

　それでは、著作権法は憲法とどのような関係にあるのだろうか。ここでは2つの問いを立てることができる。一つは、著作権が憲法上の権利であるのかという問題である。そしてもう一つの問題は、憲法が保障する様々な権利、とくに表現の自由と著作権との関係である。順に考えてみよう。

　日本国憲法では、「著作権」や「知的財産権」といった文言は登場せず、憲法上の権利の位置づけが明らかではない。アメリカの憲法には特許・著作権条項と呼ばれる規定があり、特許権と著作権は憲法が保障する権利であること、そして連邦議会がそれらに関する法律を制定する権限をもつことが明確化されているのとは対照的である。

　我が国においては、著作権をはじめとする知的財産権は「財産権」であるから、憲法29条が保障している、と考える見解がある。確かに、知的「財産権」という名前に素直に従って「財産権」の一種であるととらえるのは自然かもしれない。しかし、通常の財産権とは異なり、知的財産権は政策的に国家が設定しており、一定の期間しか保護されないという側面がある（たとえば、著作権であれば「文化の発展」という政策目的を実現するために国家が人工的に創りだした権利といえる）。さらに、前述したように著作権には著作者の人格的な利益を保護する著作人格権という種類の権利があり、通常の財産権と一括りにはできない側面もある。むしろ、社会が多様な著作物・文化を享受できるようにしつつ、著作者の経済的・人格的利益も保護する権利だという点を強調すれば、憲法13条

が保障する幸福追求権から派生した権利と捉えることが可能かもしれない。いずれにせよ、憲法上、著作権ははっきりとした裏付けがあるわけではないので、そもそも著作権が本当に憲法上保障された権利なのかという点に疑いの目を向けることも可能であろう。仮に憲法上の権利ではない、あるいは「人権」ではないとすれば、著作権は法律上の権利にすぎないということになる。

（2）知的財産権の本質──無体物の利用に対する排他権

　ここで、小説家Ｘが１冊の本を書き終えた場合を例に、著作権の権利の特徴を考えてみよう。手にとって触ることができ、物理的な存在として形がある、本のような「もの」は、法律の世界では「有体物」と呼ばれている。それに対し、本に書かれた内容そのもの（情報）は、「無体物」と呼ばれる。Ｘが自分で書いたその本を自分のものにしておきたいと思った場合、２つの側面が存在しうる。まず、有体物としての本を独占するためには、その本を大事に抱えて奪われないようにすればよい。つまり、物理的にその「もの」にコントロールを及ぼしてさえいればよく、その限りにおいて他人は物理的に同時にそれを利用することは不可能である。それに対して、無体物である本の内容を独占するのは容易ではない。情報は一度世のなかに公開すると、誰もが、どこでも、物理的な障害なしに同時に利用することができるからだ。情報の利用を法律で規制し無体物を独占するということは、物理的には本来可能なはずの多くの人の行動を規制することになるのである。

　このように、無体物に対する権利は、私たちの行動の自由に対して人工的に作られた禁止権であるため、憲法上保障されているさまざまな自由権との抵触が常に問題になりうる。出版や放送など経済活動を行う企業との関係では「経済的自由」が、学生や学校の活動との関係では「学問の自由」が関わってくると考えられるが、著作権と最も密接に関連する自由権はやはり、「表現の自由」であろう。創作活動やコミュニケーションの過程で著作物を利用する場合、利用を規制する著作権と、表現活動の自由を保障する表現の自由の対立が発生する。

（3）著作権と表現の自由

　評論家の小林秀雄は「模倣は独創の母である」という言葉を残している。既存の著作物を参考にしたり土台にしたりして、新たな著作物が生まれるという創作のサイクルは、古今東西よく見られるものだ。このように、Xが創作した著作物（原著作物）を元に、Yが新たな著作物（二次的著作物）を作りたいと考えた場合、これをXの著作権の侵害であるとして広く禁止していくと、憲法が保障しているYの表現の自由と抵触してしまうおそれはないのだろうか。

　これに対しては、著作権法も表現の自由も、どちらも世のなかにより多くの表現が生まれてくることを目的としており、同じゴールをめざしている、という発想に基づき、著作権法は表現の自由を支える存在だととらえる見解がある。アメリカで著作権の保護期間延長の合憲性が争われた際（コラムも参照）、合衆国最高裁判所は、著作権は「表現の自由のエンジン」であると述べ、著作権の保護の拡大が表現の自由を制約するかどうかについて、深く検討すらしなかった。

　確かに、無断複製などを著作権法で禁止すれば、創作者は経済的に自立でき、安心して創作活動に打ち込め、結果として「社会全体」の視点で見れば多くの表現が行われるかもしれない。しかし「個」の視点で見れば、著作権の保護の過程で、二次的著作物のクリエイターや著作物のユーザーの表現活動の自由が制約されていることには変わりがない。たとえ著作権法が社会全体に利益をもたらす（しかもそれは表現の自由の利益と同じ方向を向いている）としても、そこにばかり目を奪われていては、人々の表現活動を規制するという著作権法の基本的な性質を見落としてしまうのではないだろうか。

　とくに現在の日本の著作権法では、制限規定のリストにはっきりとは掲げられていない行為、たとえば替え歌やパロディ、コラージュといった利用が、著作権侵害に問われる可能性があり、Xの許諾なしには利用が難しい。これでは、Yの表現活動に十分配慮しているとは言い切れないように思われる。

（4）著作権侵害がもたらす萎縮効果

　著作権侵害が成立すると民事上の責任と刑事上の責任という二種類の法的効

果が伴う。民事、つまりＸ対Ｙの関係では、Ｘから損害賠償請求や差止請求（侵害とされたＹの作品の販売停止や廃棄など）がなされる可能性がある。さらに刑事、つまり国家がＹを処罰するという関係では、著作権侵害は10年以下の懲役または1,000万円以下の罰金に処せられる可能性がある　（著作権法119条1項）。有体物を盗む窃盗罪　（刑法235条）が10年以下の懲役または50万円以下の罰金に処せられることと比べても、かなり重い刑罰だ。このように、民事責任としてＹの作品が世に出せなくなるばかりか、犯罪として処罰される可能性があるということは、表現活動に大きな萎縮効果をもたらすだろう。

　現状では、個人による著作権侵害行為が起訴され処罰にまで至るということは稀であるが、いわゆる「パクリ疑惑」が発生した場合に、「著作権侵害は犯罪である」という命題が、ネット上での炎上を後押ししていることにも注意すべきだろう。著作権侵害が成立するかどうかを左右する「創作性」や「類似性」などの要件の法的な判断は微妙な場合も多いが、「なんとなく似ている」というだけでも炎上してしまうケースがあり、実質的な萎縮効果は決して見過ごせるものではない。

（5）著作権の保護強化とその背景

　さらに、横行する著作権侵害を厳しく取り締まろうという観点から、近年は著作権が拡大傾向にあるといわれる。著作権の保護期間は世界的に見ても延長傾向にあり（詳しくはコラムを参照）、さらに、著作権法改正により2012年から違法ダウンロードの刑事罰化が盛り込まれ（著作権法119条3項）、たとえ私的使用目的であっても、違法にアップロードされたコンテンツを自分のPCにダウンロードして保存する行為は処罰の対象になった。

　こうした保護強化の背景には、少数派バイアスと呼ばれる問題が指摘されている。一般的に、政治過程において、組織化された少数派の人々の意見は反映されやすい反面、社会全体で見たら多数派であるにもかかわらず組織化されていない声はなかなか届かないといわれる。著作権法の立法過程においては、レコード会社、映画スタジオなどの著作権産業は著作権保護強化に強い利害関係を有しており、ロビイング等を通じて立法に自分たちの意見を主張する傾向に

ある。その一方で、必ずしも強い保護を欲するわけではないアマチュアのクリエイターや著作物の一般ユーザーは、数でいえば多数派であるものの、社会全体に分散しており、一人ひとりの利害はそれほど大きくないから政治への働きかけを他人に任せがちである。そのため、たとえ保護強化に反対する気持ちをもっていても、なかなか立法まで影響力を及ぼせない。

　こうした構造的な歪みが存在する以上、著作権法は放っておくと保護強化に傾きがちである。アマチュアのクリエイターや一般ユーザーも、一人ひとりが著作権法にもっと関心をもち、組織的に声を上げるとともに、「著作権は表現の自由の規制立法の一つである」ということを、あらためて認識し直す必要があるのではないだろうか。

（6）インターネット・デジタル時代を迎えて

　今日では、デジタル技術が発達したおかげで、プロでなくとも、画像加工や動画編集が簡単にできるようになった。業務用の高価で特殊な機材がなくても、一般家庭向けのコンピュータソフトやスマートフォンアプリなどで、誰でもクリエイターになれる時代になったのである。

　また、インターネットの普及により、クリック一つで世界中の作品に触れたり、逆に自分の作った作品を発信することができる。新しい技術の恩恵を適切な形で人々が享受し、新技術のおかげで可能になった新たな表現活動、コミュニケーション活動を萎縮させず発展させていくためには、著作権と表現の自由の最適な保護のバランスを考える必要がある。[3]

■コラム7-1　**著作権の保護期間を考える**

　著作権の保護期間　　著作権は永遠に続く権利ではなく、保護期間に限りがある。本来、物理的には誰でも利用できるはずの著作物という情報に権利を設定して独占させるということは、表現の自由などのさまざまな自由を自ずと制限する。著作権の存在理由（インセンティヴ論、自然権論）との関係で必要と認められる期間に限って保護を与え、その後は自由とした方が良いだろう。さらに、文化は多かれ

少なかれ、先人の偉業の上に立脚して発展していくものである。日本の浮世絵の影響を受けた印象派の絵画や、童話をアニメーション映画化して成功したディズニーなど、さまざまなジャンルで過去の傑作に触発され、新たな作品が作られてきたという例は枚挙にいとまがない。そうである以上、ある程度の期間が経過した後は誰もが自由に利用できるようにして、新たな表現活動を促そうというのが存続期間が設けられている理由だ。現在の日本の著作権法では、著作権の保護期間は原則として著作者の死後70年で終了すると定められている（著作権法50条2項）。

　アイディアや物理法則、ありふれた表現のようにそもそも著作権が発生しないものや、かつては著作権が発生していたが一定期間が経過したために著作権保護期間が満了した作品は、「パブリック・ドメイン」と呼ばれ、誰でも自由にその作品を利用することができる。パブリック・ドメインの活用例として、「青空文庫」がある。保護期間切れの文学作品をボランティアが手入力で電子データ化し公開するというプロジェクトで、PCやタブレットなどで誰でも過去の傑作を無料で読むことができる。また、古い名作映画のDVDが500円前後で売られているのを見たことがあるだろう。保護期間が満了した映画作品は誰でも自由に複製することができるので、著作権使用料などが浮いた分、廉価版DVDが製作、販売されているのである。

無方式主義と孤児著作物問題　それでは、著作権の保護はどのようにスタートするのだろう。実は、著作権は著作物を創作した時点から、何の手続を踏まなくても自動的に発生する。かつてはアメリカなど一部の国で、著作権局に登録をしなければならないという制度がとられていたこともあったが、現在では世界のほとんどの国でこの「無方式主義」が採用されている。自動的に権利が発生することは権利者にとって手間がかからず便利である反面、権利者が権利を欲していなくても、ありとあらゆる著作物に権利が生じるということを意味する。著作者の表示がなく、権利者を知る手がかりがない作品は世のなかに無数に存在するが、そうしたものであっても、著作権は発生しているのだ。

　その結果、著作権があるはずだが権利者が誰か分からない、保護期間が切れているかも分からない、権利者は特定できたが連絡がとれないといった事態が生じる。古い作品や外国の作品のため誰が創作に関わったのか調査が難しい場合や、権利の譲渡や相続によって権利関係が不明確になる場合も多い。だが、権利者が見つからないからといって見切り発車で著作物の利用をしてしまうと、後から権利者から訴訟を起こされたり、高額な使用料を請求されたりするリスクもある。権利者不明のため利用を諦めざるを得ないこうした著作物は、「孤児著作物」と呼ばれ問題となっている。

保護期間を延長すべき?　さて、著作権の保護期間は一体、何年が適切なのだろうか。著作権の保護期間の延長の是非をめぐっては、日本国内でも活発な議論が

繰り広げられてきた。2018年には法改正が行われ、それまでは原則著作者の死後50年だった保護期間が、死後70年へと20年延長されることとなった。

保護期間延長賛成派は、延長をすれば創作活動をしようというやる気がもっと刺激される点、時間が経っても利益を生み続けるコンテンツはパブリック・ドメインにせず権利者がきちんと利益を受け取れるべきだという点、孫の代まで著作権の保護を継続させるという前提に立てば、平均寿命の延びに合わせて保護期間も延長させるべきである点などを根拠に挙げている。

他方、延長反対派は、すべての著作物の保護期間を一律に延長することで孤児著作物問題が悪化するという点や表現の自由の過剰な制約になるという点、これ以上延長したところでさらに創作意欲が刺激されるとは考えにくい点、延長しない方がパブリック・ドメインを活用した再創造が促進される点などを主な論拠として挙げている。

実は歴史を遡ると、著作権の保護期間は延長を繰り返してきた。ヨーロッパを見てみると、近代著作権法の始まりといわれる、イギリスのアン法典が制定された18世紀初頭、保護期間は発行から14年間であった。それに対し現在のEU加盟国での保護期間は著作者の死後70年までとなっている。

とくに保護期間延長が顕著なのがアメリカだ。アメリカでは、1928年に公開された映画「蒸気船ウィリー」でスクリーン・デビューしたミッキーマウスの著作権保護期間の満了時期が近づくたびに、法改正によって延長を繰り返してきたという歴史がある。直近の延長は、1998年で、それまでの保護期間をさらに20年延長する立法が議会によって行われた。このときも、やはりミッキーマウスの保護期間が切れる時期が迫っていたというタイミングであり、ディズニーなどのハリウッドが延長を求めて、議会に激しいロビイングを行ったといわれている。そのことを揶揄して、この著作権保護期間延長法は「ミッキーマウス延命法」と呼ばれることがあるほどだ。この延長法が憲法の保障する言論の自由に反するかが裁判でも争われ（Eldred 対 Ashcroft 事件）、大きな論争を巻き起こした。

確かに、ミッキーマウスは何十年経っても莫大な利益を生み出し続ける優良コンテンツであるが、それほどの成功を納める作品はあらゆる著作物のごく一握りにすぎないのではないだろうか。ミッキーマウスに合わせて一律にすべての著作権を延長し続けることがもたらす弊害は、著作権と表現の自由の関係を考える上でも重要な問題の一つであろう。

権利者の利益の保護や著作物の活用、表現の自由などさまざまな観点から、文化の発展にとってもっとも望ましい保護期間がどれくらいであるのか、読者の皆さんも今一度考えてみてほしい。

【比良友佳理】

【注】

1）　知的財産法全般についてより詳しくは、参考文献：田村善之『知的財産法　第5版』（有斐閣、2010年）。

2）　著作権法の仕組みと全体的な制度を学習する際の参考文献：福井健策『改訂版　著作権とは何か──文化と創造のゆくえ』（集英社新書、2020年）、野口祐子『デジタル時代の著作権』（ちくま新書、2010年）、島並良・上野達弘・横山久芳『著作権法入門　第3版』（有斐閣、2021年）、駒田泰士・潮海久雄・山根崇邦『知的財産法Ⅱ　著作権法』（有斐閣、2016年）。また、とくに教育現場の著作権問題に関しては、上野達弘編『教育現場と研究者のための著作権ガイド』（有斐閣、2021年）を参照。

3）　インターネット、デジタル技術と新しい創作やコミュニケーションのあり方に関してより詳しく考えたい場合は、ローレンス・レッシグ著、山形浩生訳『REMIX　ハイブリッド経済で栄える文化と商業のあり方』（翔泳社、2010年）、ドミニク・チェン『フリーカルチャーをつくるためのガイドブック──クリエイティブ・コモンズによる創造の循環』（フィルムアート社、2012年）等を参照。

☆参考文献はすべて、学生向けのおすすめ参考文献です。

章

社　会　権

人間らしい生存のために

　「経済的自由」のところで見た「市民社会」のイメージは、私たちの自発性と創意に基づく社会づくり、という意味で大切なものである。これでうまくいくならば、国家は市民社会の成り行きは市民社会自身に委ねて（私的自治）、できるだけ干渉しないことが望まれる（近代消極国家）。しかし現実には、それだけでは済まず、さまざまな事情を考慮する必要がでてくる。

　そこで、弱い部分に財源の一部をまわすことで、全員が同じラインに立って生活や勉学ができるように実質的な機会の平等を確保する、という弱者支援の仕組みが採用されている。

1　福祉国家とは、社会権とは

（1）歴史と基本

　すべての者が平等に同じスタートラインに立って自分の働きに応じた結果を受け取ることのできる社会、というイメージが、自由と平等のもっとも基本的なイメージである。日本国憲法もまずはこの考え方を土台としている。しかし現実の社会は、それほど単純なものではないことも事実である。

　経済力の違い（格差）による貧困の問題が《国家が責任を引き受けるべきこと》として明確に考慮されてくるのは、20世紀に入ってからである。1919年にドイツで制定されたワイマール憲法や、1930年代アメリカで「大恐慌」を収束させるために採られた「ニューディール政策」や、これを支持する1941年のルーズベルト大統領演説が、第二次世界大戦後の世界に影響を与えた。ここで登場した「恐怖と欠乏からの自由」という考え方は、日本国憲法前文「恐怖と欠乏から免れ、平和のうちに生存する権利」にも引き継がれている。

（2）権利保障の意味と国家の仕組み

　限られた予算のなかで、弱者への支援に多くの予算をかけるか、それとも勤労者全体の収入が上がっていくような循環を作るために産業社会を活性化させる政策を重視するか……。

　民主主義の社会では、立場の異なるさまざまな人間が、異なる利害や意見を持ち寄り、議会で最終判断を行うことになる。このなかで、経済的自由の保障と社会権の保障　（福祉国家の実現）とは緊張関係に立つことが多い。そのバランスの取り方は民主主義の成り行きに委ねられるが、このとき、憲法上「人権」として保障されたものをゼロにする決定はできない。「社会権」が「人権」として保障されている意味はここにある。

　しかし、社会権は国会が制度化と予算配分を行わなければならないため、その実現のレベルや内容は国や自治体の判断に委ねるという考え方がとられやすい（立法裁量）。このことが裁判での救済を難しくしている。

2　生　存　権

第25条　すべて国民は、健康で文化的な最低限度の生活を営む権利を有する。
　2　国は、すべての生活部面について、社会福祉、社会保障及び公衆衛生の向上及び
　増進に努めなければならない。

（1）健康で文化的な最低限度の生活の保障

「健康で文化的な」　　25条は、日本の識者・森戸辰男が第二次世界大戦終了直後の日本の貧困状態を少しでも改善する必要から、ドイツのワイマール憲法を参考に、その明記を強く主張した結果、条文化された。[1]「健康で文化的な」という言葉には、人間らしい生活という意味がこめられている。

「最低限度」　　「最低限度」とはどういうレベルをいうのだろうか。

　憲法25条を実現するための法律として、生活保護法がある。この法律の8条によれば、最低限度を割り出すにあたっては、要保護者のニーズを基本とすることと、その者に収入や財産がある場合にはそれらがこの最低限度を下回っていることを前提に、最低限度に足りていない部分を補う形で支給されることとなる。このとき、「最低限度の生活」の水準を具体的に決めるさいの配慮として、生活保護によって得られる水準が勤労によって得られる水準を超えることのないようにするという「生活外的要素」が考慮されている。

◎重要な法律◎生活保護法に定められている保護の内容
　保護の種類　　生活保護法は、保護を次の8分野に分けている（11条～18条）。
生活扶助：生活困窮者が日常生活の需要を満たすための扶助。
教育扶助：生活に困窮する家庭の児童が、義務教育を受けるのに必要な扶助。
住宅扶助：生活困窮者への家賃支払いや、その補修などについて行われる扶助。
医療扶助費：生活困窮者が、けがや病気で医療を必要とするときに行われる扶助。
介護扶助：要介護又は要支援と認定された生活困窮者に対して行われる給付。
出産扶助：生活困窮者が出産をするときに行われる給付。
生業扶助：生業、技能修得や高校就学、就職活動に必要な費用への扶助。

葬祭扶助：生活困窮者が葬儀を行う必要があるときに行われる給付。
　被保護者の権利と義務　　以下に代表的なものを抜粋する（56条〜62条）。
　不利益変更の禁止（正当な理由がなければ、既に決定された保護を不利益に変更
されることはない）、公課禁止（支給された保護金品に税金を課されることはな
い）、譲渡禁止（保護を受ける権利を他人に譲り渡すことはできない）、生活上の義
務（被保護者は能力に応じて勤労に励み、生活の維持、向上に努めなければならな
い）。

（2）揺れる政策

　保護基準は、最低賃金を決定するさいの根拠にもなるため、国の国民に対す
る生活保障責任全体の水準を示すものになる。この保護基準を切り下げる政策
決定が2013年に行われた。

　この引き下げに伴い、厚生労働省は生活保護受給者の自立を支援するため、
就職活動の費用の支給を開始したり、大学進学のための貯金を一定限度で認め
ることとした。自立を促す支援策は望ましい方向だが、これを保護基準引き下
げを伴わずに実現する道はなかったか、議論が高まり、再度見直しも行われた
（2021年から2022年には、国が2013年に決定した生活保護基準の引き下げを違法とし、
減額処分の取り消しを命じる判決が相次いだ。大阪地裁2021（令和3）年2月22日判
決、熊本地裁2022（令和4）年5月25日判決、東京地裁2022（令和4）年6月24日判
決、横浜地裁2022（令和4）年10月19日判決）。

（3）裁判所の役割と「権利保障」の意味

　実際に実現している保障（生活保護費支給など）が憲法の規定する「最低限
度」に達していない、あるいは当然あるべき制度がないので実現してほしい、
という訴えがあったときには、どう判断するべきなのだろうか。

　最高裁判所は、1項と2項とをまとめて国家の努力目標と読むことで、《最
低限度のラインはどこか》という問題と、《最低限度を満たす保護が実現して
いるか》という問題をともに国の判断（立法裁量）に委ね、裁判所では判断で
きないとしている（プログラム規定説）。

しかし最高裁判所の見解をそのままとると、社会権を「憲法上の権利」すなわち「人権」として規定した意味がなくなってしまう。こうした考えの対極にあるのが、国民はこの権利を実現するための法律がないときには、国が制度実現を果たしていないこと（立法不作為）を違法とする訴訟を起こせるとする説である（具体的権利説）。学説では、この中間にある考え方で、いったん法律によって制度が実現したものについてはその法律を廃止したり保障内容を切り下げたりすることは憲法25条違反となる、という考え方が有力である（抽象的権利説²⁾）。

◎重要判例◎朝日訴訟

最高裁1967（昭和42）年5月24日判決

　結核を患い生活保護を受けながら入院していた朝日氏は、実兄から仕送り月額1,500円を受けたために保護費を減額されたが、この保護費は低額すぎるとして本件訴訟を起こした。本人が訴訟係属中に死亡したため、最高裁は本件訴訟の終了を宣言しつつ、「念のため」生存権は国民に具体的権利を付与したものではないとの意見を示した。

◎重要判例◎堀木訴訟

最高裁1982（昭和57）年7月7日判決

　視力障害者として障害福祉年金を受給していた堀木氏は、離別した夫との間の子を養育するにあたり児童扶養手当の受給資格の認定を請求したが、併給調整条項に基づいて却下された。堀木氏は、この併給調整が憲法13条、14条、25条に違反し無効であるとの訴えを提起した。最高裁では上告棄却。

◎重要判例◎学生無年金訴訟

最高裁2007（平成19）年9月28日判決

　平成元年以前の国民年金法は、20歳以上60歳未満の者を強制加入とする一方で、20歳以上の学生は任意加入としていた。また、20歳前に障害を負った者には別に障害基礎年金が支給されたが、この制度は20歳以上の学生には適用されなかった。原告は、大学在学中に障害を負ったが、国民年金に任意加入していなかったために障害基礎年金の支給が認められなかった。そのため、不支給決定の取り消しと、この制度について国の立法不作為による国家賠償を求めて提訴した。最高裁では上告棄却。

（4）福祉国家としてのさまざまな責務

多岐にわたる公共政策　25条2項は裁判になりにくい条文だが、大変重要な条文である。この2項に基づく国家の仕事は非常に多く、国民生活に直結するものばかりである。

たとえば、介護問題や児童福祉、障害者福祉といった問題は「社会福祉」、国民年金の問題は「社会保障」、医療政策や上下水道の整備は「公衆衛生」にあたる。また、生活上の不可欠の公共財である電気・ガスなどのエネルギー供給や通信事業も、国営ではなく民間企業の経営によって行われているが、事業内容の公共性から国家が管理監督している。環境対策も国民の生命健康に直結することとして、この条文上の国家の任務に入る。新型コロナウイルス感染症に対する予防対策や感染者への医療提供も、国が責任をもって引き受けるべき事項である。

これらは国民全体に平等・公正に福利がいきわたるよう全体的見地（公共の視点）からの考慮が必要であることから、国家が責任を負って行う公共事業として位置付けられる。また、利潤追求を基礎とする経済社会に期待することの難しい領域であるために、採算や自己利益とは別の視点（公共の福祉の視点）から国家の政策に委ねられている。

立法裁量　この25条2項によって国家に権限が与えられている仕事のなかには、医療政策や災害への対応、食品の安全性など、国民の生命や健康や生活に重大な影響を与えるものが含まれる。1項のところで見たように、この規定は一般に「努力義務」であって国家を拘束する意味合いをもたせることはできない規定だと考えられているが、これをすべて「立法裁量」と考えることは、憲法の本来の意味を見失うことにならないだろうか。

少なくとも、この条文に基づいて行われた国家の政策（たとえば伝染病予防のための政策）が、なんらかの権利（たとえば人身の自由や人格権）を侵害している場合には、侵害を受けている人権のほうを出発点とする理論で裁判が行われるべきだろう。この必要を痛感させる事例が、2001年のハンセン病訴訟である。

◎重要判例◎ハンセン病訴訟

熊本地裁2001（平成13）年5月11日判決

25条2項に基づく伝染病予防政策の事例として、ハンセン病問題がある。ハンセン病を発症した患者は、訴訟当時、薬で治せる病気であるにもかかわらず、強制隔離状態に置かれ、人身の自由や幸福追求権をはじめとするさまざまな人権を奪われていた。熊本地裁は、起きている人権侵害の内容に踏み込んだ判断を行い、厚生省が隔離政策の抜本的な見直しを怠った点で、厚生大臣の職務行為に国家賠償法上の違法性および過失を認め、また国会が長い間動かなかったことについても立法裁量の範囲を超えた「立法不作為」による人権侵害を認めた。さらに、福祉的措置という理由によってこのような人権侵害が許容されるものではない、と「付言」している。[3]

3　働く人の権利

第27条　すべて国民は、勤労の権利を有し、義務を負ふ。
2　賃金、就業時間、休息その他の勤労条件に関する基準は、法律でこれを定める。
3　児童は、これを酷使してはならない。
第28条　勤労者の団結する権利及び団体交渉その他の団体行動をする権利は、これを保障する。

（1）勤労の権利義務と労働条件の法定

「自由」と27条　「自分で選んだのだから（嫌なら辞める自由がある）」という自己責任の発想は、「職業選択の自由」（22条）と「意に反する苦役」の禁止（18条）に照らして、ある程度までは正しい。しかし、人間らしい働き方や人間らしい生活ができなくなるような労働条件で働くことは、この「程度」を超えた事柄である。職業としての学校教員も資格の取得が必要な上、決して楽とはいえない仕事である。そのハードルを自分の意思でクリアしていくということと、そうした仕事に就いた人が不当に過酷な条件で使役されるべきでないということとは、異なる問題である。憲法27条と28条は、後者の問題について、自由権としての「職業選択の自由」で済ませるべきではない事柄を扱っている。

　まず27条は、職業に就こうとする者にはその権利があることを確認してい

る。たとえば公共職業安定所（愛称「ハローワーク」）で職業紹介を行うなど、国がこの権利の実現のために適切な支援をすることは、憲法の趣旨に合致する。27条は同時に、国民には勤労の義務があると規定しているが、これは勤労によらず身分的特権として富を得る立場を国が制度として認めることはない、という原則を確認したもので、納税の義務と同じ強制を伴う義務とは考えられていない。

　「条件」の法定　　2項は、《賃金、就業時間、休息その他の勤労条件に関する基準を、法律で定めるように》と国に要請している。雇用する側とされる側の現実の力関係を考えたときに、雇用する側が一方的に無理な条件を強いたり、その条件で働けない人を不利益に扱ったりしないように、雇用する側の「契約の自由」に法律で枠付けをする必要があるからである。この規定に基づいて、労働契約法、労働基準法、男女雇用機会均等法（雇用の分野における男女の均等な機会及び待遇の確保等に関する法律）、育児休業法（育児休業、介護休業等育児又は家族介護を行う労働者の福祉に関する法律）、最低賃金法といったさまざまな法律が定められている。

　このうち最低賃金法は、人が働いたときに支払われる賃金の最低限度を地域ごとに定めるように法で規定したもので、この最低賃金額を下回る労働契約は違法となる。最低賃金は、生活保護額との整合性に配慮して決定されるので、先に見た生存権と直接に関わっている[4]。

　3項の「児童酷使の禁止」も、企業社会における「契約の自由」に対して禁止の枠をはめている。

■コラム8-1　学生生活と働く人の権利

　就活と「契約」と憲法　　2022年4月から、民法上の成人年齢が18歳に引き下げられた。これによって大学生以上の人は全員、成人として契約の主体となった。いったん採用され雇用関係に入った者の権利は、憲法27条、28条とこれを具体化した労働法によって守られる。これに対して、雇用が成立する手前の「採用」の段階では、応募者はまだこれらの権利で守られるわけではない。しかし、採用や雇用の領域では、一見「当事者の合意」という法以前（私的自治）の問題に見える出来事

のなかに、一方的で不均衡な力関係が存在していないか考える必要がある。採用する企業の判断基準のなかに憲法上許されない圧力や差別が含まれていないか、という問題である。

　企業は、すべての人を平等に採用する義務はなく、人を選別する自由はあるけれども、その選別のなかに不合理な差別を持ち込んではならないという「平等」の要請を受ける[5]。

　脱法労働関係に気をつけよう！　　近年、「ブラック企業」という言葉がよく聞かれるが、それは本章で説明しているような労働法その他の法令に違反する労働を従業員に課している企業のことである。

　大学生になれば、生活の補助としてアルバイトをする人も多いだろう。近年、そうした大学生を、本来の労働条件よりも低い条件で使おうとする事業所も増えている。大学生も、労務の提供と賃金支払いが交換条件となっている場合には、「働く人の権利」によって守られる。　　　　　　　　　　　　　　　　　　【志田陽子】

（2）勤労者の労働基本権と企業の義務

　労働条件が法で規制されていても、勤労者の側から自発的に条件の改善を求めたい具体的場面はいろいろ出てくる。そこで勤労者が労働条件の改善（賃金引き上げや休暇の確保など）を企業に申し入れ、対等な立場で交渉することを可能にするために、憲法28条が定められている。憲法のこの規定は、労働組合法や労働関係調整法によって具体化されている。

　団結する権利　　まず「団結する権利」とは、労働組合を結成したり、加入したりする権利のことである。企業は社員に対して、労働組合の結成や加入を禁じてはならないし、そのことを理由として不利益な扱い（解雇の対象としたり昇進や昇給の対象から外すなど）をすることは、労働組合法7条の「不当労働行為」として禁じられている。

　団体交渉の権利　　これは、労働組合が雇用者側（企業の経営者）と労働条件について話し合い交渉する権利のことである。企業は、この申し入れを受けたときには応じる義務があり、これを正当な理由なく拒むことは「不当労働行為」として禁じられている。

　団体行動の権利（争議権）　　上記の交渉によって納得のいく結論が得られない場合は、勤労者は、業務を行わない（ストライキ）という実力手段によって

主張を継続することができる。通常ならば、業務を行わないことは雇用契約や服務規則への違反となるので、企業はこれを理由に社員を懲戒処分（解雇や減給）にすることができるが、正式な争議行為の場合には、企業がこれを理由に社員に不利益な扱いをすることは「不当労働行為」として禁じられている。

　ただし、公務員は、この争議行為を法律（国家公務員法、地方公務員法）で禁じられている。[6]公立学校の教職員にはこのルールが及ぶ。

◎重要判例◎都教組事件

最高裁1969（昭和44）年4月2日判決

　勤務評定に反対した組合役員が休暇闘争を呼びかけたことが、地方公務員法の争議の《あおり行為》にあたるとして起訴された。裁判所は労働基本権の制限は必要最小限度でなければならず、違反者に対する刑事制裁も必要やむを得ない場合に限定して厳格に解釈すべきであるとして、全員に無罪を言い渡した。

（3）今日の日本社会の問題

　今日では雇用の多様化と流動化が進み、安定的な終身雇用（正規雇用）が中心だった社会から、派遣労働のように短い時期の中で契約を繰り返す非正規雇用が労働人口の相当数を占める社会へと変わってきた。そのため、憲法27条2項と28条が制定されたときに前提とされていた雇用形態と現実とが、かなりずれてきている。

　人々のライフスタイルの変化に応じて雇用のあり方が自然に変化し多様化してきていることについては、法が妨害するような規制をするべきではない。しかしそのなかには、本来期待されている格差是正が実現しないために、不本意な働き方に甘んじている人も含まれる。多様化・流動化が進む現実社会に対して、憲法が保障しようとしていることの趣旨を汲み取り応用させて、生かしていく工夫をすることが求められている。非正規労働者のなかにも、職種ごとの労働組合を作るなど、自発的な努力を行う人が増えている。国も社会的実情に合わせて憲法の趣旨を生かす法制度を工夫し続けることが求められる。

　勤労者としての教員の権利保障をどう考えるかについては、多くの議論があ

る。[7]

【注】
1) 国立国会図書館「資料と解説・日本国憲法の誕生」http://www.ndl.go.jp/constitution/index.html. および DVD『NHK スペシャル　日本国憲法誕生』(NHK エンタープライズ、2007年)。
2) 参考文献：遠藤美奈「雇用・社会保障」宍戸常寿・佐々木弘通編『現代社会と憲法学』(弘文堂、2015年)、石埼学・笹沼弘志・押久保倫夫編『リアル憲法学　第 2 版』(法律文化社、2013年) 第13章 (笹沼弘志執筆)。なお、筆者の見解は、裁判所が「違憲状態」と判断するところまではできるし必要だと考える具体的権利説である。筆者の見解は「電子版 Appendix」(QR コードでアクセス) に掲載しているので、学習の参考にしてほしい。
3) 参考文献：解放出版社編『ハンセン病国賠訴訟判決──熊本地裁「第一次〜第四次」』(解放出版社、2001年)、石埼・笹沼・押久保編・前掲注 3、第 1 章 (石埼学執筆)。
4) 最低賃金法 9 条 3 項は、「労働者が健康で文化的な最低限度の生活を営むことができるよう、生活保護に関わる施策との整合性に配慮する」と定めている。
5) この要請が憲法から直接に導かれると見るか、法律などを通じて効力をもつと見るかについては、見解が分かれている。本書 4 章の「思想良心の自由」の項目と、12章の「法の下の平等」も参照してほしい。
6) 公務員の労働基本権や政治活動の制限については、本書11章を参照してほしい。
7) これについては「電子版 Appendix」(QR コードでアクセス) に掲載しているので、学習の参考にしてほしい。

☆参考文献はすべて、学生向けのおすすめ参考文献です。

教育を受ける権利と児童の権利

教育者の使命とは

　2014年、世界の児童（とくに女子）への教育実現が重要課題であることを訴えたマララ・ユスフザイさんがノーベル平和賞を受賞した。このことをきっかけとして、「教育を受ける権利」は国の違いを超えたすべての人にとって不可欠の人権だ、との認識が高まっている。

　教養科目の「日本国憲法」は、教育職員免許法施行規則によって、教職免許を取得するさい必ず単位取得しなければならない科目とされている。そのなかでも「教育を受ける権利」は、教員をめざす人々にとって将来の自分の職業の直接の基盤となる条文である。教育制度や教育内容をめぐっては論争も多く、憲法上の論点も多い。まずは、将来の自分が教員として働くさいに、《誰のために》《何を実現するために》働くのか、その基本を理解しておこう。

1 誰の「権利」、誰の「義務」?

第26条　すべて国民は、法律の定めるところにより、その能力に応じて、ひとしく教育を受ける権利を有する。
　2　すべて国民は、法律の定めるところにより、その保護する子女に普通教育を受けさせる義務を負ふ。義務教育は、これを無償とする。
第27条　3　児童は、これを酷使してはならない。

(1) 歴史への反省

　歴史を見ると、欧米諸国でも、炭鉱や農場での児童酷使が公然と行われ、心身をつくる途上にある児童が労働に長時間従事させられた結果、成長できずに疲弊して死に至った例は多い。日本も例外ではない。

　20世紀には多くの国で、この状況を克服するために、社会的弱者を支援する福祉政策がとられるようになった。日本国憲法26条の「教育を受ける権利」もこの流れのなかに位置付けられる社会権である[1]。

　26条は日本国憲法制定時、日本の教育関係者の強い要望を受けて、現在のような保障内容になった。当初、政府案では、国家が実費を保障する「義務教育」の対象は「初等教育」(小学校)までだったが、これを延長して中学校までを義務教育化することが、日本の教育関係者たちから強く主張されたのである[2]。

(2) 子どもの側の「権利」と、親と国家の「義務」

　上のような歴史から、憲法26条の保障の骨組みを見ていこう。経済社会は児童を安価な労働力として利用してはならないし(憲法27条3項)、親はたとえ家計が苦しい状況でも、児童を働き手として利用せず、学校に通わせなければならない。これが子どもの「教育を受ける権利」保障の社会的前提になる。

　一方、憲法は、国に対して、その子どもたちに教育を提供する義務を課している。「義務教育」の「義務」とは、子どもの側の権利実現のために親と国家が負う義務のことを指している。まずは子どもたちが通う「学校」を建設する費用、そこで働く教員・職員の人件費などを国が提供することを通じて、貧富

の差に関わりなくすべての子どもが教育を受けられる仕組みを確立することが国家の義務である。義務教育を「無償」としているのはこの意味である。これによって実現する子どもの権利のことを、「学習権」という。このように「教育を受ける権利」は、受け手の側の子どもを中心とした権利である。

この「無償」は、授業料を徴収しないという意味だ（教材実費などは保護者から徴収して良い）ととらえるのが判例の立場である。しかし学説には、授業料以外にも教科書や学用品（音楽で使うハーモニカや美術・図画工作で使う画材など）にかかる費用も含むべきだとする見解が多い。

■コラム9-1　教育法規の骨組み

日本では、数多くの教育に関連する法規（以下「教育法規」という）が制定されている。教育法規は、国または地方公共団体が教育に関与することを定め、これについて規律しているが、その最終の根拠法は憲法である。教育関連法規と憲法の関係を考えるさいには、憲法26条だけでなく、13条（個人の尊重）14条（法の下の平等）、25条1項と2項（健康で文化的な生活を支える国家の広汎な責務）、27条・28条（勤労者として教員のあり方と人権、児童労働の禁止）、23条（学問の自由：主に大学教員）との関連性なども確認してほしい。

まず、教育法規の中心となる2つの法律の趣旨を見ておこう。

教育基本法（最終改正：平成18年（抜粋））
（教育の目的）第1条　教育は、人格の完成を目指し、平和で民主的な国家及び社会の形成者として必要な資質を備えた心身ともに健康な国民の育成を期して行われなければならない。
（教育の目標）第2条　教育は、その目的を実現するため、学問の自由を尊重しつつ、次に掲げる目標を達成するよう行われるものとする。
一　幅広い知識と教養を身に付け、真理を求める態度を養い、豊かな情操と道徳心を培うとともに、健やかな身体を養うこと。
二　個人の価値を尊重して、その能力を伸ばし、創造性を培い、自主及び自律の精神を養うとともに、職業及び生活との関連を重視し、勤労を重んずる態度を養うこと。
三　正義と責任、男女の平等、自他の敬愛と協力を重んずるとともに、公共の精神に基づき、主体的に社会の形成に参画し、その発展に寄与する態度を養うこと。
四　生命を尊び、自然を大切にし、環境の保全に寄与する態度を養うこと。
五　伝統と文化を尊重し、それらをはぐくんできた我が国と郷土を愛するとともに、他国を尊重し、国際社会の平和と発展に寄与する態度を養うこと。

（教育の機会均等）第4条　すべて国民は、ひとしく、その能力に応じた教育を受ける機会を与えられなければならず、人種、信条、性別、社会的身分、経済的地位又は門地によって、教育上差別されない。

2　国及び地方公共団体は、障害のある者が、その障害の状態に応じ、十分な教育を受けられるよう、教育上必要な支援を講じなければならない。

3　国及び地方公共団体は、能力があるにもかかわらず、経済的理由によって修学が困難な者に対して、奨学の措置を講じなければならない。

（義務教育）第5条　国民は、その保護する子に、別に法律で定めるところにより、普通教育を受けさせる義務を負う。（中略）

4　国又は地方公共団体の設置する学校における義務教育については、授業料を徴収しない。

学校教育法（最終改正：平成27年（抜粋））

〔学校の範囲〕第1条　この法律で、学校とは、幼稚園、小学校、中学校、義務教育学校、高等学校、中等教育学校、特別支援学校、大学及び高等専門学校とする。

〔授業料〕第6条　学校においては、授業料を徴収することができる。ただし、国立又は公立の小学校及び中学校、義務教育学校、中等教育学校の前期課程又は特別支援学校の小学部及び中学部における義務教育については、これを徴収することができない。

〔教科用図書・教材〕第34条　小学校においては、文部科学大臣の検定を経た教科用図書又は文部科学省が著作の名義を有する教科用図書を使用しなければならない。（49条、62条で34条が準用されている）。

　その他の法律　　教育法規に属する法律には、このほかに数多くのものがある。

　学校教育ついては、上に見た学校教育法のほか公立義務教育諸学校の学級編成及び教職員定数の標準等に関する法律、公立高等学校の設置・適正配置及び教職員定数の標準等に関する法律、教科書の発行に関する臨時措置法、教科用図書検定規則、義務教育諸学校の教科用図書の無償に関する法律、義務教育諸学校における教育の政治的中立の確保に関する臨時措置法、学校図書館法、などがある。

　教育奨励に関する法規としては、就学困難な児童及び生徒に係る就学奨励についての国の援助に関する法律、理科教育振興法、産業教育振興法、独立行政法人日本学生支援機構法などがあり、現在も制度をもっと充実させるべきとの議論が続いている。

　学校保健・環境等に関する法規としては、学校保健安全法、感染症の予防及び感染症の患者に対する医療に関する法律、学校給食法、食育基本法、独立行政法人日本スポーツ振興センター法、環境基本法、などがある。

　そして、勤労者としての教育職員に関する法規としては、教育公務員特例法、地方公務員法、国家公務員法、労働基準法、労働組合法、雇用の分野における男女の均等な機会及び待遇の確保等に関する法律、女子教職員の出産に際しての補助教職

員の確保に関する法律、教育職員免許法、などがある（この部分については、本書の8章、11章も参照してほしい）。

　教育は、学校で行われるものばかりではない。社会教育も重視されており、これに関する法規としては、社会教育法、図書館法、博物館法、スポーツ振興法、文化財保護法などがある。

　また、福祉に関する各種法規のなかには、児童と教育に関する事項も含まれている。これらの事項を「教育福祉」と呼ぶ。これに関する法規としては、生活保護法、児童福祉法、児童虐待の防止等に関する法律、勤労青少年福祉法、障害者基本法、身体障害者福祉法などがある。

　教育法規には、国際間の条約も含まれる。これについては「児童の権利」の項目で後述する。

　「～令」、「施行規則」「通達」とは　　これらの法律を実施するためには多くの場合、政令、省令、総理府令といった命令が行政機関からも出される。これらについての解説は、「電子版 Appendix」（QR コードでアクセス）に掲載している。

【志田陽子】

2　教育内容の「平等」と「自由」

（1）教育の機会均等と「平等」

　国家が、少なくとも中学校までの教育の制度と外的条件を無償で整備する義務を負う、というところまでは、憲法の規定から明確に読み取れる。では、そこで行われる教育の内容についてはどうだろうか。

　憲法26条1項の「ひとしく」という言葉には、「教育の機会均等」の要請があり、これには提供される教育の内容の均等も含まれると考えられている。

　それでは、教育の内容を決定するのは誰か。現在では、これは、「国民か、国家か」という二者択一の問題ではなく、原理としてはその担い手は国民ということになるが具体的現実的にはこれを国家が代行せざるを得ず、その国家の権限をどこまで認めるかが問題だ、という理解がとられている。そのなかで個々の教員は、国家の側に立って業務を行う面と、国民（児童と保護者）の側に立って現場での細かい配慮を自主的に行う面の両面をもっていることになり、その位置付けは複雑である。

（2）教科書と学習指導要領

教科書使用義務と教科書検定制度　　教育現場で何をどう教えるかは、そこで使用される教科書に決定的に左右される。とくに日本では、高校までの学校教育では教員に教科書使用義務が課されているので、教科書の内容はそのまま教育の内容に直結する。学校教育法は34条1項で「文部科学大臣の検定を経た教科用図書又は文部科学省が著作の名義を有する教科用図書を使用しなくてはならない」と規定している。

ここでいう教科書とは、「小学校、中学校、高等学校、中等教育学校及びこれらに準ずる学校において、教育課程の構成に応じて組織配列された教科の主たる教材として、教授の用に供せられる児童又は生徒用図書」のことである。³⁾

また、そこで使われる教科書は、国（文部科学省）の検定（「教科用図書検定」）に合格したものでなければならない。この「検定」は、教育の機会均等の保障、適正な教育内容の維持、教育の中立性の確保を目的として、記述が公正かどうか・教育的配慮が適切かどうかといった観点から、「教科用図書検定基準」に基づいて審査される。

学習指導要領　　授業で教えるべき学習内容は、この教科書使用義務に加えて、「学習指導要領」の拘束を受ける。この拘束が法規範としての強い拘束を意味するのかについては見解が分かれるが、最高裁判所はそのようにとらえている（伝習館高校事件・後述）。

教科書に対する検定や学習指導要領は、教員や学童のものの考え方を統一するためではなく、子どもたちに「ひとしく教育を受ける権利」を保障するために実施されるものである。教育内容に地域格差や学校間格差が生じて、学童の側に学習権が十分保障されない不公平が起きないように配慮しているのである。この本来の目的が守られることを、国民が常に見守ることも必要だろう。

教育の自由　　このように見てくると、高校までの教員と学校には、大学における教員の「学問の自由」と同じ意味での自由権が保障されるわけではないことがわかる。しかし、現場で教育を実践するにあたって細かい判断を自主的に行う「教育の自由」や裁量権は認められる。これがどの程度まで認められるかについては見解が分かれているが、現在では、教員の「教育の自由」は子ど

も・生徒に対しては教員の責任であり職務権限ということになるが、国家（行政）に対しては教員自身の人権だと考える見解が有力である。

　つまり、子ども・生徒に対して、学校と教員は一体となって教育を行う責任を負っている。裁量や「教育の自由」はこの責任を果たすため最善と思われる判断をするにあたり、それぞれの教員の人間的個性や良心を抜き去るわけにいかない場面があるとき、国がこれを封じるような細かい介入をしてはならない、という考え方である。ここでいう個性や自由は、教育を行う責任と最善判断に係留されているのだから、教育目的をはずれた無軌道なものを許容するような性質のものではない。

◎重要判例◎旭川学力テスト事件（永山中学校事件）

最高裁1976（昭和51）年5月21日判決
　旧文部省の支持で行われた全国中学校一斉学力調査に反対するXは実力行使でテストを阻止しようとしたため公務執行妨害で起訴されたが、「テストは違法で、公務執行妨害罪は成立しない」として争った。判決では、教育内容を決定する権利は国家・国民のいずれかにあるのではなく両方にあるとし、普通教育においては「学問の自由」で保障される「教授の自由」は完全には認められないことから、本件学力テストは国家の不当な介入にはあたらず合憲とし、Xを有罪とした。

◎重要判例◎伝習館高校事件

最高裁1990（平成2）年1月18日判決
　教育関係法規（学校教育法51条、21条所定の教科書使用義務）に違反する授業をしたこと等を理由とする県立高等学校教諭に対する懲戒免職処分が、懲戒権者の裁量権の範囲を逸脱したものとはいえないとされた事例。学習指導要領に法的拘束力はあるか（その違反に対して懲戒処分はありうるか）という問題につき、裁判所は肯定した。

◎重要判例◎剣道実技拒否事件

最高裁1996（平成8）年3月8日判決
　信教上の理由から体育の剣道実技授業を拒否した生徒が単位を認定されず卒業できなかったことについて、裁判所は、生徒の心身の発達に役立つ体育プログラムを

提供することは、剣道以外の代替プログラムを課すことで果たすことができるので、剣道の実技を習得できないことをもって卒業を認めないというのは学校側の裁量権の逸脱にあたるとしている。

この事例は、生徒の側の「教育を受ける権利」と学校側の裁量が対立した事例だった。ここでは学校は、自由権的な人権としてではなく、職務上の責任として、生徒の「教育を受ける権利」を保障するための最善の判断をする責任と権限がある。そのように方向性をもった裁量権を反対の方向で使ったために「裁量権の逸脱」とされたのだといえる。

（3）学校と教員の「教育の自由」をめぐる問題

教員は上記のルールを遵守することが求められるが、一方で、憲法が現在のような詳細な統制を国に要請しているのかどうか、考えてみる必要もある。

社会権の基本発想に立って26条の「ひとしく」を考えるなら、国家は、社会の中の経済格差によって教育の内容や機会に格差が生じている局面を発見したときには、格差解消のために対応すべき義務を負っている。また、自己の人間的生存のために必要な事柄については、各種の権利保障があることや権利行使の仕方について「ひとしく」教える必要があるだろう。しかし、それ以外のさまざまな知識教養に関する教育の内容については、現在のように教育内容に行政が細かく立ち入る必要があるかどうか、疑問視する学説は多い。

◎重要判例◎教科書検定訴訟
　　1974年（第一次訴訟・東京地裁判決）～1997年（第三次訴訟・最高裁判決）
　教科書の内容に対する検定や学習指導要領は、子どもたちに「ひとしく」教育を受ける権利を保障するために実施されているしかし、しかし、こうした検定や学習指導要領が教育内容の細かいところに踏み込みすぎると、教科書執筆者の専門家としての良心や、現場教員の裁量の自由を封じてしまう結果になる。国家がそのような方向で内容に踏み込みすぎていることを憲法違反として争う訴訟が、教科書訴訟と呼ばれる訴訟である。[4]
　裁判所は第二次訴訟の一審では「国民の教育権」の考え方に立って当該検定を教育基本法違反および表現の自由に介入している点について）憲法違反と判断した（東京地裁1970（昭和45）年7月17日判決）。この判断は、その後の裁判に引き継がれなかった。最高裁は、後の第三次訴訟で、検定制度自体は合憲としながらも、検

定における国の側の裁量権の逸脱が部分的にあったことを認めている[5]。また、あわせて主張された教科書執筆者の「表現の自由」については、教科書検定は不合格となったものを一般書籍として社会に出すことを妨げるわけではないので、憲法が禁止している「検閲」にはあたらないとしている（最高裁1997（平成9）年8月29日判決）。

（4）教員の政治的中立性

　教育基本法14条2項は、「法律に定める学校は、特定の政党を支持し、又はこれに反対するための政治教育その他政治的活動をしてはならない」と定めている。これは、学校の教育活動が特定の政治思想に偏ったものであってはならないという「政治的中立性」の原則に基づくルールとされている。ここでいう「学校」には、国公立・私立の両方が含まれる[6]。

　これによって教員各人は、授業などの学校教育活動のなかで生徒・学生を教員個人の党派的政治信条へと誘導することは禁止される。しかし教員が政治的教養に関する教育を行うさいに、世のなかに存在する政治政策や政治的論点について話題にすることは避けられず、これをめぐる各政党の政策の紹介や批評がこのルールへの違反となるわけではない。こうした場合には、「他の考え方や見方を紹介したり、異なる見解を示した複数の資料を使用したりするとともに、教員の個人的な主義主張を避けて中立かつ公正な立場で指導するよう留意しなければならない」と文部科学省は説明している[7]。

　これに加えて、公務員は、学校現場を離れた市民の場でも選挙運動その他の政治活動を行ってはならないとされており、公立学校の教員（教育公務員）はこのルールの適用を受ける。学術的な議論としては、職務を離れた個人の立場で行う活動について、これほどに禁止を徹底する必要があるかどうか、「表現の自由」の観点から疑問視する見解が多い。

◎参考◎文部科学省の「通知」
　平成27年2月27日文部科学省「教職員等の選挙運動の禁止等について（通知）」より抜粋
　公立学校教員の政治活動に関する文部科学省の具体的な考え方を示すものとし

て、2015年に各公立学校に宛てて出された「通知」の要点を見てみよう。「教育公務員については、教育基本法……における教育の政治的中立性の原則に基づき、特定の政党の支持又は反対のために政治的活動をすることは禁止されています。さらに、教育公務員の職務と責任の特殊性により、教育公務員特例法……において、……人事院規則で定められた政治的行為が禁止されています。……教育公務員が個人としての立場で行うか職員団体等の活動として行うかを問わず、これらの規定に違反する行為や教育の政治的中立性を疑わしめる行為……のないよう、その服務規律の確保について徹底をお願いします。」(文部科学省 HP より)

■コラム 9-2 　無戸籍の子ども

　戸籍とは、出生、婚姻、死亡などの個人の身分関係を登録し、その人が日本国民であることを証明する唯一のものである。その戸籍に記載されていない人が日本国内に一定数存在するが、それを無戸籍問題という。法務省によると、2014（平成26）年9月から2019（令和元）年6月までに把握された無戸籍者の累計は2,407人、そのうち無戸籍が解消された人が1,577人となっているが、場合によっては親子で無戸籍となるケースもあり、その実数の把握は困難である。

　無戸籍問題が発生する最大の原因は、民法772条嫡出推定に係わる「離婚後300日問題」である。これは、元夫との離婚後300日以内に生まれた子は、子の血縁上の父と元夫とが異なる場合でも、民法772条2項の規定に基づき、原則として元夫の子として戸籍に登録されるという問題、またはこうした戸籍上の扱いを避けるために母が子の出生届を提出せず、子が無戸籍になるという問題である。

　戸籍の存在を日常生活の中で認識することは少ないが、戸籍がなければ、実際の日常生活、たとえば、身分証明書や住民票の作成、義務教育や医療の提供、資格の取得、選挙権の行使、財産相続などにおいて大きな支障をきたすことになる。こうした不利益は、つきつめれば、法の下の平等、経済的自由権、社会権など本来保障されているはずの憲法上の権利の享受を無戸籍者が妨げられていることを意味する。これらの不利益を解消するためには、戸籍編成（就籍）への道を提供すると共に、無戸籍者の発生を防止することが重要である。実際、行政は、各地の法務局に相談窓口を設けたり、出生届の手続きに関する支援情報を周知する文章を出生届に付け加えたりするなど、様々な政策を行っている。なお、住民票への登録、就学、旅券の発給などを可能にする制度も設けられているが、一定の要件を満たす必要があり、それがネックとなって制度の利用を躊躇するといった事例もみられる。

　2022（令和4）年10月、民法772条嫡出推定の見直しを含む民法改正案が閣議決

定された。その中では、離婚後300日以内に生まれた子を元夫の子とみなす現行法の規定を維持する一方、女性が再婚した場合には、離婚後300日以内に生まれた子でも現夫（再婚した夫）の子と推定することとされ、「離婚後300日問題」による無戸籍発生への防止策が盛り込まれた。その他に、女性の再婚禁止期間の撤廃や嫡出否認の手続きの見直し、懲戒権の削除も改正案に盛り込まれている。もちろん、嫡出推定制度の見直しにより、無戸籍問題が完全に解消されるわけではない。今後も無戸籍者の実数の把握と適切な行政の対応や制度設計が必要となる。　【中村安菜】

3　教育の環境

（1）障害者差別の解消

　学校という場所では、教科教育以外にもあらゆる場面がすべて「教育」である。学校および教員は、まずは学校内で、生徒が支障なく教育を受けられる環境を提供しなければならない。教育基本法4条は、憲法26条と14条の内容を受けて、「すべて国民は、ひとしく、その能力に応じた教育を受ける機会を与えられなければならず、人種、信条、性別、社会的身分、経済的地位又は門地によって、教育上差別されない。」と規定し、さらに「国及び地方公共団体は、障害のある者が、その障害の状態に応じ、十分な教育を受けられるよう、教育上必要な支援を講じなければならない。」としている。これに加えて2013年に障害者差別解消法（障害を理由とする差別の解消の推進に関する法律）が制定され、2016年に施行された。ここでは、各企業や各学校機関が、障害者の平等な就業や学習を支援するため、「合理的な配慮」を行うことが求められている。教育現場での「合理的配慮」の例として、内閣府は次のものを挙げている。

・聴覚過敏の生徒のために机・いすの脚に緩衝材をつけて雑音を軽減する。

・視覚情報の処理が苦手な生徒のために黒板周りの掲示物の情報量を減らす。

・支援員等の教室への入室や授業・試験でのパソコン入力支援、移動支援、待合室での待機を許可する。

・意思疎通のために絵や写真カード、ICT機器（タブレット等）を活用する。

・入学試験で、別室受験、時間延長、読み上げ機能等の使用を許可する。

　（内閣府HPを参照）

神戸地裁1992（平成４）年３月13日判決
　身体障害を理由として普通高校への入学を拒否することは憲法に反するか、が争われた事例。判決は、本件処分は身体的障害を唯一の理由としたもので、憲法26条１項、14条、教育基本法３条１項などに反し違法であるとして、学校に入学不許可処分の取消しを命じた。

（２）いじめの解消

　「いじめ」は、その対象となった生徒にとって、教育を享受できる正当な環境を奪われている状態といえる。またその生徒にとって、人格的にも負担や傷を負わされる出来事（人権侵害）となる。これらは教育基本法の１条、２条、４条の趣旨に反する被害として、救済されなければならないし、さらに加害者となっている生徒にとっても、必要な社会性を身につけるための教育指導を必要とする場面である。被害者・加害者双方にとって、発達の権利実現のために、適切な解説と指導が求められる。

　いじめがあった場合、あるいはいじめに遭っているとの相談を受けた場合、これに対処する責任は、道徳や社会科の教科の教員だけでなく、すべての教員にある。

　体罰、ハラスメントの禁止　　日本国憲法の下での教育は、支配・統制を本質とするものではなく、学童・生徒それぞれの成長・発達の権利を実現する責任を本質としている。その成長・発達のために必要とあれば、上級の課題に挑戦させることもあるだろうし、当人の不利益や生命・健康への危険がある事柄は禁止する場面もある。たとえば学校の保健室は、自殺・自傷の自由は認めず、これを防止する方向でカウンセリングなどの指導を行う。これに対して、本人のための最善判断として説明のつかない強制的指導や、それに従わない者に不利益を与える措置（剣道実技拒否事件・前述）は、憲法26条や13条の趣旨に反し、学校・教員の裁量権の範囲を逸脱したものとなる。

　また、仮に本人のための教育指導であっても、体罰という手段は禁じられる。同じく、生徒をいたたまれなくさせる「ハラスメント」も禁じられている。

4　児童の権利

（1）自主性と多様性を尊重できる社会へ

　各人の自主性と多様性の尊重は、異質な人々が共存する国際化・多文化化した社会のなかでは、とくに大切なものとなってきた。教育の世界でも、この流れを汲み、国際条約である「児童の権利条約」の内容を知っておく必要が高まっている。

　教育の機会の平等を推進しようとするあまり、教育内容を画一化することは、さまざまなものの見方や文化が存在するという事実と出会う機会を摘み取ってしまうというマイナス面がある。子どもが批判や相対化を経て自分の考えを作っていく能力（主体性）を身につけていけるように支えることも、教育が担うべき重要な役割である。子どもが現在の科学水準や歴史研究水準で標準となっている知識に接することを許さないような、閉じた自文化中心型の教育は、教育の平等の理念と合わないが、現時点での標準となっている共通知識を教える一方で、異なる見方が存在することも参考として教えるという開かれたタイプの多様性教育を妨げる理由はない。むしろ、民主主義の担い手となるべき市民教育という観点からは、今後、多様性に対して開かれた姿勢を養う教育がさらに必要性を増してくるだろう。《いじめ》問題克服の観点からも、学校現場における多様性の肯定と確保は重要な課題といえる。

　こうした多様性と、各人の良心ということを考えあわせたとき、公立学校の式典のさいに国歌である君が代を斉唱することを全員に《強制》することはどう考えられるだろうか。国際社会の目にどう映るかも視野に入れて考えたい。[8]

　私たちは、憲法26条の内容を作り上げてきた人々が何を切望していたのか、その原点を常に問いながら、次の時代の教育のあり方について考えていくべきだろう。

（2）児童の権利条約

　児童の権利条約　　教育法規のなかには、条約も含まれる。国際間の関係を

規律する条約は、批准・公布されると法律と同等の効力をもつ。ユネスコ憲章と呼ばれる国連教育科学文化機関憲章、日本と特定国との間の文化協定、児童（子ども）の権利条約、などの条約がここに含まれる。また、これらと深い関係をもつ「宣言」として、児童権利宣言、世界人権宣言、障害者の権利に関する宣言、教員の地位に関する勧告、教師の倫理綱領、図書館の自由に関する宣言がある。

1989年、国連は「児童の権利条約（子どもの権利条約）」を採択している。ここでは、労働における搾取の禁止（32条）、児童売買の禁止（35条）、その他子どもの福祉を害する搾取の禁止（36条）、搾取・虐待を受けた子どもの社会復帰のための措置を講ずること（39条）といった条項がある。これらは、世界にまだ見られる児童労働を克服・根絶することをめざした条項である。日本国憲法26条と27条3項、前章でみた18条「人身の自由」に示されている内容は、こうした世界の潮流と方向を同じくしている。日本はこの条約を1994年に批准し、締約国となっている。条約の締約国は、条約の内容を誠実に遵守する義務があり、また、国内法の解釈にあたっても条約の内容を参考にすることが求められる。したがって「教育を受ける権利」の内容を解釈するにあたっても、この条約の内容を参考にする必要がある。とくに日本では、子どもの主体性を尊重することにおいては遅れているため、この条約の理解と共有が望まれる。

児童兵士の禁止　これらの問題と並んで、紛争地域で子どもが戦闘員となって実戦に参加していること（いわゆるチャイルド・ソルジャー）も世界が憂慮する問題となっている。これについては、もともと児童の権利条約の38条で15歳未満の子どもを戦闘に参加させることを禁止し武力紛争における子どもの保護を規定していたのだが、1998年の国際刑事裁判所（ICC）設置のための条約ではさらに、15歳未満の子どもを戦闘に参加させることを「戦争犯罪」として禁止している。いかなる理由（正義、大義）があっても子どもを戦闘に使ってはならない、という趣旨である。

【注】
1)　この章全体に関する参考文献として、藤井俊夫『学校と法』（成文堂、2007年）、西原

博史・齋藤一久編著『教職課程のための憲法入門〔第2版〕』(弘文堂、2019年)、坂田仰編著『学校と法　改訂版』(放送大学教育振興会、2016年)、坂田仰ほか『改訂版ケーススタディ教育法規』(教育開発研究所、2012年)、戸波江二・西原博史ほか著『子ども中心の教育法理論に向けて』エイデル研究所、2006年などがある。

2)　参考DVD『ＮＨＫスペシャル　日本国憲法誕生』(NHKエンタープライズ、2007年)。

3)　教科書の発行に関する臨時措置法2条1項。

4)　1965年提訴の第一次訴訟、1967年提訴の第二次訴訟、1984年提訴の第三次訴訟がある。

5)　行われた検定の内容については、国家側の裁量権の逸脱を7件中4件認め、南京大虐殺、中国戦線における日本軍の残虐行為などの記述に関する検定を違法とし、国側に40万円の賠償を命令した。

6)　学校教育法1条の定める「学校」には、幼稚園、小学校、中学校、義務教育学校、高等学校、中等教育学校、特別支援学校、大学および高等専門学校が含まれる。

7)　文部科学省HPより (2016年3月20日閲覧)。

8)　君が代斉唱問題については第4章を参照してほしい。

☆参考文献はすべて、学生向けのおすすめ参考文献です。

10章

幸福追求権と新しい人権
「公共の福祉」と人権

　日本国憲法の下で暮らす人々にはどんな権利が保障されているか、これまでのところでかなり学んできた。10章から12章では、人権論の仕上げとして、人権保障の全体に通じる総合的な問題を扱う。

　すべての人がそれぞれに個性をもった《個人》として尊重される社会の実現を、憲法はめざしている。一方、社会は常に動き、新たな知識や問題を生み出し、発展を続けている。そうした社会の発展によって、人権保障にも、環境権など、新しいニーズが生まれる。そのときに必要なのは、変えてはならない《普遍的なもの》と、個性・多様性への気づきや社会の変化に伴う《新たなニーズ》の両面から憲法を考える視点である。新たなニーズに対応する柔軟な思考のためにこそ、基礎理論の足場固めが大切になる。

1　人権保障の基本原理

　第12条　この憲法が国民に保障する自由及び権利は、国民の不断の努力によつて、これを保持しなければならない。又、国民は、これを濫用してはならないのであつて、常に公共の福祉のためにこれを利用する責任を負ふ。

　第13条　すべて国民は、個人として尊重される。生命、自由及び幸福追求に対する国民の権利については、公共の福祉に反しない限り、立法その他の国政の上で、最大の尊重を必要とする。

（1）「個人の尊重」と「公共の福祉」

　「個」の意味　　日本国憲法の土台にあるさまざまな原理は、人間それぞれの自分らしい生き方を平等に尊重する、という発想に立っている。

　憲法は、人の権利を保障すること──まずは侵害しないこと、次にその実現のために必要な事柄を行うこと──を国家に命じる法である。13条も、国に対して、「すべての国民を個人として尊重するように」と命じ、さらに「国が仕事（国政）を行うにあたっては、生命、自由、及び幸福追求に対する国民の権利を最大に尊重しなければならない」と命じている。

　これは、身分制度や家制度や全体主義国家のなかで、一人ひとりの具体的な人間が自分らしい生き方や考え方を封じられる状態を繰り返さないようにという考え方に立っている。自分自身でものを考えていける一人ひとりの人間たちが集まることで、初めて真の社会づくりが可能になる。

　また人間は、現実にはさまざまな個人差を抱え、自分なりの価値観や世界観をもって生きている。そのような個性と人格性をもった一人ひとりの人間が、どんな所属・功績をもっているかということ以前に、まずその存在自体で価値あるものとして尊重されるということが「個人の尊重」の意味である。

　「公共の福祉」──責任と調整　　身分制や奴隷制を廃止して《すべての人の権利》として保障されることになった「人権」には、論理必然的に、認めるわけにはいかない内容がある（たとえば幸福追求の名の下に殺人をする自由や、財産権の名の下に人間を奴隷として所有する自由など）。こうした制約を「内在的制約」と

いう。次に、人間が複数いれば、必ず利害の衝突がある。そうした現実の中で、ある人の権利だけが絶対的に認められるとなれば、その他の人の権利が犠牲にされる場面が出てくる。憲法12条は、上のような状況を「権利の濫用」として戒め、国民の責任として自制を求めている。憲法12条・13条の「公共の福祉」は、これを受けた言葉である[1]。

（2）個人の自律と「最大限の尊重」

「最大限の尊重」——自由が原則　人権のそれぞれにはこのような限界があるにしても、可能な限り制約を避け、その保障を最大限に生かすことが求められる。これが13条でいう「最大の尊重」である。したがって人権は、「公共の福祉」に反する場合、つまり自分の権利と同様に他者の権利をも尊重する必要上やむをえない場合に限り、最小限の規制がありうることになる。国家や自治体による制約（法律とその実行）は、必要な限度を超えた過剰なものになってはならない。これがすべての人権保障に共通する基本原則になる。

　12条と13条の内容を、自律と責任という側面からもう一歩見てみよう。権利は、権利の主体自身が行使する必要がある。国民の側にこの自覚がなくなれば、権利はすぐに形骸化して絵に描いた餅になってしまう。12条が「国民の不断の努力によつて、これを保持しなければならない」といっているのは、このことである。「濫用」しないという「責任」は、国民が権利を行使することを前提として定められている。

自律と人格と幸福追求　学業やスポーツに打ち込む人々は、ときに「幸福」というイメージとはかけ離れた修練を自分に課している。それは、ある視点から見れば「苦役」かもしれないが、その世界に身を投じている人にとっては、生きがいの追求である。それが憲法18条で禁じられる「苦役」となるか憲法13条で保護される「幸福追求」となるかは、本人の意思次第である。幸福追求権における「幸福」の内容は、その意味で、敢えて空虚である。その内容は国家が決めるのではなく、各人が自分で決めて追求するものだからである。

2　13条を根拠とするさまざまな権利

（1）生命をめぐる権利と倫理

　13条には、「生命、自由及び幸福追求の権利」が定められている。一般には、この言葉全部を指して「幸福追求権」と呼んでいる。しかし現在では、「生命」の部分と「幸福追求」の部分はそれぞれに保障しようとしている内容が異なる、との説も有力である。「生命権」は「幸福追求権」よりも狭く明確に、人間の生命が国家によって奪われてはならない・人間の生命が本来あるべき形でまっとうされるよう国家が保護しなければならない、という考え方である[2]。本書では、この考え方を重視している。

　人間の生命が国家によって害されることを拒否する権利としては、前文の「平和のうちに生存する権利」がある。平和的生存権が軍事的意味での安全保障を超えて、「人間の安全保障」の内容の方向へと発展し、「生命権」を広くカバーすることが望ましいのだが、現在のところこの権利が使える場面は軍事的意味での「平和」問題に限られている。そこで13条の「生命……の権利」を、具体的な権利として考える必要がある。

　生命保護に関する国家の任務を定めた条文としては、25条の生存権が考えられる。社会的生存を支援するのであれば、生命そのものについて「国家から侵害を受けない権利」が当然に想定されている、というべきだろう。また、13条、18条、前文の規定を見ても、憲法が人間の「生命」を重んじていることはよく読み取れる。

　この生命権が議論されるべき場面としては、環境問題（環境権）、災害対応の問題、原子力発電所の問題、死刑の問題、医療・生命倫理の問題、そして平和的生存と安全保障の問題などがある。とくに生殖医療の発達によって、子をもちたい親の選択の自由と、生まれてくる子や社会全体への倫理的責任の問題が議論されるようになった。代理母による出産契約を認めるか、精子や卵子を他から提供してもらって行う生殖をどこまで、どのようなルールで認めるかなど、生命倫理と自己決定をめぐる問題は日本でも大きな論題となっている[3]。

◎重要判例◎大阪空港訴訟

最高裁1981（昭和56）年12月16日判決
　大阪周辺の住民である原告（複数）は、航空機の騒音により身体的・精神的被
害、生活妨害などをこうむったとして、人格権（環境権）の侵害を根拠に、国に対
し①午後9時から翌朝7時までの空港の使用差し止め、②過去の被害に対する損害
賠償、③差し止め実現までの将来の被害に対する損害賠償を求めて民事訴訟を提起
した。一審では①と②を一部認容、③の請求を棄却。これに続く控訴審では①②③
とも請求が認容された。これに対し国が上告し、最高裁では①は民事訴訟という方
法が不適格として却下、②は一部認容、③は却下となった。ここでは環境権の内容
を含む人格権に関する判断は行われなかったが、下級審判決では、環境権の実質内
容を汲み取ったと思われる判決もある。他に飛行機の発着陸の騒音を争った裁判と
しては、自衛隊厚木基地訴訟（最高裁1993（平成5）年2月25日判決）がある。

（2）包括的基本権としての役割

　現実の社会は、常に発展と変化を続けている。ときには、社会の発展にとも
なって、さまざまな新しい問題が出てきたとき、憲法の原理や趣旨を汲んだ新
しい権利が必要になることがある。13条の「幸福追求権」は、そうした新しい
権利を生み出す「包括的権利」としての役割も担っている。プライバシー権や
肖像権や環境権などがその代表である。また、自律と「個人の尊重」の結晶と
言える「自己決定権」も、13条「幸福追求権」に含まれる重要な権利と考えら
れている。

　人格権　「人格権」は憲法上に明文規定はないが、「個人の尊重」（13条）
や「人間の尊厳」（世界人権宣言や国際人権規約）、多くの国の憲法発展の底流に
共通する「自律」の考え方などを総合して導き出されてきた総合的な概念であ
る（「人格権」は「表現の自由」と緊張関係に立つことが多いため、第3章で扱ってい
る）[4]。

　環境権　環境汚染による健康被害・人命被害の問題は、じつは古くから
指摘され、住民運動もあった。この権利が「新しい権利」と呼ばれるのは、明
文の規定がなかったものを解釈によって生み出してきた権利という意味であ
る。こうした事柄は、被害が生じてからの賠償では遅すぎるため、被害の継続

を止める、あるいは近い将来に発生する被害を止める、といった「差止め請求」を主眼とする「環境権」が登場した。「環境権」を認めた最高裁判例はまだ存在しないが、実質的に同様の考え方が「人格権」の一部に引き継がれている。近年では、原子力発電技術がもたらす危険性に照らして「人格権」侵害に基づく差止めを求める訴訟が相次いでいる。[5)]

■コラム10-1　パブリシティ権と肖像権

人の顔や名前に関する新しい人権　勝手に写真を撮られたり、自分の名前が宣伝広告に使われたりした場合、法的にこれを止めさせることができるのだろうか。人の肖像や氏名の利用行為について、法律上、明文の規定があるわけではない。しかし新しい人権の一種として、「パブリシティ権」や「肖像権」が裁判例で認められるようになってきている。

パブリシティ権　「パブリシティ権」とは、自分の氏名や容貌（顔、全身含む外見）を無断で商品の宣伝広告に使われることを拒む権利だ。自分の名前や顔写真が知らないうちに商品の宣伝広告に使われていたら、あなたはどう思うだろう？　有名人になれるチャンス？　いや、好きでもない商品について知らないうちに「オススメ」と広告塔になっていたら、誰しも嫌な気持ちになるのではないだろうか。このように、個人の人格の象徴である人の氏名、肖像について、みだりに利用されると精神的苦痛を感じるということに着目して認められる権利が、パブリシティ権である。

実際にあった事件では、有名なイギリス人子役の映像を無断でお菓子のCMに使った例や、アイドルの氏名、肖像が下敷きやポスター、ブロマイドなどに無許可で用いられた例でパブリシティ権侵害が認められている。こうした有名人や芸能人の氏名、肖像は、それだけで人を引き付ける価値（顧客吸引力）をもっているので、無断利用のターゲットになりやすいという事情がある。

とくに問題になるのは、有名人の写真、氏名を使って書籍や雑誌を出版する場合である。有名人の伝記や批評本を執筆する際には、その人物の名前や写真を使うことは必要不可欠であるから、そうした執筆活動における表現の自由にも十分配慮する必要がある。

■判例①「ピンク・レディー事件」判決（最高裁2012（平成24）年2月2日判決）
女性週刊誌が、女性デュオ「ピンク・レディー」の楽曲の振付を利用したダイエット法を紹介する記事のなかで、ピンク・レディーのメンバーを被写体とする白

黒写真14点を無断で掲載した。これに対しピンク・レディーのメンバーがパブリシ
ティ権侵害であるとして損害賠償を請求した。最高裁は、パブリシティ権は人格権
に由来するものであるとし、「専ら肖像等の有する顧客吸引力の利用を目的とする
といえる場合」に、パブリシティ権侵害が成立すると述べたが、本件はダイエット
法の解説で読者の記憶を喚起するなど、記事内容を補足する目的で使用したもので
あるとして、パブリシティ権侵害にあたらないと判断した。

　肖像権　「肖像権」と呼ばれる権利もある。人の肖像を無断で利用される
のを禁止する権利という点ではパブリシティ権と共通する点も多く、両者を区別しな
い論者もいる。あえて区別するなら、「肖像権」という概念は、商品の宣伝広告と
いう場面に限らず、広く無断撮影による私生活や自己情報（いつ、どこで、誰と、
何をしているか）の侵害という意味合いを込めて使われることが多く、プライバ
シー権の一種という側面が強い。テレビのロケ番組などで、背景に写り込んだ通行
人の顔にぼかしが入っていることがあるが、これは肖像権に配慮しているためであ
る。デジタルカメラやスマートフォンが普及し、動画や写真が気軽に撮れる今日で
は、有名人や知人が写った写真を本人に無断でSNSに上げ、トラブルになると
いった事例も増えている。教員が学校ホームページなどに行事や授業風景の写真を
掲載する際にも、児童・生徒の肖像権に配慮し、撮影の際にまず本人の承諾を得
る、あるいは顔が分からないようにぼかしを入れる、後ろ姿の写真を選ぶなどの工
夫が必要であろう。

■判例②京都府学連事件（最高裁1969（昭和44）年12月24日判決）
　大学生Ｘが京都府学連主催のデモ行進に参加中、事前のデモ許可条件に違反して
しまい機動隊と揉み合いになった。その様子を現場にいた巡査が犯罪捜査のために
写真撮影したところ、それにＸが反発し、結果、Ｘが巡査に暴行を行ったとして傷
害及び公務執行妨害で起訴された。Ｘは、令状もなしに無断で写真撮影することは
肖像権の侵害であると主張した。最高裁は、個人の私生活上の自由の１つとして、
何人もみだりに容ぼう、姿態を撮影されない自由を有すると述べ、これを肖像権と
称するかどうかは別として、証拠保全の必要性や緊急性などの正当な理由なしに警
察官が撮影することは憲法13条の趣旨に反し許されないとした。　　【比良友佳理】

■コラム10-2　スポーツ権の確立と憲法

　スポーツ権とは、「スポーツをする、みる、支える」権利であり、その中には

「スポーツをしない、みない、支えない権利」も包含するとされる。この権利は、「体育・スポーツ国際憲章」（1978年）でその必要性・重要性を全面的に指摘され、2015（平成27）年の「体育・身体活動・スポーツに関する国際憲章」への改正に伴い、スポーツ権に関する規定もより具体的に設けられた。また、オリンピズムの根本原則は、「スポーツをすることは人権の一つ」と明記している。こうしてみると、スポーツ権の承認は国際的な流れともいえるだろう。

　日本でも、「体育・スポーツ国際憲章」以降、憲法上の権利としてのスポーツ権の存在が主にスポーツ法の領域で主張されてきた。その憲法上の根拠として、現在、13条幸福追求権、25条生存権、そして26条教育を受ける権利の3つが主張され、スポーツ権は自由権的側面と社会権的側面とを持つ権利だと説明される。また、スポーツ振興法（1961年制定）を全面改正して2011（平成23）年に成立したスポーツ基本法の前文は、「スポーツを通じて幸福で豊かな生活を営む」ことが「全ての人々の権利」だと明記している。

　しかし、憲法学の領域において、スポーツ権を権利の一つとする主張はみうけられない。その理由として、スポーツ権を「新しい権利」とするにはこの権利の構成要素が十分に明確ではないこと、スポーツに関連する問題であっても、憲法による既存の権利保障の枠の範囲内で対応可能であることなどが挙げられる。

　スポーツ界でも様々な問題が生じる。それらの中には、たとえば代表選手の選考をめぐるトラブルなど特殊性を有するもの、ドーピングのように現行の日本の法制度では刑罰の対象にならないもの、さらには部活動における体罰のように人命にかかわる問題も含まれる。そして、こうした問題の一部は、スポーツ界の特殊性の陰に隠され、各競技団体の広範な裁量権・統括権の下、内部で解決されたりしてきた。なお、裁判所では判断できないスポーツ特有の問題に対処するため、日本スポーツ仲裁機構（JSAA）やスポーツ仲裁裁判所（CAS・スイス）が設置されている。また、ドーピングに関連してドーピング防止活動推進法が東京オリンピック・パラリンピックの開催に合わせて制定されたが、ドーピングの刑罰化はみおくられている。

　スポーツ権を基本的人権として確立することは、現段階では困難である。しかし、上記の内容から明らかなように、スポーツは、法や人権と実は密接に関連している。

　スポーツ界で生じる人権問題を、その特殊性を理由として看過してはならない。

【中村安菜】

【注】
1）「公共の福祉」と人権の歴史の関係については、「電子版 Appendix」（QR コードでア

クセス）に解説を掲載しているので、参考にしてほしい。

2)　参考文献：山内敏弘『人権・主権・平和——生命権からの憲法的省察』（日本評論社、2003年）、石村修『憲法への誘い』（右文書院、2014年）。

3)　生命倫理と医療（臓器提供など）の問題を詳しく扱った憲法の教科書として、吉田仁美編『人権保障の現在』（ナカニシヤ出版、2013年）。

4)　人格権と「表現の自由」との対抗関係については、本書3章・表現の自由の項目を参照。また参考文献：志田陽子『あたらしい表現活動と法』（武蔵野美術大学出版局、2017年）、同『「表現の自由」の明日へ』（大月書店、2018年）でも詳しく扱っている。

5)　「環境権」と「人格権」については、「電子版 Appendix」（QR コードでアクセス）に解説を掲載しているので、参考にしてほしい。

☆参考文献はすべて、学生向けのおすすめ参考文献です。

11章

人権の享有主体

「個人の尊重」と「国民」

　空港を思い浮かべてみよう。私たちは海外旅行をすれば、国際空港で入国審査を受ける。日本のパスポートをもつ日本国民は再入国を拒否されないが、外国人は入国できないこともある。これは、日本国憲法が保障する人権は国民に対してのみ保障されているのかという《人権の享有主体性》と関連する問題である。

　今、日本は、多くの外国人が定住・共生する多文化共生社会となっている。この日本国憲法において人権保障の対象となる「人」とは、という基本の問いがアクチュアルな問題としてここであらわれてくるのである。その代表的なものとして、外国人参政権の問題がある。また、教育のグローバル化が推進されるなか、学校現場も国際化が進み、学校という場が多文化共生の場そのものとなっていく。こうした問題に対して、今後、憲法の側も真摯に対応していく必要がある。

1 人権の享有主体

　すべての人は生まれたときから権利をもっており、そして、その権利は奪われ
ない。これが、人権の普遍性である。そして、その普遍的な権利をもつこと
ができる資格のことを、人権の享有主体と呼ぶ。

　人権の享有主体の議論は、その国家の国民が第一義的な人権の享有主体であ
るという理解を前提として、国民以外で享有主体となれるのは誰なのか、どの
程度の人権であれば認められるのかという問題を中心に展開されてきた。とく
に論点となってきたものが、外国人の人権享有主体性である。

2 国　　民

第10条　〔国民の要件〕日本国民たる要件は、法律でこれを定める。

　人権の享有主体として、第一に国民が挙げられる。国民とは、その国家の国
籍保持者を意味する。外国人とは、その国家の国籍保持者以外の者を指す[1]。

　「国民」には、2つの意味がある。第一に、本章で取り上げている人権享有
主体としての意味、第二に、主権主体としての意味である。

（1）国民になる要件——人権享有主体としての国民

　国家は、領域、統治機構、そして国民という3つの要素によって成立してい
る（国家3要素説）。つまり、国家にとって国民の存在は不可欠である。

　日本国憲法は、国民について、第3章「国民の権利及び義務」の冒頭に10条
を設け、国民の要件（＝日本国籍を取得する要件）に関する具体的規定を国籍法
で定めると規定している（国籍要件法定主義）。

　なお、この国籍要件法定主義は明治憲法18条で規定され、1899（明治32）年
には国籍法も制定された。1950年に制定された戦後の国籍法は、明治時代の国
籍法を日本国憲法の内容に合致するように修正・一部削除したもので、国籍要

件法定主義も特段の議論なく引き続き採用された。

日本国憲法10条について　明治憲法18条「臣民の要件」と日本国憲法10条の条文は、「臣民」という文言を除き、ほぼ同じである。もちろん、国民主権原理に則り、君主の支配に従属する「臣民」から「国民」の要件へと変わったことは大きな変化であり、人権の享有主体性の観点からも大きな意義がある。

日本国憲法制定に際し、国民の要件に関する規定は、GHQ 草案、日本政府が発表した最終的な憲法草案を始め、数多くの民間草案のなかにも設けられていなかった。唯一、憲法懇談会によって作成された草案に、その規定が設けられていた。

当初、日本政府は、国民概念の条理・慣習的側面や国籍要件法定主義などを理由に、そのような規定を憲法に設けることに否定的だった。しかし、第90回帝国議会の衆議院における審議の段階で、国民の要件に関する規定の欠落が指摘されたことを受け、３つの保守政党からこの規定を新設した修正案が提出された。その後、国民の要件に関する規定の挿入は特段の議論もなく決定され、現在の日本国憲法10条が誕生した。

このような突然の決定の背景には、日本国憲法11条で規定されている基本的人権を享有できる「国民」の範囲を日本国籍保持者に限定し、GHQ 草案中に設けられていた外国人（とくに、旧植民地の人々）への人権保障規定を排除したいという日本政府の裏の意図があったともいわれている[2]。

日本国籍の取得要件──国籍法の基本原則　国籍法は、日本国憲法10条を根拠に制定され、国籍に関連する諸事項について規定した法律である。出生による国籍取得の基本原則を国籍法の基本原則とみなすことから、血統主義が国籍法の基本原則となる。

日本国籍取得の方法は、①出生による取得（国籍法２条）と②帰化による取得（国籍法４条）に大別される。①について、子は、生まれた瞬間から日本国籍を有すると理解されている。提出された出生届に基づいて戸籍が編製されることによって、その子の日本国籍取得が正式に認められることになる。ちなみに、国籍法２条３号は、無国籍者の発生を防止する目的で設けられた規定で、判例ではアンデレ事件（最高裁1995（平成７）年１月27日判決）が有名である。②

の帰化とは、外国籍を有していた者が日本国籍を取得することをいう。日本への帰化は、国籍法 5 条に列挙されている帰化要件を満たさなければならない。帰化要件が緩和される場合は、簡易帰化と呼ばれる（国籍法 6 条から 8 条）。ただし、帰化は権利ではなく、帰化要件を備えたからといって必ず帰化が認められるわけではない。法務大臣の裁量によって決定される。

　国籍という概念は、国家と国民との間の紐帯であり、国民と外国人とを区別する基準でもある。国籍を基準として人を区別すること、国民の範囲を国籍によって限定することは、国家が存在する以上、やむを得ないことでもある。国籍の取得要件について、シャピロ・華子事件判決（東京地裁1981（昭和56）年 3 月30日判決）が示すように、国家の広い裁量権を認めていた時期もあったが、現在では、不当な差別・不平等を認めるべきではないという国際社会の傾向に影響を受け、若干の変化が見受けられる。国籍法違憲判決（最高裁2008（平成20）年 6 月 4 日判決）は、その変化を示す例といえる。

◎重要判例◎国籍法違憲判決

最高裁2008（平成20）年 6 月 4 日判決
　事実婚関係にある日本人父と外国人母との間に生まれた子が、父による生後認知を理由に日本国籍の取得を申請した。しかし、国籍法 3 条 1 項（以下、準正規定）に定められた要件（＝父母の婚姻）を満たしていないことを理由に申請を拒否されたため、準正規程を違憲と主張して国を相手に国籍確認訴訟を起こした。
　準正規定とは、日本国民（父）との血縁関係に加え、父による認知と父母の婚姻という要件を満たすことによって日本と「密接な結び付き」を有すると認められた者に日本国籍の取得を認めるものである。この規定が設けられた1984（昭和59）年当時は、この規定の目的と手段（＝要件）との間に合理的関連性があると考えられていたが、現代の日本国内の状況（親子関係や家族観の変化）や国際社会における差別解消の潮流などを考慮すると、そのような合理的関連性は既に失われている。むしろ「子にはどうすることもできない」父母の婚姻という準正要件は、国籍取得についての「過剰な要件」であり、「看過し難い」不利益を子に与えるもので、不合理な差別を生じさせている。最高裁は、以上のように判断し、「父母の婚姻」という要件を除いた当該規定の合理的解釈を行い、子の日本国籍取得を認めた。

（2）国民主権における国民の意味——主権主体としての国民[3]

憲法学において、「国民」は、権利享有主体としてよりも、「国民主権」と関連した主権主体として論じられてきた。そのもっともオーソドックスな議論が、「全国民主体説」（国民＝日本国籍保持者の総体）と「有権者主体説」（国民＝有権者の総体）である。これらの学説は、それぞれにフランスの「ナシオン（国民）主権」と「プープル（人民）主権」とに対比された。なお、「ナシオン」とは観念的・抽象的な団体人格を、「プープル」とは性別・年齢の差がない文字通りの「みんな」を指すと理解されている。

その後、この議論は、主権の帰属をめぐる2つの学説と絡み合いながら展開されていった。その学説とは、国の政治のあり方を最終的に決定する権力を国民が行使するという権力的契機と、国家の権力行使を正当づける究極的な権威は国民に存するという正当性の契機である。「国民主権」の国民の意味は、前者の学説に立てば、実際に政治的意思表示を行う有権者となり、後者に立てば年齢や性別に関係ない全国民となる。現在では、権力的契機と正当性の契機が主権のなかに併存しているという折衷説が主張されている。

（3）個人の尊重

第11条　〔基本的人権〕国民は、すべての基本的人権の享有を妨げられない。この憲法が国民に保障する基本的人権は、侵すことのできない永久の権利として、現在及び将来の国民に与へられる。
第13条　〔個人の尊重〕すべて国民は、個人として尊重される。

憲法制定権力をもつ「国民」は、権利主体としては「人一般たる個人」である。[4]憲法13条のいう「国民」とは、権利をもつ「個人」を意味する。

日本国籍保持者であっても、女性、北海道に住むアイヌの人々をはじめとする少数民族、ハンセン病などの疾病感染者など、その権利を不当に制約されてきた例がある。[5]

たとえば、ハンセン病患者の隔離政策を定めた「らい予防法」について、2001年、熊本地裁は、その法律の改廃を行わなかった不作為の違法性・違憲性

に基づく国家賠償責任を認める判決を下した（ハンセン病訴訟　熊本地裁2001（平成13）年5月11日判決）。これは、国の立法不作為を理由に国家賠償責任を認めた初の事例である。2016年3月には、最高裁が、ハンセン病患者に対する隔離法廷の設置の許可を出し続け、彼らの裁判を受ける権利（37条）を侵害し続けたことは誤りであったと認めた。

　なお、未成年者に対する必要最小限度の権利制約（参政権の制約など）は、心身の発達途上にあることと、成人に比べて判断能力が未熟であることを理由に、従来、パターナリスティックに理解されてきた。しかし、未成年者の知る権利との関連で、未成年者が有害図書に接する自由を規制する青少年保護育成条例の正当性に疑問を呈する見解もある。

■コラム11-1　無　国　籍

　本章で列挙した人権の享有主体が、「すべて」の人・団体を網羅しているわけではない。憲法における個人の人権享有主体性は、憲法が国民と国家との間の約束事であるという前提から、その国家の国籍保持者（＝国民）・外国人という区別を基本として語られる。そのため、無国籍者の人権享有主体性は、従来から議論の枠外に置かれてきた。

　無国籍者とは、いずれの国籍も有さず、どの国からも国民と認められていない人々のことである。出生の時からいずれの国籍も取得できない場合や、何らかの事情によって事後に国籍を喪失する場合など、その発生原因は様々である。興味を持った人は、国際法、国際人道法の本を読んでほしい。ちなみに、アインシュタインも、ドイツ国籍を放棄した後の5年間、無国籍者だった。

　国際社会は、初めて無国籍問題の解決に取り組んだ国籍法抵触条約、1954年の無国籍条約と1961年の無国籍削減条約など、漸進的にではあるが、無国籍者の問題に取り組んできた。とくに、冷戦終結前後に起こった国家解体などを原因とする無国籍者の発生という現実は、国際社会に、この問題が安全保障・人道上の問題であることを強く認識させる契機となった。UNHCRは、現在、世界中で約1000万人を超える無国籍者が存在すると報告しており、「I belong」という無国籍者削減のためのキャンペーンを展開している。

　しかし、国籍という概念が国家と国民との関係である以上、このキャンペーンの成功には各国の協力が不可欠である。ラトビアなど数か国が無国籍者認定制度など

を設けているが、その実際の運用には問題点も多い。日本は、国籍法において無国籍者防止への配慮を示しているが（国籍法5条5号、8条4号）、上記の無国籍に関連する諸条約の締結に至っておらず、無国籍者の実態やその実数を十分に把握していない。無国籍者は、生来的な自分の権利が、本来それを保護する責務を負う国家によって侵害・剥奪される危険を抱えて生きている。

なお、東京高裁は、2020（令和2）年1月、無国籍状態となるに至った政治的状況を根拠に、無国籍者を難民認定しなかったことを違法とする判決を下した。これまで無国籍者の難民認定を認めた事例が日本で存在しない中、国内法体系における、無国籍者の法的立場を示したものとして興味深い。　　　　　　　【中村安菜】

3　外　国　人

（1）外国人に保障される人権

外国人の人権享有主体性は認められるかという問題について、以前は否定説が有力だったが、人権が普遍的なものであることと、日本国憲法が国際協調主義を謳っていることを根拠に、一定程度の人権は外国人にも認められるという肯定説が、現在では圧倒的多数説である。

どの程度の人権が外国人に認められるかという点については、文言説、準用説もあるが、権利性質説が現在の通説・判例となっている。

文 言 説　　日本国憲法中、「国民は」と書かれている権利は日本国民のみに認められ、「何人も」と書かれている権利は外国人にも認められるという考え方である。しかし、国民にのみ認められるはずの国籍離脱の自由（22条）に「何人も」と書かれているなど、この考え方には矛盾が指摘されている。

権利性質説　　権利の性質に応じ、日本国民にのみ認められる権利を除き、外国人にもできる限り権利を保障するという考え方である。裁判所は、マクリーン事件（最高裁1978（昭和53）年10月4日判決）において、権利性質説を採用した。

◎重要判例◎マクリーン事件

最高裁1978（昭和53）年10月4日判決
アメリカ国籍を有するマクリーン氏が、1年間の在留許可を得て日本に滞在し、

さらに1年間の在留期間の更新を法務大臣に申請した。しかし、法務大臣は、氏の無断転職とベトナム戦争反対運動など政治活動への参加を理由に在留更新申請を不許可とした。この不許可処分取消を求め、氏が提訴した。

　最高裁は、外国人の人権保障について、「権利の性質上日本国民のみをその対象としていると解されるものを除き、わが国に在留する外国人に対しても等しく及ぶものと解すべき」として権利性質説を採用し、政治活動の自由も一定の範囲内で保障されるとした。一方で、外国人の人権はあくまでも「在留制度のわく内」で保障されるものであり、在留期間中の合憲的・合法的な権利の行使（この場合は政治活動の自由）を理由として法務大臣が在留更新申請を拒否したことに裁量権の逸脱・濫用はなく、違法ではないと判断した。

（2）外国人参政権の問題

　外国人参政権の問題では、地方参政権の問題が特に重要となる。

　外国人の選挙権は、従来、国政選挙と地方選挙との区別を前提に、国政選挙の選挙権は国民主権の原理から日本国民にのみ認められると解され、地方選挙については禁止説、要請説（外国人に地方参政権を付与することは憲法上の要請であるとする見解）、許容説（法律で外国人の地方参政権を認めることを憲法は許容しているという見解）という3つの学説が存在してきた。学界では、以前は禁止説が圧倒的支持を集めたが、現在では許容説が有力説である。しかし、許容説の中心的支柱であった研究者がその学説を撤回して禁止説に転向したり[6]、市民主権論を基礎にこの問題を再構築する試みも見受けられたりするなど、流動的な状態が続いている。

　外国人の地方参政権に関する判例では、キム（金正圭）訴訟（最高裁1995（平成7）年2月28日判決）が有名である。

◎重要判例◎キム（金正圭）訴訟

最高裁1995（平成7）年2月28日判決
　永住権を有する在日韓国人が、居住する地域における地方選挙権の憲法上の保障と、それに基づく選挙人名簿への登録（公職選挙法24条）を求めて提訴した事件。最高裁は、公務員を選定罷免する権利（憲法15条1項）を有するのは、国民主権原

理や憲法15条 1 項の規定の趣旨によると日本国籍保持者である国民のみであることと、「地方公共団体の長、その議会の議員」などを直接選挙する「住民」（憲法93条 2 項）も、地方公共団体が日本の統治機構の「不可欠の要素」であることから、「地方公共団体の区域内に住所を有する日本国民」を意味するとして、訴えを却下した。

　しかし最高裁は、同時に、永住者など「その居住する区域の地方公共団体と特段に緊密な関係をもつに至ったと認められるもの」に対し、法律で地方参政権を付与することは「憲法上禁止されているものではないと解するのが相当」とし、外国人の地方参政権について許容説の立場を明示した。

（3）その他の権利制約

　外国人は、公務就任権や社会権、出入国の自由も制限される。なお、公務就任権や社会権は外国人に保障されないというのが従前の通説的見解だったが、最近では、外国人の公務就任権について見直しの必要性が説かれ、社会権については一定の要件を満たす外国人に保障する傾向が強い。

　公務就任権　　国は、「公権力の行使または国家意思の形成への参画にたずさわる公務員」は日本国民のみに限定されるという「当然の法理」を示してきた。外国人管理職就任権訴訟（最高裁2005（平成17）年 1 月26日判決）でも、最高裁は、「国民主権原理に基づき」日本国籍保持者が「公権力行使等地方公務員に就任することが想定」されているとして、「間接的に国の統治作用に関わる公務員」への管理職選考試験から外国人を一律に排除する措置を憲法違反と判断した高裁判決（東京高裁1997（平成 9 ）年11月26日判決）を覆し、管理職受験資格拒否を合憲と判断した。しかし近年、一定の職種に限定して公務就任要件から国籍要件を撤廃する地方自治体もみうけられる[7]。

　社 会 権　　従来、社会権は各人の所属する国家によってまず保障されるべきものと理解されてきたため、社会保障の枠から外国人は排除されてきた。しかし、現在では、そのような理解は妥当ではないという見解が広がり、外国人への社会権の保障が進んでいる。その結果、実際の社会保障政策に付されていた国籍要件は、原則として撤廃されている。現在、年金や児童扶養手当の受給資格から国籍要件は削除され、生活保護制度においても外国人は国民に準じる

扱いを受けている。[8] なお、戦後補償に関連する法律（戦傷病者戦没者遺族等援護法や恩給法）に付された国籍条項や不法残留者への生活保護適用の否定などは、憲法上問題ないという見解を最高裁は示している。

出入国の自由　自国の安全や治安に危険を及ぼす可能性を有する外国人に対して入国を拒否することは国家の主権的権利であるという国際慣習法上の理解から、入国の自由は、憲法上、外国人に認められないという見解が通説である。同時に、定住外国人に対して、再入国の自由も認められないと理解されている。外国人の再入国では、指紋押捺拒否を理由に再入国を拒否されたことが問題となった森川キャサリーン事件（最高裁1992（平成4）年11月16日判決）が有名である。[9]

出国の自由は、入国の自由と異なり、外国人にも保障されると理解される。しかし、日本国内の定住外国人に対し、再入国許可を与えないことにより実質的に出国の自由を制限する場合が想定される。定住外国人は、日本から出国して再び日本に戻る場合、日本政府から予め再入国許可を得なければならない（みなし再入国許可の制度を使える定住外国人は除外）。再入国許可がないと、出国はできても、再入国（＝帰国）できる保障はない。

4　法　　人

法人とは、一定の権利・義務主体性を法律によって認められた、社会活動を行う組織体（会社、私立学校、宗教団体、労働組合など）をいう。「人権＝人の有する権利」という原則的な理解に立てば、なぜ法人という組織体に人権享有主体性が認められるのか、疑問に思うかもしれない。しかし、たとえば会社によって行われる経済活動を想起してほしい。会社が製品を生産して消費者に販売する、会社間で売買契約を締結する、著作権などの権利をめぐって会社間が裁判するなど、組織の構成員たる個人ではなく、法人それ自体に自然人と同等の法主体性が認められる事例がある。また、会社による経済活動は、私たちの日常生活にも大きな影響を及ぼしている。法人のあり方や影響力を考慮し、日本の学界では、法人にも性質上可能な限り憲法上の権利の享有主体性を認めて

もよいのではないかという立場が通説となっている。

　最高裁も、八幡製鉄事件（最高裁1970（昭和45）年6月24日判決）において、学界と同様の見解を示した。それによって、国務請求権（16条など）、経済的自由権（22条など）、財産権（29条）をはじめ、裁判を受ける権利（32条）といった刑事手続の諸規定も、法人にも適用されることが認められた。一方、精神的自由権や人格権は、権利の性質によって法人にも保障されるかどうかが判断される。生存権は、あくまでも自然人にのみ認められる権利であると理解され、法人には認められない。

◎重要判例◎八幡製鉄事件

最高裁1970（昭和45）年6月24日判決
　八幡製鉄の代表取締役が特定の政党に政治献金を行った行為が会社の定款に定められている事業目的に含まれないこと、取締役の忠実義務にも違反することを理由に、同社の株主がその取締役の責任を追及する代表訴訟を提起した。
　これに対し、最高裁は、憲法の人権規定が「性質上可能なかぎり」法人にも適用されるとして法人の人権享有主体性を認めた上で、政治献金を含む政治活動の自由も、法人に認められる人権の一部であり、特段の制約は必要ないと判断した。この判決に対しては、安易に法人の政治活動の自由を認めている点が批判されている。

　法人の人権は、自然人の権利と親和性を有する範囲内でのみ認められるものであり、自然人の権利と必ずしも同等ではないという点に留意しなければならない。南九州税理士会事件（最高裁1996（平成8）年3月19日判決）が、この点を示した判例である。もし両者の権利を同等と理解するならば、社会的に強大な力をもった法人は、個人の権利を容易に侵害してしまう。この点を重視し、法人の人権享有主体性自体を否定する見解もある。

　ともあれ、現代社会において法人が大きな力・影響力を有しているとしても、個人の権利を守ることが本来の人権保障原理であるから、法人の権利はあくまでも抑制的に考えなければならない。

最高裁1996（平成8）年3月19日判決
　税理士法を業界に有利な方向へ改正するために会員から特別会費を徴収して政治
献金を行うという税理士会の決議に従わず不利益的扱いを受けた会員が、特別会費
納入義務の不存在確認と損害賠償請求訴訟を提起した。最高裁は、税理士会が強制
加入団体であること、会員のなかにはさまざまな思想・信条をもつ者がいるため、
「会員に要請される協力義務にも、おのずから限界がある」こと、とくに政治献金
は個人の自主的な決定に属すべき事柄であることを理由に、政治献金を税理士法49
条2項が定める「税理士会の目的の範囲外の行為」であると判断した。

5　天皇・皇族

　第1条〔天皇の地位、国民主権〕　天皇は、日本国の象徴であり日本国民統合の象徴
　であつて、この地位は、主権の存する日本国民の総意に基く。

（1）憲法学における天皇・皇族の理解

　日本国憲法の制定によって、天皇のあり方は、「統治権の総攬者」、神聖不可
侵な存在から、「国民の総意に基づく」象徴へと大きく変化した。この変化に
伴い、日本国憲法の草案を審議した第90回帝国議会では、天皇や皇族が国民に
含まれるかが争点となった。[10] 天皇を国民に含まないとする見解も一部で示され
たが、象徴である天皇が国民に含まれないというのも筋が通らない。現在で
は、天皇・皇族も日本国籍を有する日本国民であると理解されている。

（2）天皇・皇族に対する権利の制限

　第4条第1項〔天皇の国政府関与〕　天皇は、この憲法の定める国事に関する行為の
　みを行ひ、国政に関する権能を有しない。

　一般の国民と異なり、天皇・皇族の権利には、さまざまな制約が課せられて
いる。その制約は、皇位の世襲と職務の特殊性によるものとされてきたが、近

年では、その制約が必要な限度を超える過酷なものになっているのではないかという議論も起きている。

　天皇・皇族が制約を受ける権利として、表現の自由（21条）、学問の自由（23条）、婚姻の自由（24条）の他、移動・国籍離脱の自由（22条）や財産権（29条）が挙げられる。また、天皇・皇族には、参政権が認められていない。天皇が象徴であることと、天皇の地位が「国政に関する権能を有しない」（4条）ものであることがその根拠である。ちなみに、天皇・皇族の参政権を憲法学上認めたとしても、皇統譜に登録される天皇・皇族は戸籍や住民票をもたないため、参政権の実際の行使にはさまざまな障害がある。

　なお、天皇・皇族の権利に関連して、皇室典範も併せてみてみるとよい。

■コラム11-2　公務員と人権

　法律の規定や本人の同意によって成立する国民と国家との特別な法律関係を、かつて、特別権力関係と呼んだ。国家と特別権力関係にある代表的な例が、公務員である。この関係の下で、国家は、公務員の人権を法律の根拠なしに大幅に制限できると理解され、しかもその制限は原則として司法審査にふくさないと考えられてきた。

　この特別権力関係の考え方は、日本国憲法の下で、法の支配の原理や基本的人権の尊重、及び国会を「唯一の立法機関」（41条）とする規定に反していることから、否定されている。しかし、現在でも、その立場や職務の内容から、公務員には一般の国民とは異なる特別な権利制限が課されると考えられている。その根拠は、憲法が全体の奉仕者たる公務員関係の自律性を憲法的秩序の構成要素として認めているからだとされる。しかし、公務員も一人の国民である以上、憲法上の人権規定は適用されるし、公務員に対する人権制限には法律の根拠が必要であり、その制限の程度は必要かつ合理的な範囲内にとどまらなければならない。その範囲を超えた制限に対しては、司法審査が及ぶとされている。

　公務員の人権については、労働基本権の制限と、政治的行為への制限が特に問題となってきた。

　労働基本権の制限　公務員は、その職種によって程度は異なるものの、労働基本権を制約される（国家公務員法98条、地方公務員法37条）。この公務員に対する労働基本権の制限について、最高裁は、かつて、「公共の福祉」や「全体の奉仕者」

であることを根拠に安易に合憲判断を下していたが、公務員も原則的に労働基本権の適用対象であり、合理性の認められる必要最小限度の制約のみ許されるとした全逓東京中郵事件判決（最高裁1966（昭和41）年10月26日判決）以降、公務員の労働基本権の制約が認められる場合を限定的に解釈し、公務員の労働基本権を最大限尊重する姿勢を示した。続く都教組事件判決（最高裁1969（昭和44）年4月2日判決）は、その姿勢を受け継ぎ、地方公務員法37条1項の争議行為禁止規定について「二重の絞り」論を用い、無罪判決を下した。

　しかし、その後、全農林警職法事件（最高裁1973（昭和48）年4月25日判決）において、最高裁は再び、公務員による争議行為の一律かつ全面的禁止を合憲とした。公務員の「地位の特殊性と職務の公共性」および「国民全体の共同利益の保障」が、合憲判決の理由だった。続く岩手教組学テ事件（最高裁1976（昭和51）年5月21日判決）や全逓名古屋中郵事件（最高裁1977（昭和52）年5月4日判決）も、公務員に対する労働基本権の大幅な制限を合憲と判断した。

　政治的行為への制限　　公務員は、政治的行為を全面的に禁止され（国家公務員法102条、地方公務員法36条、裁判所法52条）、その具体的内容は、人事院規則14－7に詳細に列挙されている。実質的に公務員に認められている政治的行為は、選挙権の行使などわずかなものにすぎない。

　政治的行為の制限についてメルクマールとなる判決が、猿払事件（最高裁1974（昭和49）年11月6日判決）である。この事件は、現業の郵便局員が勤務時間外に選挙ポスターを掲示版に掲示・配布したことが、国家公務員法に違反するとして起訴された事件である。一審・二審では、国家公務員法による規制を違憲、被告人を無罪と判断したが、最高裁はこれを覆し、規制は合憲、被告人を有罪とした。最高裁は、規制を合憲とした理由として、行政の「中立的運営とこれに対する国民の信頼の確保」という規制目的は正当であり、その目的と規制手段（政治的行為の禁止）との間に「合理的関連性」があることを挙げている。ここでも、公務員の職種や職階などの個別具体的な検証はなされないままであった。

　最高裁は公務員の政治的行為に対する制限を一貫して合憲としてきたが、その姿勢に近年変化が生じている。世田谷事件（最高裁2012（平成24）年12月7日判決）では起訴された公務員が管理職の地位にあったことなどを理由に有罪判決が下されたが、同種の堀越事件（最高裁2012（平成24）年12月7日判決）では、公務員に禁止される政治的行為を、その「職務の遂行の政治的中立性を損なうおそれが実質的に認められる」ものに限定し、政党機関誌の配布行為はそうした行為に該当しないとして被告人を無罪とした。　　　　　　　　　　　　　　　　【中村安菜】

【注】

1)　「外国人＝日本国籍保持者以外で国内にいる者」とすると、その範囲は永住者（一般永住者・特別永住者）、日本国民の配偶者、永住者の配偶者、定住者、難民、無国籍者など幅広いものになる。「外国人」とは一義的ではないことに注意してほしい。

2)　参考文献：古関彰一『日本国憲法の誕生　増補改訂版』（岩波書店、2017年）。

3)　参考文献：芦部信喜『憲法　第7版』（岩波書店、2019年）。

4)　参考文献：樋口陽一『憲法という作為──「人」と「市民」の連関と緊張』（岩波書店、2009年）。

5)　参考文献：辻村みよ子『憲法　第7版』（日本評論社、2021年）。

6)　参考論文：長尾一紘「外国人参政権は「明らかに違憲」」正論5月号（2010年）

7)　辻村・前掲注5。

8)　不法残留者への生活保護法の適用を、最高裁は否定している。辻村・前掲注5参照。

9)　外国人登録法における指紋押捺制度は、2000年に廃止された。しかし、日本政府は、2006年、テロの未然防止を目的として入管法を改正し、特別永住者など一部の外国人を除き、日本に入国する外国人の写真と指紋の提供を義務付けた。

10)　『第九十回帝国議会　貴族院議事速記録』

☆参考文献はすべて、学生向けのおすすめ参考文献です。

12章

法の下の平等、家族における平等

多様な個性が花開く共存社会へ

　今日の社会では、誰もがなんらかの意味でマイノリティであるといわれる。社会の中の弱者をさまざまな角度から考えられるようになった結果である。どのような状況にあっても人間として平等に尊重されるということが、ますます重要になっている。学校現場でしばしば問題となる「いじめ」も、「平等」への理解不足が原因となっていることが多い。教員は広い視野で、「平等」の問題について配慮できるよう、見識をもつことが求められている。

1　世界史の視野で考える「法の下の平等」

第11条　国民は、すべての基本的人権の享有を……
第14条　すべて国民は、法の下に平等であつて、人種、信条、性別、社会的身分又は
　門地により、政治的、経済的又は社会的関係において、差別されない。
　2　華族その他の貴族の制度は、これを認めない。
　3　栄誉、勲章その他の栄典の授与は、いかなる特権も伴はない。栄典の授与は、現
　にこれを有し、又は将来これを受ける者の一代に限り、その効力を有する。

（1）不平等な制度からの自由──形式的平等

　現実の人間は、さまざまな個性と個人差を抱えて生きている。日本国憲法
が定める「平等」は、そういう一人ひとりの人間を《個人》として尊重するこ
と（憲法13条）を前提としている。人を差別してはいけない、という命令も基
本的には国家に対する命令なのだということを、最初に確認しておこう。

　歴史が前近代から近代へ移り変わり、憲法というものができてくる18世紀後
半、自由と平等の理念に基づいてまずめざされたのは、身分制からの解放と奴
隷状態からの解放だった。「平等」のこの側面を「形式的平等」という。

　さまざまな人権が特定の身分にある人にだけ保障されているとき、これは身
分的特権であって「人権」とはいわない。「人権」はすべての人に平等に保障
されることが前提である。その意味で「法の下の平等」は、すべての人権に前
提として織り込まれている基本原理といえる。

（2）不平等を拡大させる現実への配慮──実質的平等

　すべての個人に対して自由な活動の機会を平等に保障するという制度的・形
式的平等は、当初の期待に反して、経済的格差という新たな不平等をもたらし
た。

　時代が20世紀の現代に入ると、国家は、こうした状況に介入することを任務
とするようになる（福祉国家）。形式的平等が「機会の平等」と呼ばれるのに対
して実質的平等は「結果の平等」と呼ばれることがあるが、正確には、「実質

的な機会の平等」の実現をめざして積極的な政策を行う考え方だといえる。[1]

（3）日本国憲法14条「法の下の平等」

差別の禁止　まず、14条のもっとも基本的な意味は、国家が法律や行政を通じて人間を差別してはならない、ということである（形式的平等）。これには、法律で不平等な取り扱いを定めることの禁止（法律の内容の平等）と、憲法や法律を行政権が執行したり司法権が解釈・適用するさいに国民を差別することの禁止（法の適用の平等）の両方の意味が含まれている。たとえば人を殺傷したら刑事裁判で有罪判決を受けてから刑に服することについては、すべての人が法の下に平等である。このとき、個別事情を配慮した情状酌量はありうるが、「身分に免じて逮捕はしない」とか、「この集団の人々に限っては裁判抜きに処罰を実行してよい」ということがあってはならない。[2]

　また、実質的平等の実現については、「社会権」（25条から28条）が定められているので、これらの条文に該当する事柄は、それぞれの条文をつうじて具体化され、裁判もそれらの条文を根拠にして行われるが、必要に応じて14条がこれらを支えたり補ったりする役割を果たす。

事情の斟酌と「合理」　実際の社会には、人の実情に応じた区別がある。たとえば教員免許を持っている人だけが学校での授業を行えるというルールも、人を区別している。

　そのような差異をどこまで斟酌するか、その斟酌は合理的か、ということが、個々のケースで論点となる。たとえば年少者に限り特定の禁止（未成年者の喫煙や飲酒の禁止）があることや、各人の資力に応じて税額に差を設けること（累進課税制度）、特定の職業に就きたい者に対して資格試験を課すことは、一般には、憲法の定める平等に反するとは考えられていない。

（4）差別の理由にしてはならない事柄

　14条1項は、これまでの歴史への反省から、差別の対象とされてきた典型的な事柄をとくに明示している。これらを理由として人を区別する取り扱いがあったときには違憲の疑いが強いと考えられ、その合憲性が裁判でとくに厳し

く問われる。もちろんこれらの事項に該当しない場合でも、不合理な差別的取扱いは禁止される。

　人　　種　　人種差別および民族差別は、世界各国で深刻な問題を生み、取り組みが行われてきた。とくにアメリカ合衆国や南アフリカ共和国での人種差別克服の歴史は、世界に影響を与えている。また世界の国々が人種差別解消に取り組むための条約として「人種差別撤廃条約」があり、日本もこの条約に加盟している。

　信　　条　　ここには宗教上の信仰や、思想上・政治上の主義・見解が含まれる。ある政治信条をもっている人にだけ政治参加を認めないとか、ある宗教を信仰している人にだけプライバシーを認めず監視対象とするなど、国家が国民の信条を理由にして異なる取り扱いをすることがあれば当然に憲法違反となる。企業や学校も一般には、この規定を尊重する責任を負う。

　性　　別　　婚姻、家族に関係する事柄は24条で扱うが、14条は、婚姻・家族の問題としては扱えないさまざまな場面での性差別問題を解消するための役割を果たす。現在では、ここに性的思考に対する差別の解消を読み込む考え方がとられるようになっている。

　社会的身分・門地　　社会的身分とは、出身地・出身民族や、人が社会において一時的ではなく占める地位で、自分の力ではそれから脱却できないものをいう。ある会社の社員である・役員であるといった事柄は、自分の意思で辞職・脱退できる事柄なので、ここにはあたらないと考えられている。民法上の「嫡出子・非摘出子」などは、この「社会的身分」にあたる。門地とは、家柄を意味する。家柄差別にあたる貴族制度は、14条2項で廃止・禁止された。

　差別の理由と裁判での判断　　ある取扱いが平等原則への違反（差別）にあたるかどうかの判断は、その取扱いが合理的な（理にかなった）区別かどうかによる。ここでは、性別などのさまざまな差異を斟酌しないことによる平等（形式的平等）と、障がいや不利な歴史的背景などを配慮することによる平等（実質的平等）の、どちらの考えを採用すべき場面なのか、それぞれの場面に応じて論じることになる。

2 「法の下の平等」が問題となるさまざまな場面

　日本国憲法は、差別が起きる典型的な場面を、「政治的、経済的、又は社会的関係」と規定している。14条は、明文で掲げた差別理由以外の場面についても、差別からの解放が必要な場合には「平等」を根拠に是正を求める道を確保したものであり、13条とともに新しい問題場面に対応できる包括的権利としての役割を担う条文だと考えられる。[3]

（1）政治的関係──政治参加における平等
　政治的関係とは、参政権など政治参加に関わる事柄である。人種や性別や収入によって選挙権・被選挙権を限定すること（制限選挙や身分制）が典型的な例で、こうした差別の禁止は15条・44条の個別規定でも確認されている。
　近代憲法の仕組みは、「民主主義」の重要な前提として、参政権をすべての国民に平等に保障している。
　平等との関係でもっとも問題となるのは選挙権である。日本でまだ未解決の部分を残す「選挙権の平等」の問題は、①投票所に行けない人など、投票の実情に配慮した選挙権保障が不十分であるという問題、②投票した一票の価値に格差が生じているという問題の2つに分けられる（「選挙権」の項目も参照してほしい）。

（2）経済的関係──雇用関係や経済活動における平等
　経済的関係とは、職業選択、雇用関係、税金、財産や契約に関する事柄である。
　国や地方自治体の公務員を採用するさいに不当な雇用差別があってはならないことは当然だが、一般企業（法律上は公権力ではなく私人）が社員を採用するときには、どういった事柄は憲法が許容しない「雇用差別」にあたり、どういった事柄は企業側の契約の自由にあたるのか、というところでさまざまな議論がある。しかし、憲法の明文に「経済的関係」とわざわざ書かれているとい

うことは、市場経済のなかの企業と人との関係においても力関係の差を考慮した「平等」の実現がめざされていると考えるべきである。

　実際には、「男女雇用機会均等法」における男女差別禁止や「雇用対策法」における年齢制限禁止など、企業に平等な雇用を義務付ける法律がいくつか定められている。今後も、「障害者差別解消法」や「女性差別撤廃条約」の実現のために、経済社会の取り組みが求められていくだろう。

（3）社会的関係——さまざまな現実

　社会的関係とは、居住、教育、地域社会など、広く社会生活を営む上で必要な事柄に関することをいう。学校教育と憲法の関係については9章で扱ったが、学校を取り巻く社会——地域社会やネット社会など——のなかで子どもたちが安心して発達していけるように、教職関係者は広く社会関係における平等問題についても関心をもつことが求められる。

　こうした場面では、現実には私人による差別が問題となる。たとえば、ある人種や出身地の人に対して賃貸契約をしてくれる貸主が少ないために住居が確保できない、といった事情がそれにあたる。これについては、経済的関係における差別と同様、法と公権力がどこまで私人の選択の自由に介入できるか・すべきか、という問題があり、見解は分かれている。この分野での課題は、日本国内が国際社会化・多文化化するにつれて緊要度を増してきている。

（4）福祉国家における平等——社会権との関係

　「福祉」は14条にいう「経済的関係」と「社会的関係」の両方にまたがる問題である。日本国憲法の下では、福祉国家に基づく実質的平等は、社会権の条項を通じて保障されるが、保障（「手当」「年金」など）のあり方が不平等になってはいないか、という問題は、14条の「平等」の問題となる。

　ここで平等に関する憲法問題が起きてきたときには、「社会権」で採用されている「立法裁量」の考え方をとるべきかどうか。裁判所の判断はそうなっているが、「達成度を上げてほしい」という要求と「達成度を平等にしてほしい」という要求とは、要求の視点が異なっているので、同じ立法裁量論で判断して

よいのかどうかは疑問である。

最高裁1982（昭和57）年7月7日判決
　国民年金法に基づく障害福祉年金と児童扶養手当との併給を禁止する児童扶養手当法4条3項3号が憲法25条および憲法14条に反するとして争われた事例。最高裁判所はこの問題を立法府の判断に委ねるべき問題だとして合憲とした。

最高裁2007（平成19）年9月28日判決
　現在、20歳以上の国民は国民年金制度に当然に加入し（強制加入）、各種年金を受給できることになっている。しかし平成元年までは、学生は20歳になっても任意加入になっていたため、学生が任意加入の手続をしないうちに事故や病気で障害を負ってしまった場合、障害基礎年金を受給できなかった。この制度の欠陥を平等違反として争った裁判の一審判決は、この制度は「法の下の平等」に反するとして国家賠償を認めたが（東京地裁2004（平成16）年3月24日判決）、二審では「措置を講じなかったのは立法裁量の範囲内」として原告の請求を退け（東京高裁2005（平成17）年3月25日判決）、最高裁もこの二審判決を支持した。

京都地裁2010（平成22）年5月27日判決
　金属を溶かす業務中に顔に大やけどを負い、労災補償の認定を受けていた男性が、「外貌醜状」について女性より男性が低い障害等級に認定される労働者災害補償保険法（当時の規定）を憲法14条に反するとして国に認定取り消しを求めた。判決はこの規定について「合理的理由なく性別による差別的扱いをするものとして憲法第14条違反」とした。

（5）外国人の人権と平等

　本書11章で見たとおり、「マクリーン事件」判決で、外国人の人権は権利の性質に応じて平等に扱えるものは平等に保障することが確認された。「人権」というものの本質から考えたとき、精神的自由、人身の自由などの自由権や、

24条の婚姻の自由と家族関係の平等は、外国人にも平等に及ぶ。⁶⁾

　一方、「権利の性質によって」平等な保障が難しいと考えられているのが参政権である。国政に関する選挙は、主権者としての国民に限るべきとする考えが通説で、現行の公職選挙法もそのようになっているが、現在では住民・生活者という観点から社会参加・政治参加の平等を考える議論も有力になっている。一般に憲法の条文上の「すべて国民は」という主語は、平等を表すことに力点があり、権利保障を「国民」に限定したものと読むべきではない。したがって憲法は定住外国人の参政権保障を禁止していると見ることはできず、この問題を主権者の判断に委ねていると見るべきだろう。

　また、社会権（生存権と社会保障を受ける権利、教育を受ける権利）は、国が「国民」に対して負っている責務であることから、国が外国人にこれを保障する憲法上の責務はない、とする考え方が多数である。ただ、社会権保障の仕組みが、税金を元にしてリスクを共有する弱者支援の仕組みであることに着目すると、日本に住所地を定めて収入を得ている外国人は個人としても事業主としても税金を負担しているので、こうした人々をも含めて「外国人」を保障の埒外と考えることが正当かどうか、疑わしい。

3　家族関係とジェンダーの平等

　第14条　すべて国民は、法の下に平等であつて、……性別、社会的身分……により、政治的、経済的又は社会的関係において、差別されない。
　第24条　婚姻は、両性の合意のみに基いて成立し、夫婦が同等の権利を有することを基本として、相互の協力により、維持されなければならない。
　2　配偶者の選択、財産権、相続、住居の選定、離婚並びに婚姻及び家族に関するその他の事項に関しては、法律は、個人の尊厳と両性の本質的平等に立脚して、制定されなければならない。

（1）家族関係と平等

　憲法24条では、婚姻（結婚）の自由と家族関係の本質的平等を定めている。
　明治憲法下の日本では、家制度を背景として、極端な性別役割の固定と、こ

れによる差別があった。これが戦後、大幅に改められ、婦人参政権が実現し、姦通罪（刑法183条）の廃止、妻の無能力（経済的自由が認められない立場）など女性を劣位においた民法の規定の改廃が行われた。また、国家公務員法（27条）や労働基準法（4条）においても、職業生活における男女平等が法文化された。また、1981年に発効した女性差別撤廃条約は、1984年の国籍法の改正や、1985年男女雇用機会均等法の制定など、国内の法整備を促進する影響力をもった。

　このような流れを受けて、民法の定める婚姻適齢年の区別（男子18歳、女子16歳）や、女性だけに課される待婚期間（女子再婚禁止期間）、夫婦同氏の原則についても社会的な議論が起き、裁判でもその合憲性が争われてきた。こうしたなかで、民法改正の作業も進められてきた。こうした社会改革の足場となる憲法24条の内容を見ておこう。

　まず24条の1項は、いわゆる「家制度」（家父長制）からの自由を明言している。結婚することについて合意した2名の人間がいるときに、国家や家制度や身分制度によってこの合意が妨げられてはならない。また、家長や集団の長が当事者の意思を無視して結婚を強制することは許されない。これは日本国憲法制定以前には親の取り決めによる強制結婚が多かったことから、当事者の意思（自由）を最優先させることを明確にした規定である。

　次に24条2項では、両性の平等と、それぞれが個人として尊重されるべきことを明記している。この規定は家族関係にある人々に直接に命じているのではなく、「法律は……制定されなければならない」と、国家に対して命じている。それぞれの家族は、人権侵害や虐待に当たらない限りはそれぞれの個性があってよいが、国は、家族関係について不平等を固定する法律を作ってはならない。この分野の法律は、この趣旨からは、ライフスタイルの多様化に対して開かれた制度であることが求められる。

（2）さまざまな場面でのジェンダー平等の問題

　現在の刑法や民法は、日本国憲法制定以前に作られたものをベースにして、日本国憲法や実社会の進展に合うように、必要な部分を改正しながら現在に至っている。なかには、現在の憲法に適合しないルールもあり、国民からの訴

えを受けて違憲判決が出され、国会が改正に動いたものもある。憲法裁判所の
ような特別の憲法アセスメント機関のない日本では、不利益を受けた者からの
提訴によって裁判所が判断する司法審査型の憲法訴訟が、この分野で重要な役
割を果たしてきた。

　個人各人が人として尊重されるためには、さまざまな人間関係のなかでの本
質的平等が確認・共有されていなければならない。たとえば人々が職業の世界
で十分な自己実現ができるかどうかは、家族の理解や相互尊重感覚、そして事
情に応じた支援制度があるか、そうしたニーズが政治の領域で認識されている
か、といったことと関係する（保育園不足の問題が一例である）。

　家族や自発的な親密関係のなかでは、法は当事者の自主的な関係を尊重し、
原則として立ち入らない。しかし日本では、文化のなかに人権の観点から問題
のある役割感覚が残っている場面もある。そのため、一定の人権侵害状況につ
いては国家が法律によって介入を行っている。家庭内暴力に対して弱い立場に
ある子どもについては児童虐待防止法（児童虐待の防止等に関する法律）があ
り、夫婦間や交際相手からの暴力についてはDV防止法（配偶者暴力防止法）、
家族関係を解消したあとも付きまといによる被害や不安感がある場合にはス
トーカー規制法（ストーカー行為等の規制等に関する法律）といった法律がある。

◎重要判例◎尊属殺重罰規定訴訟違憲判決

最高裁1973（昭和48）年4月4日判決
　尊属殺人罪重罰規定（刑法200条）とは、子や孫（卑属）が親や祖父母（尊属）
を殺したときには通常の殺人罪よりも重く罰するという規定である。最高裁は1973
（昭和48）年、この規定について違憲判決を出した。この問題については、a.刑
法200条の目的が日本国憲法14条「平等」に違反している、b.「死刑又ハ無期懲
役」という刑罰は目的に照らして重すぎるので憲法違反である、という2つの考え
方がある。最高裁はこの判決で、親の尊重という立法目的の合理性を認めつつ、手
段（刑罰）の重さが極端すぎるという理由で刑法200条を違憲とした。後にこの刑
法200条は、刑法典から削除された。

◎重要判例◎非嫡出子相続分訴訟違憲決定

最高裁2013（平成25）年9月4日決定

　相続財産について、法律婚によらずに生まれた非嫡出子に、法律婚によって生まれた嫡出子の2分の1の相続分しか認めていない民法900条4号但し書の規定を違憲無効とした事例。最高裁判所はそれまではこの民法上の制度を合憲と判断していたが、この決定では「婚姻、家族の著しい多様化、これに伴う婚姻、家族のあり方に対する国民の意識の変化が大きく進んだ」ことを重視し、親が法律上の婚姻関係になかったという、「子にとって選択の余地がない事柄」を理由に不利益を及ぼすことは許されないとし、この規定を憲法14条1項違反と判断した。

◎重要判例◎女子再婚禁止期間規定訴訟

最高裁2015（平成27）年12月16日判決

　民法733条（旧規定）は、女性にだけ離婚後6カ月間、再婚を禁止していた。この規定により婚姻が遅れ精神的損害をこうむった者が、立法不作為による国家賠償を請求した。最高裁は、当該条項の立法趣旨は「父性の推定の重複を回避し、父子関係をめぐる紛争の発生を未然に防ぐことにある」としたが、100日を超える部分については「合理性を欠いた過剰な制約」として違憲と判断した。

　その後、2016年に、女性の再婚禁止期間を離婚後100日に短縮する改正民法が成立した。離婚後100日以内でも女性が離婚時に妊娠していないことを証明すれば再婚を認めるルールも追加された。

◎重要判例◎夫婦同姓規定違憲訴訟

最高裁2015（平成27）年12月16日判決

　結婚した夫婦の姓をどちらかに合わせる「夫婦同姓」を定めた民法750条を憲法違反として、事実婚の夫婦が国に損害賠償を求めた。最高裁は「結婚の際に氏の変更を強制されない自由」は憲法で保障された人格権にあたるとはいえないとし、夫婦が同じ名字を名乗ることは社会に定着しており、「家族の呼称を一つに定めることは合理性が認められる」ので、この規定は「憲法に違反しない」と判断した。

　2021年6月23日の最高裁決定も、この2015年決定を引き継ぎ、この種の制度の在り方は国会で判断すべきであるとした。しかしこれには、裁判官からの少数反対意見もある。

■コラム12-1　多様性の尊重とマイノリティの権利——学校現場での配慮

障害者差別解消法と、学校での配慮　2016年4月から、「障害者差別解消法」が施行された。これは障害のある者とない者が互いに人格と個性を尊重し合いながら共生できる社会をめざしている。教育現場でも、この法律に合わせた対応が求められている[7]。

障害のある児童への支援（特別支援教育）はもともと教育基本法や学校教育法のなかに定められていたが、これに加え、障害のある者と障害のない者が可能な限りともに学ぶ仕組みを作ることが求められることとなった。

性的マイノリティの権利の発展と、学校現場での配慮　近年注目される問題として、同性愛者など性的マイノリティの権利をどう確保していくか、という問題がある。欧米諸国では、すでに同性婚を制度化している国や、いくつかの事項につき婚姻関係にある者と同じ扱いを認める制度（パートナーシップ法など）も始まっている。日本でも「パートナーシップ」を認める自治体が増えているが、本格的な利益保護のためには法律による制度化が必要である。

性的マイノリティの人権問題は婚姻制度を平等にするという課題だけではない。従来の社会に存在してきたさまざまなステレオタイプ（先入観による役割拘束）を克服していくという課題が、多くの場面にまたがっている。

学校現場では、教員自身が無理解によってハラスメント的な言動を行うことが今でも散見され、教員一人ひとりが見識をもつことが必要とされている。また、生徒間で性的指向を理由としたいじめが起きた場合についても、学校教員には人権感覚をベースにした真摯な対応が求められる。これらの問題については、「電子版 Appendix」（QRコードでアクセス）に解説を掲載しているので、参考にしてほしい。

【志田陽子】

（3）多文化社会と平等

先住民族や移住者との文化的差異への配慮　今日の社会は、国際化・グローバル化といわれる流れのなかで、多くの異なる文化が共存する多文化社会になっている。異なる考えや文化をもつ人々を排除する狭いアイデンティティ感覚では、社会は立ち行かない。私たちも憲法の「自由・平等」と照らし合わせながらこうした流れを消化していく必要がある。

多文化主義 multiculturalism とは、こうした状況を踏まえて、多文化的な現

実を肯定的に認識し、多民族・多文化の共生を図ろうとする考え方である。と
くに不利な立場にある文化的集団（文化的マイノリティ）への保護を国家の政策
課題とすることが多くの国で検討課題となっている。⁸⁾この分野の問題を大きく
分けると、海外からの移住者の権利の問題と、先住民族の文化権や社会保障、
差別是正政策の問題とに分けられる。⁹⁾

多文化社会における平等　　多文化社会における平等とは、文化的同化を強制
せず、《文化の多様性》を認めた上で権利・義務などについて平等に扱うこと
を意味する。歴史的には、少数民族に対して国家が制圧的な政策を押しつけた
経緯があり、カナダ、オーストラリア、フランス、アメリカなどでは、それぞ
れの事情に応じた現実的対応が模索されている。

　「人間は人間らしく生きるために何らかの文化を必要としている」という認
識に基づいて、価値ある文化を保護する文化政策と、不利な状況に置かれてき
た文化集団の状況改善との両面からの配慮が必要となる。

文化的多様性の尊重とジェンダー平等の課題　　《文化の多様性を尊重する》と
いう理念は現在、国内においても国際社会においても大方の支持を得ている。
しかしこの考え方を現実の政策として実現しようとするとき、集団文化の独自
性を尊重することが、憲法14条、24条がめざす平等と緊張関係に立つ場面も起
きてくる。

　たとえば、マイノリティ集団の文化のなかに、ジェンダーやセクシュアリ
ティに関する不平等や子どもに対する強い支配があるとき、その文化の独自性
を尊重することが、妻への家庭内暴力や、低年齢の女児に対する結婚強制を容
認することにつながる可能性がある。こうした問題が欧米では教育に関わる問
題として議論されている。

　日本国憲法における「平等」は、個人の尊重をベースにして、24条で家長制
度や強制結婚からの自由を規定している。したがって、集団のなかのマイノリ
ティは、一個人として憲法や法律の救済を受ける。集団の文化的独自性を尊重
したとしても、憲法13条・14条・24条に反する行為を、法の平等な適用のルー
ルを曲げてまで優先することはできないだろう。

【注】

1) 歴史の流れと形式的平等・実質的平等に関する参考文献：樋口陽一『憲法　第3版』
（創文社、2007年）、吉田仁美『平等権のパラドクス』（ナカニシヤ出版、2015年）。

2) 憲法のさまざまな条文を見ると、「何人も」と「すべて国民は」の二通りの表現が使
われている。憲法全体の趣旨から考えると、この言葉の違いに特別な意味はなく、どち
らの言葉も人権を差別なく平等に保障するという趣旨である。

3) さまざまな具体例を取り上げた参考文献：森戸英幸・水町勇一郎編『差別禁止法の新
展開』（日本評論社、2008年）。

4) 参考文献：水谷英夫『ジェンダーと雇用の法』（信山社、2008年）、辻村みよ子『概説
ジェンダーと法　第2版』（信山社、2016年）。

5) アメリカには「公民権法」という法律があり、交通機関、教育機関、宿泊施設、居住
に関わる賃貸借契約など公共的性格をもつ事柄については、公権力はもちろん私人・私
企業であっても人種差別をしてはならないという規定がある。日本にもこの種の法律が
必要だとする議論がある。こうした問題については「電子版 Appendix」（QR コードで
アクセス）に解説を掲載しているので、参考にしてほしい。

6) 参考文献：近藤敦編『外国人の人権へのアプローチ』（明石書店、2015年）。

7) 国際社会では、障害者権利条約がその24条でこのことを各国に求めている。

8) たとえば2007年、国連で「先住民族の権利宣言」が採択されたことを受けて日本国内
でも2008年に、アイヌを先住民族と認定するよう政府に求める決議が国会で採択され
た。こうした問題のうちいくつかのものは外国人の人権保障の内容とも重なるが（11章
参照）、文化的に異なる者同士の共存や支援の問題は、日本国籍をとっている外国出身
者や、日本国内の先住民族の権利の問題も含むため、「外国人の人権」とは別の問題と
なる。

9) 参考文献：上村英明「先住民族の権利と国際人権法・国連人権機構」斎藤純一編『講
座　人権論の再定位　4　人権の実現』（法律文化社、2011年）、志田陽子「多文化主義
とマイノリティの権利」杉原泰雄編『新版　体系憲法事典』（青林書院、2008年）。

☆参考文献はすべて、学生向けのおすすめ参考文献です。

13章

統治（1）

国民主権と国家の仕組み

それぞれの学校・学級にも運営のルールがあるのと同じように、国家にも運営の
ルールがある。国家が自身を運営し、国民のために行う仕事のことを総称して《統
治》と呼んでいる。この統治を行う《国家》がどんな目的の下にどんなルールで運
営されるのか、その骨組みを定めているのが《憲法》である。その基本的な原理に
ついては1章で確認したが、この章ではその具体的な仕組みを見ていこう。

1　立法と国会──意思決定の作用と機関

（1）民主主義の集約点としての立法機関

第41条　国会は、国権の最高機関であつて、国の唯一の立法機関である。
第42条　国会は、衆議院及び参議院の両議院でこれを構成する。

最高機関　　国会は、主権者である国民から選ばれた国会議員によって構成され、国の意思決定を行う機関なので、最高機関という位置付けが与えられている。行政や財政についても法律に基づくことがルール化され、国会の審議と承認を通じた民主的コントロールが及ぶ仕組みがとられている。

　しかし憲法は、国会も憲法の拘束を受けるという「立憲主義」、および、ある機関に権限が集中して独裁的な統治が行われることを防ぐための「三権分立」を採用している（本書1章を参照）。国会も、内閣や裁判所をすべて統括するような総合的権限をもつわけではなく、憲法が採用しているこれらの仕組みの下で働く。

　立法機関　　国の各種の政策は「法律」の制定という形で確定してから、施行される（各種の行政機関によって執行されたり、裁判所によって適用されたりする）。法律を制定したり改正したり廃止したりすることを「立法」という。教育基本法や学校教育法などの教育法規もここに入る。法律はすべて国会の議決によって成立する。実際には、実情に詳しい行政職員が法律案を立案して内閣が国会に提案することが多いが、このときも行政権は、自分たちで作った法律を国会を通さずに執行することは許されない。

　二　院　制　　日本の国会は、二つの議院から構成されている。こうした制度を両院制または二院制という。二院制がとられているのは、一院制よりも審議が綿密に行われることを期待してのことと考えられている。

　委員会と本会議　　法律と行政が多くの分野を規制している現代社会では、議案を効率よく処理するため、各種の委員会で法案の実質を決定しておき、国会（本会議）ではこれを承認するか否かだけが問われる、といったプロセスに

なることが多い。しかしこの流れは、議会議員の本来の役割である討論を空洞化させるおそれがあり、国民の「知る権利」の保障から見ても問題がある。

（2）議員の資格──民主主義のための「平等」と「任期」

> 第43条　両議院は、全国民を代表する選挙された議員でこれを組織する。
> 2　両議院の議員の定数は、法律でこれを定める。
> 第44条　両議院の議員及びその選挙人の資格は、法律でこれを定める。但し、人種、信条、性別、社会的身分、門地、教育、財産又は収入によつて差別してはならない。

全国民の代表　　国会議員は憲法43条によって「全国民の代表」、15条によって「全体の奉仕者」という地位にある。議員の選出方法、任期、解散といった事柄については、憲法や国会法や公職選挙法によって定められている。

　国民主権を基礎とする国家の主権者は、まず抽象的な原理としては、特定の階層身分に限定・分断されないという意味での《国民全体》である。ただ、政治問題と自分の利害や関心とを関連付けて理解した上で投票するためには、ある程度の人間的成熟が必要と考えられるため、現行の公職選挙法では、選挙権を満18歳以上の人としている。また、被選挙権については、衆議院で満25歳以上、参議院で満30歳以上の者としている（2022年6月現在）。

資格の平等　　44条は、政治参加の資格に関わるルールを法律に委ねているが、同時に「ただし書き」で立法者を拘束し、14条の「法の下の平等」の趣旨を徹底している。民主主義は平等な政治参加によって実現するという基本原則に立脚した条文である。

> 第45条　衆議院議員の任期は、四年とする。但し、衆議院解散の場合には、その期間満了前に終了する。
> 第46条　参議院議員の任期は、六年とし、三年ごとに、議員の半数を改選する。
> 第47条　選挙区、投票の方法その他両議院の議員の選挙に関する事項は、法律でこれを定める。

「任期」──議員資格を身分化しないルール　　衆議院議員の任期は、総選挙から数えて4年間である。ただし解散された場合（憲法54条、69条）には4年以内で

あっても任期は終わる。これに対して参議院は、任期は衆議院よりも長い6年と定められ、解散はない。また、一度に全員を改選する衆議院に対して、3年ごとに半数を改選する半数改選制をとっている。参議院は衆議院よりも安定した環境での熟議が重視されるためである。

　どちらの場合にも、「任期がある」、つまり選挙なしで自動的に資格が延長される終身の議員は存在しないというところが重要である。身分制を否定し、議会に自浄能力をもたせるために必要な根本原則といえる。

　議員の任期終了に伴って、選挙が行われる。選挙に関する基本原則は15条、43条、44条に定められているが、47条ではこのことを前提として、さまざまな具体的事項について法律（「公職選挙法」）に委ねることにしている。技術的性格が強く、社会の変化に対応して随時改正していくことが望ましい事柄は、憲法で固定せずに法律に委ねられている。

（3）相互チェックと討論を確保するルール

第48条　何人も、同時に両議院の議員たることはできない。
第49条　両議院の議員は、法律の定めるところにより、国庫から相当額の歳費を受ける。
第63条　内閣総理大臣その他の国務大臣は、両議院の一に議席を有すると有しないとにかかはらず、何時でも議案について発言するため議院に出席することができる。又、答弁又は説明のため出席を求められたときは、出席しなければならない。

　兼任・兼職の禁止　　同一人物が同時に衆議院・参議院の両方の議員になることはできない。2つの議院には互いをチェックする役割があるため、自分の活動を自分でチェックすることになっては二院制の意味がなくなってしまうからである。また、国会議員は原則としてその任期中に国または地方公共団体の公務員を兼ねることはできない（国会法39条）。これは立法機関と行政機関が相互にチェック機能を果たす必要があるために決められている禁止である。

　議院内閣制　　しかし一方で、日本国憲法は内閣総理大臣および国務大臣の半数以上が国会議員を兼ねる仕組みをとっている（憲法68条）。これは憲法がとくに認めた例外で、「議院内閣制」と呼ばれる方式である。

また、国会が行うさまざまな調査や審議には、関係する大臣の出席が必要となる。国務大臣のなかには国会議員でない者もいるが、国会議員でない国務大臣もこの条文によって国会に出席できるし、しなければならない。

　国会議員がその職務に基づいて受ける金銭を「歳費」という。[3] 歳費の性質は、かつては職務を果たすための必要経費と考えられていたが、現在では議員としての職業内容にふさわしい生活をするための報酬と見られている。

> 第50条　両議院の議員は、法律の定める場合を除いては、国会の会期中逮捕されず、会期前に逮捕された議員は、その議院の要求があれば、会期中これを釈放しなければならない。
> 第51条　両議院の議員は、議院で行つた演説、討論又は表決について、院外で責任を問はれない。

　不逮捕特権・発言表決無答責　国会議員も刑法や行政法に規定されている違法行為を行えば逮捕や取り調べの対象となる。また、刑法にはとくに公務員の不正行為を処罰する規定がいくつかあり、国会議員がこれらの犯罪の被疑者となることもある。こういうときに議員には、国会会期中に限り逮捕されないという「不逮捕特権」があり、国会議員としての活動が警察の活動に優先することが保障されている。[4] 会期前に逮捕拘束された議員については、その議員が会期中は国会に出席できるよう、衆議院・参議院から釈放を要求できる。

　これは会期中だけ認められる特権であり、会期終了後には、嫌疑を受けた議員は、通常の刑事手続ルールにしたがって逮捕の対象にもなる。

　51条は、「議員の発言表決無答責」と呼ばれるルールである。国会で行われる討論や調査では、公務の不正について指摘・質問があるなど、一般社会では名誉毀損にあたるような発言場面もあるが、議院内ではこのリスクにとらわれずに自由に討論できるよう、こうした免責特権が定められている。[5]

（4）国会の活動——会期、議決、調査

第52条　国会の常会は、毎年一回これを召集する。
第53条　内閣は、国会の臨時会の召集を決定することができる。いづれかの議院の総

議員の四分の一以上の要求があれば、内閣は、その召集を決定しなければならない。

会　　期　　国会が活動する期間のことを「会期」という。

国会の会期には、常会、臨時会、特別会の3種類がある。常会（通常国会）は毎年1回、1月中に召集され、会期は150日となっている[6]。会期中に議決に至らなかった案件は原則として廃案になり、次の国会に継続しない（国会法68条）。しかし会期終了前に議決をすれば、次の会期で審議を継続できる。

臨時会（臨時国会）は、緊急の必要や重要な審議事項があるとき、必要に応じて開かれる。開催時期・日数についてとくにルールはない。慣例的に、秋に召集されることが多く、補正予算や、集中的に討論すべき重要法案などを審議することが多い。大災害があったときにその対策や復興政策について審議するために臨時会が開かれることもある。現在、53条後段の議員の側からの召集要求による国会がルール通りに開かれなくなっていることが問題視されている[7]。

第56条　両議院は、各々その総議員の三分の一以上の出席がなければ、議事を開き議決することができない。（2項略）
第59条　法律案は、この憲法に特別の定のある場合を除いては、両議院で可決したとき法律となる。（2項以下略）
第60条　予算は、さきに衆議院に提出しなければならない。（2項略）

会議開催と議決のルール　　会議体が会議を行うために必要な最低限の出席者数のことを「定足数」という。憲法では、衆議院・参議院両方の定足数を議員のうちの3分の1以上と定めている。そして議決は出席議員のうちの過半数としている。

国会ではさまざまな政策を《法律》の形で確定する。まずは《案》として提出された《法案》を審議し、必要ならば修正を加え、最終的に《表決》という形で議決する。このとき、審議・表決は衆議院・参議院それぞれで行われるが、その両方の議院で可決されると、その法案は法律として《制定》される。たとえば2006年の教育基本法全面改正は、政府から改正案が国会に提出され、衆議院・参議院の両方で可決されている。また、選挙権年齢を20歳から18歳に引き下げる公職選挙法改正案は、2015年6月に与野党共同で国会に提出され、

衆議院・参議院ともに全会一致で可決され成立している（翌2016年6月施行）。

　衆議院と参議院で議決内容が異なった場合は、衆議院の優越が定められている。

　　第62条　両議院は、各〻国政に関する調査を行ひ、これに関して、証人の出頭及び証
　　言並びに記録の提出を要求することができる。

国政調査権　　メディアではよく、その時々の大きな社会問題・政治問題に関係する人物が「国会証人喚問」を受けて国会に出席し、質問を受ける様子が映し出される。これは「国政調査権」に基づいて行われるもので、裁判とは異なる。[8]

　国の政治や経済に重大な影響がある事柄について、国会が調査を行う権限を「国政調査権」という。この権限は衆・参の各議院に認められている。国政調査の対象となる事柄が、同時に裁判の対象になることもありうるし、2002年国会における名古屋刑務所事件の国政調査のように、裁判となるべき事件がきっかけとなって国政調査が行われ、大きな法律改正につながった例もある。しかし一方で、司法の独立を守る必要から、継続中の裁判に介入し裁判の独立性・公正性を害するような調査を行うことや、既に出された判決の内容を批判することを目的とする調査は認められない。[9]

■コラム13-1　「会議の公開」と主権者の「知る権利」

　　第57条　両議院の会議は、公開とする。但し、出席議員の三分の二以上の多数で
　　議決したときは、秘密会を開くことができる。（2項以下略）

　会議公開の原則　　私たちは、国会の審議の様子を、テレビや新聞やインターネットなどのメディアを通じて見ることができる。それは、憲法に会議の公開が定められているからである。

　国政——国家が行うさまざまな決定（立法）や実行（行政）——については、主権者である国民が評価し、選挙その他の民主的なルートでフィードバックしていく道が開かれていなければならない。そのために国民は、決定された結果（たとえば

新しい税金負担）を受け取るだけでなく、それが決定される過程でその内容について知る必要がある。

　国民主権からすれば、国民が会議の内容や議員の活動について知る権利をもつことは当然のことである。この原則から、報道の自由、傍聴の自由、議事録の公開が保障される。会議の傍聴や報道機関による取材・報道という形でのリアルタイムでの会議場面と、その記録文書である議事録との両面で公開の原則を定め、国民が国政の現状を知ることができるようなルールを定めているのである。

　一方、委員会は原則として非公開で、議員以外で傍聴が認められるのは、報道関係者などで委員長の許可を得た者だけである（国会法52条1項）。現在の立法プロセスが委員会中心になっていることと考え合わせると、法律の立案から審議までのプロセスは、憲法がもともと予定していた仕組みに比べて、国民の知る権利が及びにくくなってきている。

　原則が理解されているか?　　これらの原則が国政担当者自身に理解されているかどうか疑問に思われる場面が日本には多い。この問題を考えさせられる場面については、「電子版 Appendix」（QR コードでアクセス）に掲載しているので、参考にしてほしい。

　国政の国民への公開を原則とした憲法の趣旨からすると、この「原則」と「例外」が法律によって逆転することは、国家が厳に慎まなければならない。この法律の運用を含めて、国政の内容とプロセスについては国民が常に見守っていかなければならないし、見守ることのできる仕組みが確保されなければならない。　　**【志田陽子】**

2　行政と内閣──国政の実行

（1）行政権と内閣

第65条　行政権は、内閣に属する。
第66条　内閣は、法律の定めるところにより、その首長たる内閣総理大臣及びその他の国務大臣でこれを組織する。
2　内閣総理大臣その他の国務大臣は、文民でなければならない。……

　国政の内容を決めるのが立法機関、決まった国政の実行（執行）を担うのが行政機関である。行政権が行う事柄は、すべて法の下で、法の内容にしたがって、公の目的を達成するために行われなければならない（法治主義）。

行政権は内閣に属し、内閣が統括する。「内閣」とは、内閣総理大臣を首長[10]
として、各種の国務大臣によって組織される会議体である。内閣のメンバーが
行う会議は、一般に「閣議」と呼ばれ、ここでの決定は「閣議決定」と呼ばれ
ている。これは国会の議決とは異なるものである。国務大臣は、内閣のメン
バーであるとともに各省庁を統括する大臣でもあるのが通例だが、省庁を分担
管理しない大臣を任命することも認められる（内閣法3条）。[11]

　大臣職に就くものは「文民」でなければならないというのは、軍人が大臣職
に就くことを禁止するということである。

（2）内閣と国会の信任関係──議院内閣制

　第67条　内閣総理大臣は、国会議員の中から国会の議決で、これを指名する。……
　第68条　内閣総理大臣は、国務大臣を任命する。但し、その過半数は、国会議員の中
　　から選ばれなければならない。
　2　内閣総理大臣は、任意に国務大臣を罷免することができる。
　第70条　内閣総理大臣が欠けたとき、又は衆議院議員総選挙の後に初めて国会の召集
　　があつたときは、内閣は、総辞職をしなければならない。
　第71条　前二条の場合には、内閣は、あらたに内閣総理大臣が任命されるまで引き続
　　きその職務を行ふ。

　国務大臣の任命と辞職　　内閣総理大臣と各大臣は、どのようにして選ばれる
のだろうか。

　まず国会議員のなかから議決によって内閣総理大臣が選ばれる（67条）。た
いていは、選挙で多数派となった政党（与党）の党首が選ばれることになる。
次に、指名を受けて任命された内閣総理大臣が、各種の国務大臣の任命を中心
として、内閣の組織立てを決定する（68条）。このとき、内閣メンバーのうち[12]
過半数が国会議員を兼ねていることが必要とされているが、これは、行政機関
のトップを国会議員と兼任させることで行政権を立法権の信任の下に置き、行
政権に民主的コントロールが及びやすくするためである。こうした制度を「議
院内閣制」という。

　内閣総理大臣は、自分が任命した国務大臣をいつでも解任できる。

　内閣は、国会との信任関係に基づいて存在しているので、衆議院の任期と連動することになる。衆議院が任期を終えて総選挙が行われ、次の衆議院議員が決定し、その国会活動が始まったときには、それまでの内閣総理大臣と内閣メンバーは、自動的に総辞職する。[13]

> 第69条　内閣は、衆議院で不信任の決議案を可決し、又は信任の決議案を否決したときは、十日以内に衆議院が解散されない限り、総辞職をしなければならない。

　内閣不信任決議と衆議院解散　　ここまで見たルールは、内閣の任期終了のあり方として通常のプロセスだが、これに加えて日本国憲法は69条で、もうひとつの総辞職のあり方を定めている。決定機関である国会と実行機関である内閣とが一致しない状態となったとき、内閣は国会（衆議院）から「総辞職」させられることがある、という規定がある。衆議院で「不信任案」が提出され、これが可決されたとき、または「信任案」が提出され、これが否決されたときには、内閣は存続できなくなる。行政府の中枢部を立法府の信任に基づかせることで、行政府に間接的に民主的コントロールを及ぼそうとする仕組みである。これも「議院内閣制」の特徴と考えられている。

　実際には、内閣の側から衆議院を「解散」することが多い。[14]どの場合も総選挙をやり直すことで民意を一から問い直すということを意味するが、内閣の側からの衆議院解散は、憲法上に明文の根拠がないため、その根拠についても争いがあり、濫用を防ぐルールが必要との議論もある。

（3）内閣の職務、権限と責任

> 第72条　内閣総理大臣は、内閣を代表して議案を国会に提出し、一般国務及び外交関係について国会に報告し、並びに行政各部を指揮監督する。
> 第73条　　内閣は、他の一般行政事務の外、左の事務を行ふ。
> 一　法律を誠実に執行し、国務を総理すること。
> 二　外交関係を処理すること。
> 三　条約を締結すること。但し、事前に、時宜によつては事後に、国会の承認を経ることを必要とする。（四号以下略）

職務・権限　　実際の内閣総理大臣の職務や行政権の内容は、この２つの条文の内容に限られるわけではない。この２つの条文は、とくに重要なものを例示したものと考えられている。これらを整理すると、次のようになる。

①法律を執行すること

　　内閣は行政全体を統括する役割を果たしていることから、法律の執行にあたっても、必要な法律解釈を示したり、細かい実行ルールとなる政令を定めたりする。また国会に対して政策の提案を行うなど、事実上、国政をリードする一面がある。

②外交や、条約・協定などの締結

　　国際化が進んだ現代国家では、外国との取決めが国内にも重大な影響を与える。憲法では、外国との交渉や取り決めについては、内閣に権限を与えた上で、事前または事後に国会の承認を得ることを要求している。事後の承認でもよしとしているが、原則は「事前に」である。[15]

③予算の作成と執行

　　内閣が作成した予算案は国会で審議され、承認される。承認された内容は法律として行政を拘束する。行政の各部門はこれにしたがって、税金の徴収（収入）、予算の執行（支出）を行わなければならない。

④行政の統括と、議会への報告

　　各国務大臣は、上記のような行政のさまざまな業務を、自分の担当する各部門（省庁）ごとに掌握して指揮監督し、その内容を内閣に報告する。内閣総理大臣は、これらの国務大臣の集合である内閣での会議を通じて、行政のさまざまな業務を内閣の長（＝行政の長）として指揮監督すると同時に、内閣を代表して議案を国会に提出し、国務や外交関係や財政について国会に報告する。

　ところで行政機関は73条によって「法律を誠実に執行する義務」を負うが、同時に憲法99条によって「憲法尊重擁護義務」も負っている。このとき法律が憲法に違反していると考えられる場合は、行政組織や個々の行政職員はどうす

るべきだろうか。この場合、一般には、裁判所がその法律に対して違憲の判決を下すまでは、行政はその法律を誠実に執行するべきだと考えられている。

> 第75条　　国務大臣は、その在任中、内閣総理大臣の同意がなければ、訴追されない。但し、これがため、訴追の権利は、害されない。

国務大臣の訴追　　国務大臣が国務に就いている最中に犯罪の嫌疑で身柄を拘束されてしまうと、国政に重大な支障が起きる可能性がある。そこで、たとえ国務大臣に逮捕・起訴されるべき嫌疑がかかっていても、在任中は職責を優先するというルールがある。

国務大臣がこの規定で守られるのは在任中に限られ、職務を退いた後は訴追される。

3　財政——国政にかかるお金のやりくり

（1）財政民主主義と財政法律主義

> 第83条　国の財政を処理する権限は、国会の議決に基いて、これを行使しなければならない。
> 第84条　あらたに租税を課し、又は現行の租税を変更するには、法律又は法律の定める条件によることを必要とする。

財政とは、国家が統治活動を行うために必要な財力を入手し、管理・使用することである。つまり、国家を運営していくのにかかるお金のやりくりのことである。国家が活動するためには莫大な金銭が必要になるが、それは国民が税金を支払うという形で負担している。したがって、財政が適正・公正に管理運用されているかどうかは、国民の「知る権利」の対象として重要な公共情報となる。

憲法は83条で、財政の運営を、国会を通じた民主的コントロールの下に置いた。こうした考え方と仕組みを「財政民主主義」という。この財政民主主義を確実にするために、84条では国家の財源となる税金を、法律に基づいて徴収す

ることを定めている（租税法律主義)。これは、86条の予算の扱いとともに、「財政法律主義」と呼ばれている。

（2）予算・決算の議決と公開

第85条　国費を支出し、又は国が債務を負担するには、国会の議決に基くことを必要とする。

第86条　内閣は、毎会計年度の予算を作成し、国会に提出して、その審議を受け議決を経なければならない。

85条は、国の支出および債務負担（国債の発行）について国会の議決（予算の承認）に基づくべきこととしている。これも財政民主主義を具体化したルールである。予算とは、国および地方公共団体の統治活動に必要な、一会計年度の歳入（収入）および歳出（支出）の見積もりである。多くの場合、各省庁が概案を作成し、これを財務省が査定した上で、内閣から国会に「予算案（原案)」として提出される。国会はこの「案」を審議した上で議決をするが、そのさいに内容を修正することもできる。

「予算案」が国会の承認を受けて「予算」として確定した後は、法規範として政府の行為を拘束する。政府はこの「予算」にしたがって税金の徴収や事業の実行と支出を実行しなければならない。

こうして決められた予算が、想定外の事情によって不足し、追加予算でも不足が補いきれない場合がある。そのようなときのために、憲法では、「予備費」を設けておいて必要に応じて支出することも認めている。主なものとしては災害対策費がある。この場合にも、事後に国会の承認を得る必要がある。

最後に、内閣は実際の支出入がどうなったか（決算）について内閣から独立した審査機関（会計検査院）から検査を受けてその結果を国会に提出し、毎年少なくとも一回は財政の状況を国会に報告して国民に公開することが定められている（91条)。

（3）皇室財産と政教分離に関するルール

第88条　すべて皇室財産は、国に属する。すべて皇室の費用は、予算に計上して国会
　　の議決を経なければならない。
第89条　公金その他の公の財産は、宗教上の組織若しくは団体の使用、便益若しくは
　　維持のため、又は公の支配に属しない慈善、教育若しくは博愛の事業に対し、これ
　　を支出し、又はその利用に供してはならない。

　憲法は、国や地方公共団体の支出や財産管理が国民のための公共性・公平性
を離れて偏ることのないように、とくに念押しすべき項目を挙げている。一つ
は皇室財産に対する財政民主主義の貫徹（8条と88条）、もう一つは宗教団体ま
たは公の支配に属しない事業に対しては経済支援を行ってはいけないとする89
条の禁止ルールである。

　皇室財産と皇室費用は、会計年度ごとに予算として計上し、国会の議決を経
ることになっている。

　89条の趣旨は、特定の団体へ便益が偏るような財政支援をしてはならないと
いうことなので、すべての宗教団体に公平に適用される税制優遇措置や、すべ
ての私立学校に助成金を支出することにした結果、宗教法人が経営する学校に
も支出が渡ることは、89条に反するとは考えられていない。

4　地方自治——ローカルな自己統治と「住民」

（1）地方自治の本質と目的

第92条　地方公共団体の組織及び運営に関する事項は、地方自治の本旨に基いて、法
　　律でこれを定める。

　日本国憲法は国政レベルでは国の統治を「立法」「行政」「司法」に三分割す
る三権分立を採用する一方で、国と地方との関係では、国がすべてを管轄する
中央集権型ではなく、「地方自治」による権力の分散を図っている。「地方公共
団体」は「地方自治体」とも呼ばれる。「地方自治の本旨」とは、地方自治の
本質や、本来の趣旨・目的という意味である。つまり、地方自治体のことは国

が法律（地方自治法）で具体的なルールを決めるが、そのさいに地方自治の本質や制度目的に基づいた法律内容となっていなければならない（地方自治を実質的に否定するような法律内容を定めてはいけない）ということである。

　その重要な柱として、「住民自治の原則」と「団体自治の原則」がある。

　「住民自治の原則」とは、自治体内部での自己統治の担い手は「住民」である、という原則である。地方の政治的決定や行政が、その地方の住民の意思によって行われる、ということをいっている。

　「団体自治の原則」とは、自治体と国との関係のことで、それぞれの自治体が国から独立した法人格をもち、自律権をもっている、という意味である。

　自治権の範囲と限界については、住民の人権保障と自律の尊重という観点から考え、住民の福祉を実現するための地方公共団体の活動や意思決定は、できる限り保障されなければならない。地域の学校の通学路やごみ処理のルール、舗装道路を増やす便利さと緑地保護のバランス、住宅地と商業区域のバランスなど身近な問題は、自律の発想から、住民による民主的決定が尊重され、地方自治に任される。

（2）地方公共団体の組織と権限

第93条　地方公共団体には、法律の定めるところにより、その議事機関として議会を設置する。
2　地方公共団体の長、その議会の議員及び法律の定めるその他の吏員は、その地方公共団体の住民が、直接これを選挙する。

　立法と行政については、国政の組織と並行して、それぞれの地方公共団体にこれらを行う組織・権限がある（国政と地方自治との二元的な仕組みになっている）。「司法」だけは最高裁判所を終審とする一元的な裁判所システムのなかでの「地方裁判所」が置かれている。

　地方公共団体の組織については、「地方自治法」が定めている。憲法93条は、この「地方自治法」は、その枠組みを次のように定めている。

　①地方議会の設置：ローカルな公共問題については、それぞれの地方議会で

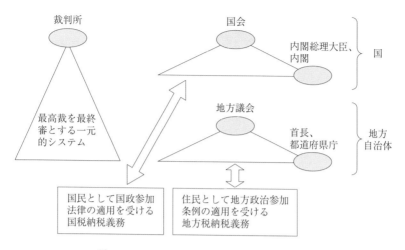

議事が行われる[16]。

②地方公共団体の長：都道府県の長は「知事」という。市、区、町、村にも
　それぞれに「長」が置かれ、その地方ごとの地方行政を統括している。

③直接選挙：地方議会の議員と地方議会の長は、住民による直接選挙で選ば
　れる。

（3）条　例

> 第94条　地方公共団体は、その財産を管理し、事務を処理し、及び行政を執行する権
> 　能を有し、法律の範囲内で条例を制定することができる。

　地方公共団体はそれぞれに、その地方の事柄について議会で決定をし、財産
や事務を自主的に管理し、行政を行うことができる。地方議会で行われた決定
は、「条例」として制定することができる。

　条例とは、地方公共団体が制定する自主法で、その地方だけに通用するもの
だが、その地方内での効力は法律と同じである。

　条例は、国の法律に反してはならないとされているので、たとえば教育基本
法4条で「9年の義務教育」を定めているのに、「この町では6年でOK」と
いうふうに法律の内実を無効にするルールは作れない。また、条例も憲法を最

高法規とする法システムの中にあるものなので、条例の内容が人権侵害となっている場合には憲法訴訟の対象になり、裁判所から違憲の判断を受けることになる。

　一方、国が制定した「健康増進法」を根拠としつつ法律では規制していない事柄にも規制を及ぼす条例（横出し条例）を定めたり、国が制定した環境保護関連法よりも厳しい基準を定めた環境保護規制条例（上乗せ条例）を定めたりすることは、地方の実情に応じて必要なものについては適法と考えられている。ただし、人権制約の度合いが強すぎる場合に憲法判断の対象になる。

（4）特別法に関する住民投票

> 第95条　一の地方公共団体のみに適用される特別法は、法律の定めるところにより、その地方公共団体の住民の投票においてその過半数の同意を得なければ、国会は、これを制定することができない。

　95条は、国が特定の地方公共団体に対して法律によって特例を設けるときには、当事者となる住民の意思を問う、というルールを定めたものである。特定の地方公共団体が国から重大な不平等・不利益を課されることがないように、との配慮から置かれた規定である。[17]

　この規定は、国会を唯一の立法機関とする憲法41条の例外となっているが、憲法が地方自治を重要視する姿勢をとっていることの表れと見ることができる。この95条に基づく特別法は、1952年以降は制定されていないが、現在でも95条は、国家が地方自治に過度の干渉をしないよう注意を促す意味があると考えられている。

　また、この憲法95条の制度とは別に、自治体のほうから住民投票条例を制定して住民投票を行う例が増えている。[18]

■コラム13-2　「地方自治」と教育制度

　ここでは教育制度を、地方自治と行政との関連で見ておこう。

　教育については、国会（法律を制定）と文部科学省（法律に基づいて教育行政を行う）と地方自治体（実際に学校教育を行う）の三者が基本となっている。文部科学省は、教育全般に関する事務を行い、科学技術、スポーツ、文化に関する事柄も担当する。

教育行政の基本構図

教育行政の基本構図

教育行政の独立性と自主性尊重　　教育は、戦前のような勅令ではなく、民主的に決定した法律に基づいて行われなくてはならない。実際には、具体的な事柄は行政が決めているが、教育行政が民主主義と人権尊重に基づいて行われるべきことは、折に触れ確認する必要がある。

　教育においては各主体の自主性を尊重するために、独立性を確保することが制度趣旨となっている。教育基本法16条1項はこのことを受けて、「教育は、不当な支配に服することなく、この法律及び他の法律の定めるところにより行われるべきものであり、教育行政は、国と地方公共団体との適切な役割分担及び相互の協力の下、公正かつ適正に行われなければならない。」と定めている。

委任立法　　教育の専門的な内容は、一般に、国会よりも文部科学省に委ねたほうがいいと考えられている。そこで、たとえば学校教育法で「○○は、文部科学大臣が定める」と規定しておき、これに基づいて「学習指導要領」が定められる、という方式がとられている。このように法律に基づいて行政機関が具体的な事項を定める方式を「法律の委任」といい、こうした委任を定めた法律を委任立法という。

教育委員会制度　　教育行政に関する法律には、「地方教育行政の組織及び運営に関する法律（地方教育行政法）」、「地方自治法」、「国家行政組織法」、「文部科学省設置法」などがある。各自治体が実際の教育行政を行っていくにあたって、中心的な役割を果たすのが教育委員会である。教育委員会は、上に挙げた「地方教育行

政の組織及び運営に関する法律」に基づいて各自治体に設置されている。この制度は、教育の自主性を尊重する趣旨に基づいている。教育委員会のメンバーは、自治体の首長によって任命され、教育に関する一定の事務に関して（首長の指揮・監督を受けることなく）独立して意思決定を行う。

　公立学校の管理、教員採用試験などの教職員人事、図書館や公民館などの社会教育に関する事務などが、教育委員会の行う仕事に入る。

2015年度からの教育委員会制度

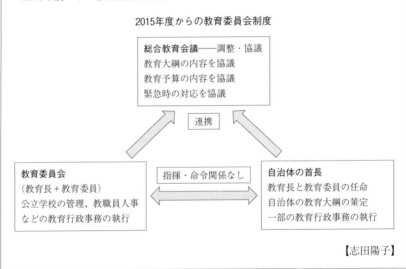

2015年度からの教育委員会制度

総合教育会議──調整・協議
教育大綱の内容を協議
教育予算の内容を協議
緊急時の対応を協議

連携

教育委員会
（教育長＋教育委員）
公立学校の管理、教職員人事
などの教育行政事務の執行

指揮・命令関係なし

自治体の首長
教育長と教育委員の任命
自治体の教育大綱の策定
一部の教育行政事務の執行

【志田陽子】

【注】
1)　一部、憲法が定めた例外もある。「議院規則」（憲法58条）や「最高裁判所規則」（憲法77条）、条約の締結（憲法73条）や条例の制定（憲法94条）など。
2)　これらのルールは国会法と公職選挙法に詳しい規定がある。
3)　この規定を受けて、「国会議員の歳費、旅費及び手当等に関する法律」によって各種の金銭が支給されている。
4)　ただし、院外で現行犯逮捕された場合と、議院が逮捕を許諾した場合は、会期中でも逮捕される（国会法33条）。
5)　野次は、事実上黙認されることが多いが、この「発言表決無答責」の対象とはならないと考えられている。院内での言動が院内の秩序を乱したときには、憲法58条2項に基づいて、院が懲罰を加える決定をすることはありうる。
6)　両議院一致の議決で、1回延長することができる（国会法2条、10条、12条）。
7)　たとえば2011年の東日本大震災の復興については何度も臨時会で審議されている。

8)　国政調査が行われた主な例としては、ロッキード事件、薬害エイズ問題、リクルート事件、東京佐川郵便事件などがある。一部議員から要求があったにもかかわらず実施されていない例（2022年12月現在）として、森友学園問題などがある。

9)　「浦和事件」や「吹田黙祷事件」を調べてみよう。

10)　行政の全体は内閣が統括することが原則だが、必要上いくつかの例外もある。行政機関のなかで内閣の指揮から独立した組織としては、憲法が定めている会計検査院がある（90条）。次に、人事院、公正取引委員会、特定個人情報保護委員会、原子力規制委員会などの独立行政委員会がある。

11)　これまでにあったものとしては、「経済財政担当大臣」、「金融担当大臣」、「沖縄及び北方対策担当大臣」、「少子化対策担当大臣」、「防災担当大臣」、「宇宙政策担当大臣」といった特命担当大臣の例がある。

12)　報道でよく「組閣」とか「組閣人事」と呼ばれるものである。

13)　実際には、内閣は衆議院の任期と同時に総辞職となるのではなく、次の国会の召集まで職務を行う。そして次の国会（衆議院）が開会されて新たに内閣総理大臣の指名が行われたときに総辞職する。これは国政に空白が起きないための工夫である。

14)　このタイプの衆議院解散は憲法には明文規定がないが（憲法7条が形式的根拠とされている）、議院内閣制の特徴の一つとしてそうするのが三権分立の「抑制と均衡」の考え方に合っていると考えられている。これには反対説もある。

15)　内閣が行った外国との取り決めが憲法の内容や国会の意思と異なっている場合にはどうすべきか、という問題は長く議論されてきた。1951年以来の日米安全保障に関する条約や協定などの取り決めについては、憲法上重大な疑問があるとして長く議論され続けている。

16)　東京都なら東京都議会、埼玉県なら埼玉県議会、新宿区なら新宿区議会、小平市なら小平市議会……というふうに、それぞれのローカル政治体ごとに議会がある。

17)　95条によって制定された特別法の例としては、首都建設法（戦後復興時の東京都の都市整備）、『広島平和記念都市建設法』、『長崎国際文化都市建設法』がある。

18)　軍事基地をめぐる沖縄県の住民投票（1996年）、原発建設の賛否をめぐる新潟県巻町の住民投票（1996年）、空母艦載機移転受け入れの是非を問う山口県岩国市の住民投票（2006年）などの例がある。

☆参考文献はすべて、学生向けのおすすめ参考文献です。より詳しい参考文献を、「電子版Appendix」（QRコードでアクセス）に掲載しています。

14章

統治（2）
司法と憲法保障

　法のある社会では、トラブルがあって当事者が合意に至らないときは、法による
解決が行われる。この解決を担うのが裁判所である。
　教育の場面では、生徒・学童間でトラブルが起きたとき、教員が間に入って仲裁
したり、学級会で議論したりすることもあるだろう。このようなとき、人権を守り
ながら必要な解決をしていくためには、リーガル・マインドや「法の適正手続」の
精神が必要となる。主権者教育の一環として、裁判員としての司法参加について教
えたり話し合ったりする場面もあるだろう。日常生活や教育の場で統治に関する憲
法条文を直接に使う機会はなかなかないかもしれないが、そのロジックは、あらゆ
る場面で生かせる「見識」となるはずである。

1　司法権と裁判所

（1）司法と裁判所の仕組み

第76条　すべて司法権は、最高裁判所及び法律の定めるところにより設置する下級裁
判所に属する。
2　特別裁判所は、これを設置することができない。行政機関は、終審として裁判を
行ふことができない。

司　　法　　法律を用いることで解決できるトラブルについて、法律を解
釈・適用してそのトラブルを解決する作用のことを司法という（宗教教義の正
しさをめぐる論争や学術研究上の論争など、法律によって解決できない論争に決着をつ
けることは司法の役割とはならない）。この司法作用によって何らかの決着をつけ
るのが裁判であり、その役割を担う機関が裁判所である。

裁判所のシステム　　裁判はその内容に応じて民事裁判、刑事裁判、行政裁
判に分かれている。また、裁判は一審（多くの場合地方裁判所）、控訴審（多くの
場合高等裁判所）、上告審（通常は最高裁判所）の三審まで行うことができ、上告
審を最終判断とする三審制をとっている。

憲法76条1項・2項がいっているのは、裁判所はすべて最高裁判所を終審と
するシステムのなかに置かれなければならず、その統制に属さない機関が終審
となるような裁判制度（戦前の軍事法廷など）を設けてはならない、ということ
である。

最高裁判所を終審とする仕組みの範囲内であれば、専門性に応じた裁判所や
特別のルールを設けることはできる。たとえば「知的財産高等裁判所」のよう
な専門裁判制度を設けることができるし、選挙に関する訴訟は、高等裁判所が
第一審となるというルールも設けられている。

先に見た「地方自治」との関係で見ると、立法（議会）と行政（執行機関）に
ついては、国政レベル・地方レベルそれぞれに議会と行政機関があり、それぞ
れに独立した組織となっている。これに対して、司法（裁判所）は、最高裁判

所を終審とする一つの組織として組まれている。都道府県それぞれに地方裁判所が置かれているが、これらは最高裁判所の統制の下にある。

（2）司法の独立・裁判官の独立

> 第76条　3　すべて裁判官は、その良心に従ひ独立してその職権を行ひ、この憲法及び法律にのみ拘束される。
>
> 第78条　裁判官は、裁判により、心身の故障のために職務を執ることができないと決定された場合を除いては、公の弾劾によらなければ罷免されない。裁判官の懲戒処分は、行政機関がこれを行ふことはできない。
>
> 第79条　最高裁判所は、その長たる裁判官及び法律の定める員数のその他の裁判官でこれを構成し、その長たる裁判官以外の裁判官は、内閣でこれを任命する。……
>
> 第80条　下級裁判所の裁判官は、最高裁判所の指名した者の名簿によつて、内閣でこれを任命する。……

独立性の保障　　裁判が公正であるためには、裁判所のシステムが、政治性の強い立法権・行政権からの干渉を受けずに判断できる制度になっていることが必要である。「すべて司法権は…」で始まる76条の1項と2項は、まずその意味での「司法権の独立」を内容としている。

　次に、実際に裁判を行う裁判官の仕事も、法以外の政治的な圧力や利害に左右されることなく、独立して行われる必要がある。このため、裁判官の職権の独立（76条3項）と身分保障（78条）が定められている。裁判官を拘束するものは「良心」と憲法および法律だけである。この「良心」は、憲法19条で保障される個人の「思想・良心」とは異なり、裁判官としての職責上の良心をいうと考えられている。

　この規定と立法府からの調査との関係が問題となった事例として、浦和事件（1948—49年）、吹田黙祷事件（1953年）などがある（後述）。

　裁判官がこのようなルールに基づいて、憲法と法律と良心に従って判決を出した結果、その判決の内容を理由として政治部門から罷免（解職）されたりするようでは、裁判官の職権の独立は守れない。憲法は78条で裁判官の身分保障を定め、このような事態を防ごうとしている。その一方で、こうした専門家に

よる裁判が国民の良識から離れてしまうことがないよう、82条で「裁判の公開」を定め、さらに国民審査（後述）を定めて、国民が個々の裁判や裁判官を見守ることができるようにしている。

　　裁判官の任命と解職　　最高裁判所以外の裁判所の裁判官は裁判所システムのなかで任命が決定するが（80条）、最高裁判所の裁判官は、内閣が任命を決定する。さらに最高裁判所裁判官のなかで最高裁長官だけは、内閣が指名した後、これを受けて天皇が任命する（6条2項）。

　最高裁判所の裁判官は現在、長官1名を含めて15人（裁判所法5条）、最高裁判所の裁判官の定年は70歳である（裁判所法50条）。

　身分保障のある裁判官が定年よりも前に罷免（解職）されるのは例外的な場合に限られるが、その場合について、憲法では以下の場合を定めている。

①「心身の故障のために職務を執ることができない」と裁判によって判断された場合がある（78条）。この場合の「裁判」は通常の裁判をいう。

②裁判官が犯罪や重大な業務違反などを起こし、その職を続けるにふさわしくないという重大な疑問が生じた場合には、国会で「弾劾裁判」という特別な裁判を行って罷免するかどうかを決める[1]。

③国内の裁判所全体を統括する役割を果たす最高裁判所の裁判官は、任命された直後とそれ以後10年ごとに、国民審査を受ける[2]。「罷免を可とする票」（×印を付けた票）が有効票数の過半数となった裁判官は罷免される。

　弾劾裁判と国民審査は、どちらも行政権ではなく民主的コントロールによるものであることが重要である。

　このように憲法は、裁判官の任命と解職について、内閣、国会、国民を関わらせ、三権分立のチェックと司法の独立について、バランスをとろうとしている[3]。

◎重要な事例◎浦和事件（1948－49年）
　　親子心中をはかって3人の子どもを絞殺し警察に自首した女性の殺人事件につき1948年7月2日に浦和地裁が下した判決に対して、参議院法務委員会は、国政調査権に基づく調査を行い、翌1949年発行の報告書で、刑が軽すぎて失当であるとの見解を述べた。これに対し最高裁判所は「司法権の独立を侵害し、まさに憲法上国会

に許された国政調査権の範囲を逸脱する」とする抗議を申し入れた。国政調査権と司法の独立が衝突したこの出来事については、公式な結論 （有権解釈）は出されていない。

◎重要な事例◎吹田黙祷事件 （1953年）
　1952年に行われた反戦デモと警察の衝突でデモ参加者が騒擾罪に問われた裁判（吹田事件）の訴訟係属中、1953年7月に行われた公判の冒頭で、被告人たちが朝鮮人犠牲者に対する黙祷を行いたいと申し出、裁判長はこれを静観した。裁判長のこの対応について、国会は裁判官訴追委員会を設置し、裁判長の喚問を決定したが、裁判長は裁判の公平性が損なわれるとして出席を拒否した。この喚問は司法関係者による相次ぐ反対のため、行われず、裁判官訴追委員会は、この件を訴追猶予とした（吹田事件は、1968年、騒擾罪については無罪判決が出ている）。

（3）違憲審査制

第81条　最高裁判所は、一切の法律、命令、規則又は処分が憲法に適合するかしないかを決定する権限を有する終審裁判所である。

　違憲審査制とは　　憲法は最高法規なので、これに反する法律や命令は無効となる（98条）。違憲審査制とは、このことを実際に判断する制度、つまり法律、行政その他の国家行為が憲法に違反していないかを審査する制度のことである。すべての国家行為は憲法に基づいて行われなければならないが、現実には憲法の定めに合わない法律や行政行為によって人権が侵害されることもある。そういうときの憲法保障（後述）の制度として、憲法81条は、憲法判断をする権限を裁判所に与えている。この条文によって裁判所は、憲法に反する法律や行政行為に対して《ダメ出し》をすることができるのである。
　本書でも、人権の章でいろいろな憲法訴訟を紹介しているが、それらの裁判はこの「違憲審査制度」に基づいて行われている。
　日本は司法審査制　　違憲審査制には、そのための専門機関を設置する方式（ドイツやフランスや韓国の憲法裁判所など）と、この役割を通常の裁判所の司法作用のなかで行う「司法審査制」の方式がある。日本やアメリカは司法審査制

を採用している。そのため、ある法律や行政行為が憲法に合っているかどうかの判断は、その判断を必要とする具体的な事件があって初めて行われる。たとえば、ある刑法の条文が憲法違反かどうかは、実際にその条文によって逮捕・起訴された者が出て、その者が無罪判決を得るために必要である場合にのみ、裁判所が判断をすることになる。

　ところで、国民の代表が作った法律を裁判官が憲法違反と判断することは、民主主義に反しないのだろうか。『日本国憲法』の下では、多数者による決定であっても少数者の人権を奪う決定や民主主義そのものを否定する決定は認められない。こうしたとき、違憲審査は民主主義に対立するものではなく、民主主義が脱線しないように立憲主義の側面から支え補う役割を果たしている。

　しかし実際には、日本の裁判で違憲の判断が行われることは他国に比べて少ない。とくに外交問題や安全保障の問題になると、裁判所が憲法判断そのものを行わない傾向が続いている。これらは人権の理論だけでなく、裁判所のあり方の側面からも考察すべき事柄が多い。裁判所が立法・行政に遠慮しすぎているとなると、違憲審査制が必要な機能を果たしていないことになるため、本来の役割に沿った前進が期待されている。

■コラム14-1　　国政と主権者の眼──裁判の公開と裁判員制度

　　第82条　裁判の対審及び判決は、公開法廷でこれを行ふ。
　2　裁判所が、裁判官の全員一致で、公の秩序又は善良の風俗を害する虞があると決した場合には、対審は、公開しないでこれを行ふことができる。但し、政治犯罪、出版に関する犯罪又はこの憲法第三章で保障する国民の権利が問題となつてゐる事件の対審は、常にこれを公開しなければならない。

　知る権利と裁判の公開　　憲法は82条で「裁判の公開」を定めている。裁判を国民にオープンにすることで、裁判の公正性を保つ仕組みである。
　裁判や犯罪の報道は、報道対象となった人々にとってはつらいものに違いない。それでも裁判情報や犯罪情報は「知る権利」の対象となる「公共情報」として重要なものである。それには理由がある。私たちは、「知る権利」をもつ国民として、またこうした情報の拡散プロセスに関わることもある表現者として、「裁判の公開」

の意味を知っておく必要がある。

憲法82条では、「対審および判決」を「公開法廷」で行うと定めている。「対審」とは、当事者が原告・被告として対等に主張・請求や防御・反論をする形で審理を行うことをいう。「当事者主義」ともいわれる。この審理と、その判断結果を裁判所が述べる「判決」は、法廷の場を通じて国民に対して公開される。

これは裁判の公正性を確保するためのルールである。このルールは民事訴訟、刑事訴訟、行政訴訟のすべてにあてはまる。

ここではとくに憲法が32条の「裁判を受ける権利」に重ねて刑事裁判について37条で「公開の裁判を受ける権利」を保障していることに注目しよう。刑事裁判の場合にはとくに、不公正な裁判や裁判抜きの違法な刑事手続が行われないように、国民が裁判を見守る仕組みを憲法が確保している。国民の「知る権利」と裁判当事者の「公平な裁判を受ける権利」とが、この仕組みによってつながっているのである。憲法が考案している「裁判の公開」は、犯罪の嫌疑を受けた人をさらし者にして面白がる方向ではなく、国民が良識をもって裁判の公正な進行を見守ることを期待した制度である（例外的に、性犯罪を裁く刑事裁判では、被害者の希望があれば、被害者の氏名は公開されない）。

公開の保障の仕方　ところで、私たちはメディアで言葉による判決内容の伝達や、裁判の様子をスケッチした絵を見るけれども、国会の中継やニュース報道とは異なり、裁判の様子を実写で見ることはできない。これは裁判の進行のために導入されたルールで、裁判公開の原則（国民の側の知る権利と報道の自由）を不当に制限したものとは考えられていない。刑事訴訟規則215条では「公判廷における写真の撮影、録音又は放送」は、裁判所の許可を得なければならないとしており、これについては、「憲法が裁判の対審及び判決を公開法廷で行うことを規定しているのは、手続を一般に公開してその審判が公正に行われることを保障する趣旨」なので、その必要から公判廷における写真の撮影等を裁判所の許可に服させることとした刑事訴訟規則215条は、憲法に違反しない、としている（最高裁1958（昭和33）年2月17日決定）。

裁判傍聴については、裁判所が傍聴者にメモを取ることを禁止したことを憲法違反とした争った裁判（レペタ訴訟）[4]がある。ここで最高裁は「メモを取る権利」を表現の自由に照らして「尊重されるべき」としたが、憲法上の権利とまでは認めず、裁判所の指揮権を認めて上告を棄却した。しかし実際にはこの判決以後、法廷でメモを取ることは認められるようになった。

裁判員制度　裁判に具体的な国民参加を呼び入れる方策として、2009年から「裁判員制度」が始まった。これは2004年に成立した「裁判員の参加する刑事裁判に関する法律」に基づくものである。

殺人、強盗など一定の重罪で起訴された刑事裁判については国民が裁判員として

刑事裁判に参加し、有罪か無罪かの判断と、有罪の場合の刑について、裁判官との合議で決める制度である。裁判員によって審理が行われるのは一審のみで、控訴審以降は専門家裁判官が判断する方式となる。

　法務省や裁判所の広報では、裁判が身近でわかりやすいものになることや国民の司法への信頼が向上することを目指した制度と説明されているが、弁護士を中心とした多くの実務家は、裁判官と検察官とが専門家同士の馴れ合いに陥りやすいことを指摘し、公正な手続による裁判が行われているかどうかを国民の目と良識で直接にチェックすることが重要だとする。裁判員制度を憲法違反と見る主張もあり、訴訟も起きている（12章の「参政権」の項目も参照してほしい）。　　　　【志田陽子】

◎重要判例◎裁判員制度訴訟

最高裁2011（平成23）年11月16日判決
　覚せい剤取締法違反事件の裁判で行われた裁判員裁判が憲法31条、32条、37条1項、76条1項、80条1項に違反しているとの主張につき、最高裁は「憲法上、国民の司法参加が禁じられていると解すべき理由はない」として、合憲の判断を示した。

■コラム14-2　学生と教員の裁判見学記

　選挙権や成年年齢、そして裁判員対象年齢が18歳に引き下げられ、10代の生徒、学生に対する法教育の必要性が高まっている。美術大学で学生たちと裁判傍聴ツアーを実施しているのもそのような趣旨に基づいている。とくに、「芸術と法コース」に進むことも視野に入れた「芸術文化基礎ⅡA」では、図やイラストを入れて工夫をこらし、誰が見てもわかりやすい裁判傍聴のためのパンフレットを作成し、最終回でそれを持って実際に裁判所に傍聴しに出かけている。学生たちが傍聴後提出してくれたレポートから感想を引きつつ、日本の裁判所、裁判制度に対して10代が抱いた感覚を概観してみよう。

　当日。インターネットや本で既に裁判、裁判所のことを調べていた学生だが、いざ庁舎に入ると「想像よりも緊張した」「裁判所で一日過ごすって圧迫感がありそう」。その一方で老若男女問わず多くの人が傍聴に来ており、開廷表に群がる人たちに驚いていたようだが、「このように裁判傍聴する人は年々増えているのだから初めての人向けにガイドがいたらもっとわかりやすい」などの意見も。いつも陽気な学生も顔がこわばってきたので、「まずは腹ごしらえ！」と食堂のある地下へ。

手荷物検査などが行われる１階と対照的に、食堂をはじめ本屋、郵便局、コンビニまでそろって生活観が漂う雰囲気に学生は驚くようで、「冷たいイメージが少し変わった気がする」「気分転換の場所になってちょうどいい」などの感想が。

　さて、肝心の裁判傍聴であるが、やはり関心は民事よりも刑事裁判に向くようである。検察官と弁護士の間でドラマのような丁々発止としたやりとりが見られるのでは、と期待して来たようだが傍聴した裁判自体は、「実際は流れに従った静かなものであった」「淡々と執り行われた」。ただ、傍聴が進む中で検察官や裁判官の被告人に対する厳しい尋問、質問に「それはもうすさまじかった」という感想も。また被告人の家族に対して「何度も捕まっている人だから奥さんも何度も裁判所で泣きながらお話しているのかと思うととても胸が締め付けられました」など、強く感情をゆさぶられる場面もあったようである。そして自分たちがいま、まさに法廷で裁判を見ているということについて「もうみせしめになりたくない、罪に問われたくないという思いを容疑者に与え、少しでも更生の途をたどれるように」「国民全体で更生を見守って行くのは少し素敵なことだ」「商店街の大人全員でやんちゃな悪ガキを怒りながら成長をやさしく見守って行く感じ」「裁判は、良くも悪くも人の人生を変え、私たちは自らの意志でそれに立ち会っている。それもとっても大きなこと」という意識をもったようだ。それでも、一歩法廷をでて、直前まで傍聴していた裁判の「弁護人と被告人の内縁の妻が傍聴人に混じってエレベーターに乗ってきた」ことに不思議な感じがしたようである。しかし、「裁判を通じて人とのつながりの強調や法による一定の流れから生まれる統一などを感じる」という言葉を見ると、裁判という無機的にみえる仕組みも自分たちと同じような生活を送っている人間が動かしているのだし、そこに関わる人たちも涙を流し怒りを表す人間であること、そしてその仕組みが恣意的な感情では無く法というルールによって動いているのかどうかを見守るのも人間であることを体感できたようである。このような「生の感覚」がもてる機会を得て、彼女たちのような視覚に訴えかけるアートという強い武器をもっている者たちが、複雑な文字情報で成り立っている法の世界をわかりやすく可視化して、さらに若くみずみずしい感性をもっている次の世代に伝えることを期待している。

【奥山亜喜子】

2　憲法保障の重要課題

（１）憲法保障とは

憲法保障とは、国家が憲法から逸脱した統治を行わないように、憲法のルー

ルを守らせる仕組みのことである。公権力による憲法違反を防止し、憲法による秩序を安定させる制度設計が、憲法のなかには組み込まれているのである。主なものを挙げてみると、以下のようになる。

　宣言による憲法保障　　憲法の最高法規性の宣言（97条、98条）や、主権・人権に関する宣言（前文からの各条文）。

　公務員等の憲法尊重擁護義務　　国家権力を行使する公務員、国家権力を行使しないことになった天皇などに憲法尊重擁護義務を課す99条。

　憲法改正手続　　憲法改正の手続の厳しさも、憲法保障の重要な柱である。

　権力分散の仕組み　　立憲主義をとる国家では、国家権力を一点に集中させず分散する仕組みを採用している。「三権分立」と「地方自治」については前章を参照してほしい。

　違憲審査制度　　実際に憲法が守られず国民が侵害を受けたときのために、前述の違憲審査制度が採用されている。

（2）憲法改正のルール

　第96条　この憲法の改正は、各議院の総議員の三分の二以上の賛成で、国会が、これを発議し、国民に提案してその承認を経なければならない。この承認には、特別の国民投票又は国会の定める選挙の際行はれる投票において、その過半数の賛成を必要とする。……

　憲法96条と憲法改正国民投票法　　この章では、重要な憲法保障の制度として、違憲審査制に続き、憲法改正手続について取り上げる。

　憲法改正の手続については、多くの国で、通常の法律よりも厳格な手続を要求し、簡単には改正できないようにしている（硬性憲法）。日本国憲法もこのタイプに属している。改正要件の厳しさは、憲法が国家の土台を定めるルールであることの重さを考えれば、必要なものである。

　憲法を改正するさいには、まず国会の衆議院・参議院の両方で「総議員の３分の２」という特別多数による「憲法改正案」可決が求められる。通常の法律の制定・改廃の場合には「出席議員の過半数」が可決の要件なので、これに比

べるとかなり厳格な（ハードルの高い）要件になっていることがわかる。しかしこれだけでは改正は成立しない。国会はこの要件で可決された憲法改正案を国民に対して「発議」することになる。これについて国民投票が行われ、有効投票数のうち過半数の賛成票があったとき、憲法改正が成立する。この国民投票は、国民主権がもっとも直接に現れる場面として重大な意味をもつ[5]。

　この改正に関する具体的な手続きについては、「日本国憲法の改正手続に関する法律（憲法改正国民投票法[6]）」に定められている。

　国民投票運動と教員　　教員と公務員については、特殊なルールがある。ここでは教員に関するルールを見ておこう。憲法改正案に対し賛成または反対の投票をするように（またはしないように）勧誘することを国民投票運動といい、一般人は自由にこうした運動を行える。ただし、公務員等と教育者は、その地位を利用した国民投票運動をすることは禁じられる。憲法改正国民投票法103条の骨子を抽出してみると次のようになる。これは、有権者の自由な議論プロセスを守るためのルールなので、公務員や教育者は、自分に課されたルールを誤って一般市民や学生・生徒に押しつけることのないように、正確な趣旨理解が求められる。投票の意義や手順について解説することは禁止対象ではない。

　第103条　国若しくは地方公共団体の公務員若しくは行政執行法人……若しくは特定地方独立行政法人……の役員若しくは職員……は、その地位にあるために特に国民投票運動を効果的に行い得る影響力又は便益を利用して、国民投票運動をすることができない。
　2　教育者……は、学校の児童、生徒及び学生に対する教育上の地位にあるために特に国民投票運動を効果的に行い得る影響力又は便益を利用して、国民投票運動をすることができない。

　改正の内容的限界　　ただし、この厳しい手続をクリアして行われた変更であっても、この憲法を生み出し支えている基盤となる部分を削除したり、これと相いれない根本ルールを定めて優先させることは、この憲法の同一性が失われてしまうので、許されないと考えられている。それは「改正」ではなく、この憲法そのものの否定・破棄となるからである。これは「改正の限界」と呼ばれる（後述のコラム参照）。国民がそれでもその《破棄》を選択した場合には、

国民は別の原理に基づく別の国家形態を選んだことになる。

■コラム14-3　憲法保障と憲法改正の限界[7]

憲法改正に限界はないのか？　民主主義は、国民が国の政治の決定権をもつ、国民主権を前提としている。したがって、国の制度を定めている憲法を制定する力（憲法制定権力）や、改正する力（憲法改正権力）を国民がもっていることは当然のことである。

では、国民が望めば、どんな内容に憲法を変更することも可能だろうか？　例えば、日本国憲法を改正し、国民主権から天皇主権に改正することは可能なのだろうか……？

各国の憲法改正禁止条項　多くの憲法学者たちは、憲法改正には限界があると考えている。たとえば、日本国憲法は前文で人権や国民主権に反する憲法の改正を禁止しており、ドイツ基本法と呼ばれるドイツ憲法は1条に「人間の尊厳」についての憲法改正を禁止している。フランス第五共和制憲法も、89条に「共和政体」の改正禁止条項を規定している。このように、諸外国にも憲法改正に制約を設けている憲法は多く存在する。

憲法とは、たとえ国家が存在しない状態（自然状態）であっても、「人間は生まれながらに自由で平等である」という考え方（自然権）を法として体現したものである。このような考えに基づいて、日本国憲法には、国民主権、基本的人権の尊重、平和主義が規定されており、これらは日本国憲法の三大原理と呼ばれている。これらの3つの原理は、今後、いかなる憲法改正が行われようとも改正され得ないと考えられている。では、なぜこれらの原理を改正することができないのだろうか？

憲法改正の限界のもつ意味　憲法とは、国民がもつ憲法を作る力（憲法制定権力）によって生み出されたものである。したがって、国民がもつ憲法を改正する力（憲法改正権力）は、憲法制定権力のいわば子どもということになるが、この憲法改正権力が、民主主義の根本である国民主権を放棄するとなれば、これはまさに国民主権の自殺行為といえよう。したがって、国民主権は改正され得ないと考えられているのである。

近代憲法は、国民主権原理とともに「個人の尊厳」という原理を主柱として構成されている。上述したように、憲法とは自然権を実定法化したものであり、「個人の尊厳」は自然権にとって不可欠な要素であるため、改正され得ない。日本国憲法前文は、人権と国民主権を「人類普遍の原理」と定め、「これに反する一切の憲

法、法令及び詔勅を排除する」と定めているのは、この理由によるものである。

　平和主義の原理もまた改正され得ないと考えられている。日本国憲法は、平和憲法とも呼ばれるが、平和主義を謳った憲法は日本国憲法に限られるものではない。古くは1648年に締結されたウエストファリア講和条約や、国家の軍事力のコントロールを目的とした1689年のイギリス権利章典は、近代公法における平和主義の発展に貢献してきた歴史をもち、これらの概念は、戦争放棄に関する条約として現在の国際法や、アメリカ合衆国憲法、フランス第四共和制憲法、イタリア憲法等、多くの憲法に引き継がれている。このように、平和主義とは古くからの制度史に基づく原理であること、また、国民主権原理や個人の尊厳という原理とも不可分であることから、この原理も改正され得ないと解されている。

　憲法保障の２つの柱　　そして、これらの概念を包摂する憲法を守るために、日本国憲法には81条と98条に定められた違憲審査制と憲法99条に定められた憲法尊重擁護義務という２つの柱がある。前者が法令の合憲性審査という違憲状態を是正する機能であり、憲法尊重擁護義務は、公権力の担い手である公務員に対して憲法尊重擁護義務を課すことにより、憲法を守るための制度である。前者が違憲状態を事後的に矯正する制度であるのに対し、後者は違憲の憲法運用を事前に抑制する機能をもっている。

　したがって、上述の問いのように、もし多くの国民が天皇主権を望むことがあっても、天皇主権を定める憲法の改正は不可能であると考えられている。当然のことながら、国民主権と天皇主権は相容れないからである。

　憲法に「国民の義務」を規定？　　ところで最近、憲法を改正し、「国民の義務」を盛り込もうという動きがある。憲法の内容は国によって様々ではあるが、日本国憲法であれ、他国の憲法であれ、憲法とは人権保障をその目的としている。したがって、憲法に国民への義務を規定するのは、憲法の存在理由と明らかに矛盾する。

　もしかしたら、皆さんは、日本国憲法にも国民の三大義務と呼ばれる「納税」、「教育を受けさせる義務」、「勤労の義務」という「義務」の規定があるではないかと思われるかもしれない。しかし、その意味するところは、「教育を受けさせる義務」とは、憲法26条に規定されているように、子どもの「教育を受ける権利」を保障するために、親に「教育を受けさせる義務」を課している。同様に、「勤労の義務」も憲法27条と28条に規定される労働基本権とのパラレルに規定されていると解され、また、「納税の義務」も憲法83条と84条に規定される財産権の保障や租税法律主義についての訓示的な規定であると解されている。したがって、これらの「義務」の目的は、あくまで私たちの権利保障にあるという点に留意しなければならない。

　近年、憲法改正についての議論がかまびすしいが、憲法改正の是非については、以上の点を踏まえた上で考えなければならないだろう。　　　　【伊藤純子】

【注】

1) 　立法権（国会）に関する条文のほうにも、これに対応する条文がある。64条国会は、罷免の訴追を受けた裁判官を裁判するため、両議院の議員で組織する弾劾裁判所を設ける。
2) 　2章「参政権」の項目も参照してほしい。
3) 　現実には、憲法が採用した仕組みが裁判官にとって厳しい負担になっていないか、疑問視する議論が多い。最高裁判所裁判官を内閣が任命する制度については、裁判所が違憲審査権を行使しにくいのはこれが原因となっていると考えられるため、司法の独立・裁判官の独立の趣旨から見て問題のある制度だとの指摘が多い。
4) 　レペタ訴訟（メモ採取不許可国家賠償）最高裁1989（平成元）年3月8日判決。
5) 　本書2章の参政権の項目も参照してほしい。
6) 　平成19年に制定、平成22年に施行。総務省HPに国民投票の一般向け解説がある。
7) 　参考文献：芦部信喜『憲法　第7版』（岩波書店、2019年）、樋口陽一『六訂　憲法入門』（勁草書房、2017年）。

☆参考文献はすべて、学生向けのおすすめ参考文献です。より詳しい参考文献を、「電子版Appendix」（QRコードでアクセス）に掲載しています。

安全保障と平和主義

廃墟から芽吹いたルール

　それぞれの国は、多くの他国との関係のなかに存在している。そこでは、対話や相互協調が必要であり、そのために「外交」が行われる。しかし現実の世界はまだ戦争や武力紛争、軍事的緊張というものを克服しきれずにいるため、多くの国はそうした状況に備えてそれぞれの対応策（安全保障）をもっている。

　国の安全保障をどのような内容にするかは、揺れ動く環境の中で大勢の乗客を乗せたバスをどう運転していくかという問題と似ている。

　日本国憲法には戦争と平和、安全保障の問題について、日本国が行った選択が書き込まれているが、現在、この選択をどう継受していくか、議論が行われている。そこでは、周囲の環境の把握と安全最優先の制度づくりが欠かせない。

1 「平和のうちに生存する権利」と「戦争・武力の放棄」

憲法前文（抜粋）

　日本国民は、……政府の行為によつて再び戦争の惨禍が起こることのないやうにすることを決意し、……この憲法を確定する。……

　日本国民は、恒久の平和を念願し、人間相互の関係を支配する崇高な理想を深く自覚するのであつて、平和を愛する諸国民の公正と信義に信頼して、われらの安全と生存を保持しようと決意した。われらは、平和を維持し、専制と隷従、圧迫と偏狭を地上から永遠に除去しようと努めてゐる国際社会において、名誉ある地位を占めたいと思ふ。われらは、全世界の国民が、ひとしく恐怖と欠乏から免かれ、平和のうちに生存する権利を有することを確認する。

　われらは、いづれの国家も、自国のことのみに専念して他国を無視してはならないのであつて、政治道徳の法則は、普遍的なものであり、この法則に従ふことは、自国の主権を維持し、他国と対等関係に立たうとする各国の責務であると信ずる。

（1）日本国憲法誕生と平和的生存権

　基本構図の確認　　戦争や紛争を食い止め平和を構築することは一国だけではできないため、国際社会のなかで公正・公平な規範と実効的な仕組みを作り上げていくことが、世界の課題であり続けている。日本国憲法前文には日本国民がこの課題にコミットしていくことへの決意が込められている。

　最初に、憲法全体に通じる基本を確認しておこう。それは、《国民のために国家の統治がある》という基本ベクトルである。国民が人間らしい生存をしていくために必要不可欠な事柄を定めたものが憲法上の「人権」であり、その人権を守るために国家が働く。憲法はこのことを明確にするため、国家に「これをしてはならない」「これをせよ」と命じている法である。

　日本国憲法における平和主義も、こうした基本の上に立っている。まず守るべきはその国に暮らす現実の人間であり、そのために保障されることとなった権利は、憲法前文の「平和のうちに生存する権利」（以下、「平和的生存権」）である。日本国は、第二次世界大戦中、自国民の生命を国家目的実現のための道具として大量に消尽してしまった。この反省から、人間の生命保護のほうが目

的であり、それを守るための手段として国家があるのだ、という方向転換が強く確認された。この方向（ベクトル）を再び逆転させることは国家存立の根拠を失うことになるため、許されない。

その普遍性と独自性　前文の「平和的生存権」には通常の「国民の権利」以上の広がりがある。この権利の主体は「全世界の国民」である。平和は、自国だけでは実現できず、諸国が協力し合わなければ実現できない。そのさいに、国家以前に存在する諸国民（人間）を守るために諸国が譲歩し合うのだ、という発想が示されている[2]。

　このことを、国際社会のおおまかな流れと一致する「普遍性」と、日本固有の決断を示す「独自性」の両面から理解してみよう。前文は「平和のうちに生存する権利」を含む「政治道徳の原則」を「普遍」のものとして、国際社会と世界史への理解を確認している。しかし日本国憲法前文がこれを「権利」として宣言したことには、それまでの国際社会の合意を一歩超える独自性がある。

　このときに日本が選択した価値が、前文によく表れている。ここでは、その時々の国際社会の流れに受け身で従うわけではなく、「平和を愛する諸国民」、「公正と信義……平和を維持し、専制と隷従、圧迫と偏狭を地上から永遠に除去しようと努めている国際社会」を信頼する、という方向性が描かれている。ここには、それまでに多くの国が共有してきた「法の支配」確立の歩みを受け継ぎ、世界の平和秩序作りの流れに参入しようとする決意が表れている。もちろん、現実の国際社会が常にこのような理想の状態にあるわけではない。だから、日本国憲法前文のこの一節は、このような国際社会を作っていくための役割を日本が担うこと（責任）の決意を表している、と読むべきことになる。

（2）憲法第9条の意味

第9条　　日本国民は、正義と秩序を基調とする国際平和を誠実に希求し、国権の発動たる戦争と、武力による威嚇又は武力の行使は、国際紛争を解決する手段としては、永久にこれを放棄する。
2　前項の目的を達するため、陸海空軍その他の戦力は、これを保持しない。国の交戦権は、これを認めない。

　この条文の文言をめぐっては、次の点で解釈が大きく分かれ、政治の場でも学問の場でも議論されてきた。

①第9条1項で放棄された「戦争」と「武力の行使」とは何か。これは侵略のための「戦争」「武力の行使」だけを放棄したものか、自衛戦争を含むすべての戦争・武力行使を放棄したものか。

②第9条2項は、国際平和希求を目的として、あらゆる戦力保持と交戦権を禁止したものか。それとも侵略戦争を目的とする戦力保持および交戦権だけを禁止したものか。

　日本が選択したものは　先に見た「平和のうちに生存する権利」は、世界標準となるべき普遍的価値をもっている。しかし、これを守っていくための方策・制度については、国ごとにさまざまな選択があり、現状を見る限り、答えは一つに揃っていない。

　そのなかで日本は、9条のような選択をした。

　9条1項の内容は、国際社会が長くめざしてきたことと概ね一致する。ただ日本以外の多くの国は、ここで禁止される「戦争」は侵略戦争のことであり、攻撃を受けた場合の自衛行為は禁止されない、との考えのもとに軍隊をもっている。そうなると、ここでもし9条の禁止を「侵略戦争」に限定するとしたら、それは国際社会の当然・最低限のルールを確認しているにとどまる。その理解でよいとする説と、それではわざわざ9条を置いた意味は薄いので、それより強い意味がこめられている、とする説がある。

　ここで1項の解釈をいったん保留にしたとしても、9条2項には日本独自の決断が込められている。「戦力を保持しない」とは、物的に戦争の手段となる装備（兵器）や人員・組織（軍隊）をもたないということである。次に、「交戦権を認めない」というのは、国家のルールの問題として、「戦争をする権限」を認めないということである。この規定を、「国際平和を誠実に希求」するためにそう決めたのだ、と読むならば、「戦争」はいかなる理由があろうとも行うことができない、ということになる。したがって、ここで仮に正当防衛の考え方に基づいた自衛のための応急的な実力行使（相手からの不当な攻撃から国民を避難させる時間を稼ぐための防御的反撃など）が認められるとしても、このこと

を理由として「戦争」にまで踏み込むことは、1項と2項の組み合わせによって禁止される。

　この2項の読み方について、「国際紛争を解決する」という目的に限定して戦力と交戦権を捨てるのだとする解釈は、今日ではほとんどとられていない。しかし近年になって、集団的自衛（後述）のための「戦争」参加も選択できるようにするために、この説をとってはどうか、との議論も聞かれる。

　日本が実際にとってきた安全保障政策は、この憲法の規範とは異なる道を歩んできたのではないか、ということが、1951年以来、長く議論されてきた。具体的には、国または国民が攻撃を受けたとき、どのように対応するべきか。また、その対応のための組織として設置され発展してきた防衛省と自衛隊について、その活動内容や装備品の内容についてはどうか、自衛隊は「戦力」ではなく「実力」だから合憲という説明は成り立つか、といった問題がある。

2　国際社会のなかで揺れる日本の平和の守り方

(1) 世界史で考える平和秩序構築の流れ

　戦争の悲惨さは世界共通である。憲法の歴史を見ると、1791年の『フランス憲法』、1891年の『ブラジル憲法』が侵略戦争の放棄を定め、1911年ポルトガル憲法、1917年ウルグアイ憲法は武力行使の前に仲裁裁判を行うことを定めた。そして第一次世界大戦後、第二次世界大戦後と時代が進むにつれて、国際法によって戦争そのものを原則違法とし、武力行使を自衛のためだけに限定する考えが共有され、多くの国が自国の軍隊の行動に対して、この考え方に沿った法的制約を課すこととなった。

　とくに1928年の「パリ不戦条約」のなかに、「国際紛争解決のための戦争を非とする」「国家の政策の手段としての戦争を放棄する」という宣言が書かれ、日本を含む15カ国が署名している。第二次世界大戦後の1945年に調印された国連憲章（現在のもの）にもこの趣旨を汲んだ表現が使われている[3]。日本国憲法第9条1項の内容は、国際社会が長くめざしてきたものを素直に受けたものだとわかる（条約と憲法の関係については、後述のコラムを参照）。

「日本国憲法」の平和主義は、その特殊な成立過程[4]がクローズアップされることが多い。しかし、大きな流れでとらえれば、日本国憲法はこの数百年の世界の歩みに合流しつつ、独自の選択を加えて前進したものとなっている。

（2）冷戦・自衛隊・日米安全保障

冷戦と日本の選択をめぐる議論　「日本国憲法」の平和主義をめぐっては、9条は自衛のための戦闘を認めているか？　自衛隊は憲法上認められる組織か？　外国の軍隊を日本国内に駐留させ相互協力を定めた「日米安全保障条約」は憲法上認められる条約か？　といった問題が議論されてきた。そこに2015年以降は、日本は自国が攻撃を受けていない場合でも、他国の防衛のために実力行使をすることが認められるのか？　という議論が加わった。

　日本国憲法が制定された後、国際社会の様相が第二次世界大戦終了時の構想とは異なり、2つの陣営に分かれて敵対視しあう「冷戦」の状態に陥ったことを受けて、日本の平和・安全の守り方も大きく変化することになる。「冷戦」の局地戦というべき朝鮮戦争の勃発（1950年）をきっかけにして、現在の「自衛隊」が作られた。このとき日本政府は、日本国憲法は自衛権に基づく自衛力（戦力には至らないもの）の保持は禁止していない、との見解を示した。

　この時期、日本の主権回復を正式に認める対日講和条約[5]が結ばれたが、これと同時に結ばれた日米安全保障条約[6]によって日本とアメリカの協力関係が定められた。米軍基地の建設と米軍日本駐留はこれらの条約に基づいている。

　主な裁判例　裁判所の姿勢はどうだろうか。最高裁判所は、自衛隊の存在や日米安保条約が憲法上許容されるものかどうか、まだ判断を示していない。下級審では、違憲判決も見られる。自衛隊について憲法違反と判断した長沼事件の札幌地裁・1973年判決[7]や、「日米安全保障条約」に基づく米軍駐留を9条2項が禁じる戦力の保持にあたるとして憲法違反とした砂川事件の東京地裁・1959年判決[8]がそうである。これを除けば日本の裁判所は自衛隊と「日米安全保障条約」についての憲法判断を避けてきた。[9]

名古屋高裁2008（平成20）年４月17日判決
　2004年から2006年にかけて行われたイラクへの自衛隊派遣の違憲性を争った裁判。原告の賠償請求は棄却されたが、憲法９条に反し違憲な部分が含まれるとする見解、および「平和的生存権」を具体的権利とする見解を含む判決が出された。

（3）21世紀に残された課題

　冷戦の懸念から出発した自衛隊と日米安全保障体制は、本来であれば冷戦終了とともに見直し検討が行われるべきだったが、実際にはそうはならなかった。冷戦終了と同時に起きた第一次イラク戦争、21世紀の始まりと同時に起きた同時多発の自爆テロ事件によって国際的緊張が高まり、日本の平和・安全保障もこれに大きく影響されることになった。ここには、日本とその周辺の自衛の問題と、世界の平和に対する国際貢献の問題がある。

　日本の自衛をめぐって　　日本の防衛と日米安全保障については、1999年に「極東有事」に備える目的で「周辺事態法」（「周辺事態に際して我が国の平和及び安全を確保するための措置に関する法律」）が制定され、2003年には「武力攻撃事態法」（「武力攻撃事態等における我が国の平和と独立並びに国及び国民の安全の確保に関する法律」）、2004年には国民保護法（武力攻撃事態等における国民の保護のための措置に関する法律）が制定され、有事のさいに日米共同で事実上の軍事行動を行う下地が作られた。これらの法律にのっとって自衛隊が「防衛出動」したときには「必要な武力を行使することができる」（自衛隊法88条１項）。しかしこの規定は「武力の威嚇または行使」を禁止する憲法の規定と衝突するので、これが認められる場合とは、日本が攻撃を受けたときの「正当防衛」（個別的自衛権）に限られると考えられてきた。

　2015年までは、おおよそ、このような理解が共有されてきた。しかし2015年９月以降、ここに大きな変更が生じた。

　日本の国際貢献のあり方をめぐって　　『国連憲章』第42条や国連の決議によって行われる「国連平和維持活動（PKO）」は、武力行使までを認める活動である。武力の行使を禁じている日本国憲法の下では、日本がこれに参加すること

はできず、経済的援助や文民参加の形で国連に協力してきた。

　1992年、政府は武力の行使を伴わないことを条件として自衛隊を海外に派遣することを定めたPKO協力法（「国際連合平和維持等に対する協力に関する法律」）を成立させた。自衛隊はこの法律に基づいて、カンボジア（1992年）、モザンビーク（1993年）、イラク（2003-2006年）など世界各地に派遣されている。いずれも戦闘には参加しない人道支援活動に限られていた。

　この国際貢献のあり方にも、2015年以降、大きな変化（活動範囲と活動内容の拡大）が生じることになった。

（4）「集団的自衛権」問題

大規模な法制度変更　　2015年、日本は「集団的自衛権」としての武力行使を一定条件のもとで行うことを制度化する多数の法改正（「平和安全法制」）を行った。その中心的な内容は、日本が攻撃を受けていなくても日本と密接な関係にある国のために武力行使や後方支援ができる、というものである。また、国際平和貢献のために自衛隊が海外派遣される場面も、それまでより広がった。このことが憲法に適合するかどうかについて、多くの議論が行われている。

集団的自衛の憲法適合性　　2015年以降の日本の安全保障法制は、自国およびその周辺の防衛と「世界平和」への貢献の全体において、日本の軍事的協力のあり方を変更・拡大するものとなった。

　まず、①日本が実際に他国から攻撃を受けた場合の有事については、2003年以降、「武力攻撃事態対処法」「自衛隊法」などで、自衛隊が「防衛出動」、「武力行使」、「防衛出動」を行うことが定められている（前述）。2015年以降はこれに加えて、②日本と密接な関係にある他国と共通の有事が認められた場合にも、日本の自衛隊が上記のような「防衛出動」「武力行使」を行い、また他国の軍隊に対する「後方支援」を行えることとなった。

　これらの法制度は、それまで国民の間で合意されてきたと考えられる実力行使の地理的限界や活動内容の限界を取り払ったことになるため、この内容が現行の憲法に違反しないか（憲法改正なしには成り立たないのではないか）という議論が続いている。また、この法制度全体を憲法違反に問う裁判も各地で提起さ

れている（2022年末時点）。

「国際社会全の平和と安全」　　上の流れで「国際社会全の平和と安全」のための自衛隊の活動にも大きな変更があった。変更後の活動は、国連の平和維持活動（PKO）の一部として戦争終結後の地域で行う人道支援活動（食糧の提供や道路修復など）と、戦闘中の他国の軍隊に食料や燃料を補給する後方支援活動の二種類に分かれる。この後方支援活動が人道支援にとどまらない軍事活動であることについて、憲法と抵触することが指摘されながら、この法制度のもとで実際の派遣が行われた。[11]

国際社会への責任　　2022年3月には、ロシアがウクライナに軍事侵攻を行ったことで、世界中が憂慮する事態となった。日本の国会（衆参両議院）も一方的な軍事侵攻について非難する決議を行っている。この国際情勢を受けて、日本もこれまで以上に軍事的な意味での自衛能力・反撃能力を持つべきだとする議論、独自の核兵器を持つべきだとする議論なども出てきた。

まず、日本は戦争当事国ではないが、平和を回復するために国際社会と協力する責任を自ら宣言している国である。まずは、軍事力に頼らずに国際紛争を解決する道を選ぶとしている憲法を持つ国として、できることを果たしていくべきである。

その上で、それでは立ち行かない事柄がどうしてもあって憲法改正が必要であるというならば、その議論も並行して行わなくてはならないが、そのための前提として、主権者である国民に十分誠実な情報提供と議論の機会の提供が行われる必要がある。国際社会の環境悪化を理由に、国が選択した方針を修正しなければならなくなったとするならば、それは国内的には国民への情報開示を十分に行い、世論の形成と政治への反映を可能にした上でなければならないし、国際社会に向けては、本来目指されていた活動を十分に行ったあとでなければならない。

■コラム15-1　国際社会のなかの日本国憲法

　国際社会の発展　　人類の歴史において、戦争は幾度も繰り返され、科学技術の発展と共にその被害は拡大されていった。そしてこのような惨禍を反省し、平和を構築するための努力も続けられ、失敗を繰り返してきた。ヨーロッパを荒廃させた宗教戦争を終結させるために結ばれたウェストファリア条約が国際法の始まりとされているが、これによって生み出された秩序＝国際社会は、主権国家の並列状態を前提としたものであり、紛争当事者の間に介入して強制的な手段を用いて解決をもたらすことは難しかった。また、国際法主体は国家とされ、個人は国家が国際法に拘束される過程で関わるにすぎなかったから、戦争犯罪者の処罰も被害者の救済も不可能であった。このような体制は第一次世界大戦末期に国際連盟が成立した後も変わらなかった。国際連盟の最高機関は総会であり、主権平等原則に基づく全会一致制をとっていたため強制力を伴う紛争解決手段が講じられなかったのである。その結果第二次世界大戦を防ぐことができなかったことは周知の事実であろう。

　さて、このような欠点を克服すべく成立した国際連合は1945年の国際連合憲章を法的根拠としている。その1条によると、国際平和・安全の維持（1項）が設立目的としてまず掲げられている。これに関する責任を負うのは安全保障理事会であり（24条）、多数決制に基づくその決議は全加盟国に対して拘束力をもつ。そして「平和に対する脅威」「平和の破壊」「侵略行為」の存在を決定し（39条）、加盟国に勧告し、従わない場合には制裁を加えることができるようになった（41、42条）。しかも制裁は経済制裁、禁輸措置、外交関係断絶などの非軍事的制裁から加盟国による武力行使の容認、国連軍による軍事的制裁にまで至っている。もっとも常任理事国5カ国（米英仏中露）には拒否権が認められており（27条）、とくに冷戦期に国連が十分な機能を果たすことができなかったのも記憶に新しい。さらに2003年には、戦争犯罪（「集団殺戮」「人道に対する罪」「侵略の罪」）について個人の刑事責任を追及する常設の国際刑事裁判所が設置されている。

　もう一つ、「国際の平和・安全の維持」と並び憲章1条3項では「人権・基本的自由の尊重」が目的として掲げられている。そして68条に基づき国連人権委員会（2006年に国連人権理事会へ改組）が設置され、その後の「世界人権宣言（1948年）」「国際人権規約（1966年）」の採択へと役割を果たした。とくに後者を構成する3条約のうち自由権規約選択議定書は個人通報制度も含んでおり、これは人権問題が国家と国民との間の国内問題であると考えられてきた従来の国際法秩序からの大きな転換といえよう。第二次世界大戦下、ナチズムやファシズムによる残虐な人権侵害行為により、国家による人権保障には限界があること、国家を超えた人権保障の枠組が必要であることを認識したことによるとされている。平和・安全の維持

と人権の国際的保障はいまや不可分の関係にあると考えられているのである。

　なお、地域的組織ではあるが、部分的に加盟国の主権を制限し、国境を超えて取り組むべき課題につき政策を共有する欧州連合もある。設立の背景には、軍事力の根底にある産業部門を共同管理することで、歴史上繰り返されてきたフランス・ドイツの対立に終止符を打とうという理念があったが、現在では域内国境の廃止、共通通貨の導入、加盟国に直接適用される法の制定やその統一的解釈・紛争処理を目的とする欧州司法裁判所設置など、従来は国家主権根幹に関わるとされてきた分野についても権限の委譲が拡大されている。

　日本国憲法の国際協調主義と条約の法的地位　　日本国憲法は前文の国際協調主義の下、98条2項で「日本国が締結した条約及び確立された国際法規は、これを誠実に遵守する」と規定する。また97条は基本的人権の尊重が「過去幾多の試練に堪へ」てきた「人類の多年にわたる自由獲得の努力の成果」としており、欧米の人権保障の歴史に基礎を置くものであるといえよう。とくにわが国においては、国際社会の変化に背を向け、悲惨な戦争を引き起こし甚大な被害をもたらしたことに対する反省と、再び国際社会の一員として復帰し平和と人権保障に貢献するという姿勢を示さねばならなかった。その実践として、わが国は1956年に国際連合に加盟し、経済社会理事会の理事国や安全保障理事会の非常任理事国として参加し、財政面でも運営を支えてきている。また（憲法9条との整合性が議論されたが）国連平和維持活動への参加も1992年以降続けられている。

　さて、このような活動がその法的根拠としているのは国連に加盟する多数国相互間で締結される条約（国家間の合意であれば「協定」「宣言」「憲章」など名称は問わない）である。このような条約と国内法との関係について、整理しておく必要がある。まず、条約と法律の関係であるが、これは98条2項の趣旨を根拠に、条約が優位するということで学説上争いは無い。これに対して、憲法との関係については争いがある。条約優位説は①憲法のとる国際協調主義、②98条2項は憲法制定権をも拘束、③同条1項、81条に「条約」が挙げられていない、ということを根拠とする。これに対し、憲法優位説は①条約締結についても憲法が規定、②98条2項は違憲の条約の遵守までは認めていない、③1項に「条約」が挙げられていないのは2項があるからであり、81条は裁判所の判断に適さない場合を配慮した、④憲法の改正には国民投票が必要（96条）だが条約は国会の承認で足りる（73条3号）、ということを根拠としている。なお、憲法は基本原理とそれ以外の部分の段階構造をなしており前者は条約より優位し、後者は条約より下位にあるという折衷説もある。最高裁判所は日米安保条約の違憲性が争われた砂川事件（最高裁1959（昭和34）年12月16日判決）で条約が「一見きわめて明白に違憲無効であると認められない限り」は司法審査が及ばないと判示したが、逆にいえば条約が司法審査の対象となりうる場合もあることを認めたわけで、憲法優位説に立っていると解されている。な

お、わが国において条約は特別の立法措置（変形手続）を必要とせず、公布により直ちに国内法としての効力をもつと考えられ、実務もそのように行われている。

【奥山亜喜子】

3　環境・災害と「平和のうちに生きる権利」

（1）災害大国の福祉型危険任務

　日本は常に多くの災害を抱える国であり、災害への備えと対処は臨時の突発的事件としてではなく、通常の統治の根幹に組み入れるべき事項である。憲法25条2項からすれば、国はこうした場合に国民を守る義務がある。現行の消防・警察組織では対処しきれない高度な装備と特殊技能をもつ実働組織は、日本のような災害大国では確かに必要といえるし、その根拠も25条や前文の中にある。

　しかしこの種の事柄と、国家にとって異例中の異例の非常事態である《外国からの武力攻撃》を想定した防衛の問題とは、本来、別次元のことである。これを軍事的な実力組織である自衛隊の一部門としておくことは、迅速な救助・復興活動の面からも、こうした福祉型の特殊任務を志望して入隊した者の職業選択の自由の面からも問題がある、との指摘は多い。

　災害から人間を救済することや、破壊されたインフラを復旧することは、福祉国家の責務という観点から、軍事的防衛とは別の論理と組織立てで、しかるべき省庁の下に専門の技術組織を編成することが望ましいのではないか。

（2）米軍基地問題

　日米安全保障条約に基づいて設けられた米軍駐留のための軍事基地は、日本国内の一部の国民に特殊な受忍を求めることとなってきた。[12]

　軍事基地の存在は、土地の収用によって地主の財産権を制限している。さらに、軍用機の騒音や墜落事故、自然環境破壊など、近隣住民の生活環境への被害や不安を生み出していることが問題視されてきた。これは「平和のうちに生

存する権利」や「人格権」の侵害にあたる、との議論も多い。

　こうしたなかで、とくに大きな負担を担ってきたのが沖縄県の住民である。1996年、日本政府とアメリカ政府は、市街地に隣接し飛行機事故の多い普天間飛行場を返還することで合意した。この方針を受けて1999年、これに代わる米軍の移転先が名護市辺野古沿岸とされた。しかしこの計画も、移転先の住民の反対は強く、2022年現在も大きな政治的・社会的争点となっている。

（3）新世代兵器の時代の平和的生存権

　現在の軍事は、核兵器、生物兵器、化学兵器、無人機など、高度な先進テクノロジーを駆使した新世代兵器が重要な位置を占め、その開発実験が世界で進行している。これらは攻撃する者の倫理的葛藤を伴わずに大量破壊を可能にすることが問題視されている。この傾向のなかで、平和的生存の問題と環境問題が結びつく場面も深刻化している。こうした複合的な問題については、国際社会が連携してルールを作らなければならない。

　とくに1950年代以降、地球環境は軍事的核実験による汚染ダメージを受け続けている[13]。

　ここでは「抑止力論[14]」の見直しも必要となってくる。核保有国は、核は各国に戦争を思いとどまらせる「抑止力」となる、との考えの下に、より破壊力の高い核兵器の開発に腐心する。しかしその過程で起きる実験中の事故や管理の失敗のリスク、財政上の代償が高すぎるといった理由から、国際社会は核軍備拡大の競争（軍拡競争）を止める必要と、兵器を削減する責任を認識・確認するところまではできている[15]。しかし、21世紀に入っても、核をはじめとする新世代兵器の開発・製造・保有を一挙にゼロにすること（全廃）はできず、交渉によって段階的に削減していく方法がとられている。このようななかで、核実験による深刻な環境破壊を経験した国々が次々に非核地帯宣言を行い、非核兵器地帯条約を結んでいる。

　世界のこの流れは、「核兵器禁止条約」へと結実した。この条約は、2017年に国連加盟国の6割を超える122か国の賛成により採択された。同年から各国による署名が開始され、署名（批准）国が2020年中に、条約の発効要件である

50か国に達し、条約は2021年1月に発効した。日本は今のところ（2022年末）、この条約に加盟する署名をしていない。

　この条約によって、核兵器への見方が「力の象徴」から「違法なもの」へと変わることになる。核兵器の威嚇および使用が原則「違法」であることは、1996年に国際司法裁判所が「勧告的意見」の判決を出して確認してはいたのだが、国際社会はこの判決をすぐに生かすことができずにいた。しかし核兵器が「必要悪」として容認することのできない「違法」なものであることを、世界が再度、確認したわけである。

　今、核兵器をはじめとする新世代兵器の存在と開発は、地球環境を守れるかどうかという問題とも直結している。それらを実際に使う戦争が起きなくても、それらを開発する過程で起きる環境破壊や、それらの管理に失敗したことで起きる環境破壊が、「気候変動」の問題を加速させる可能性があることも指摘されている。一方で、地球温暖化による気候変動を食い止めるためには石油・石炭の火力エネルギーを脱却して、原子力エネルギーを使用するほうが良い、との意見もある。

　私たちには、自分の身の安全を守るという意味での平和的生存権にとどまらず、国際社会への責任、そして世代間責任として、次の世代の人々が生存できる環境を守るという意味での平和的生存のことも考えなくてはならない岐路にいる。

　日本がどのような道を進むべきか。日本が果たすべき貢献を見定めるために、国際社会との交渉と確認を欠かさない責任が、政府と国会にはある。そして、それが憲法や国際条約に基づく「法の支配」に沿ったものとなっているかどうか、判断を示すべきところに来ているのではないか、ということが、裁判所にも問われている。最後に、これからの自国が向かう方向について考え、意思表示をし続ける権利と責任が、主権者である私たち国民にある。

【注】

1) 参考文献：深瀬忠一・上田勝美・稲正樹『平和憲法の確保と新生』（北海道大学出版会、2008年）第1部〜第3部の諸論文。
2) 2022年3月、ロシアのウクライナへの軍事侵攻に対して、日本の参議院が採択した決

議にこの意味での「平和の裡に生存する権利」が盛り込まれた。

3)　国連憲章2条に「武力による威嚇または武力の行使を慎む」(http://www.unic.or.jp/info/un/charter/text_japanese/) とある。

4)　日本国憲法の土台に「ポツダム宣言」の受諾という事実があることは第1章で確認した。ここには、第二次世界大戦後の国際社会の秩序回復に関する合意が見てとれる。

　　当時の日本は、「ポツダム宣言」の趣旨を受けた新しい憲法を自主的に作ることが期待されていた。このとき日本政府の作業が難航したのは、「主権」の転換の部分であって、戦争と武力の放棄に関わる部分ではなかった。むしろ、強硬な軍部主導から脱却した当時の日本の政治指導者たちは、国際社会の信頼を回復するために「戦争と武力の放棄」を積極的に「宣言」しようとしていたことが、後に明らかになった資料から読み取れる。

5)　サンフランシスコ条約（正式名称「日本国との平和条約」）、1951年調印、1952年発効。

6)　1951年に調印された「日本国とアメリカ合衆国との間の安全保障条約」（第1次日米安全保障条約）は、1960年に「日本国とアメリカ合衆国との間の相互協力及び安全保障条約」へと改められ（第二次日米安全保障条約）、共同防衛義務の明確化、日本の政治・経済的協力の定めなどが加えられた。

7)　札幌地裁1973（昭和48）年9月7日判決。二審と最高裁ではこれを覆して原告の請求を棄却している。自衛隊の憲法適合性については判断を示していない。二審は「高度に政治性のある国家行為」であるため「司法審査の範囲外」という理由（札幌高裁1976（昭和51）年8月5日判決）、最高裁ではこの訴訟は原告に「訴えの利益」がない、との理由による（最高裁1982（昭和57）年9月9日判決）。

8)　東京地裁1959（昭和34）年3月30日判決。米軍立川基地拡張のための測量に抗議して敷地内に立ち入った住民が刑事特別法違反に問われたことが発端となった事件。これに対して最高裁は、「高度な政治性をもつ条約については、……違憲かどうかの法的判断を下すことはできない」として原判決を破棄した（最高裁1959（昭和34）年12月16日判決）。他に、自衛隊の演習に対して住民が平和的生存権を主張して争った恵庭事件（札幌地裁1967（昭和42）年3月29日判決）がある。

9)　そこには憲法第76条から見て問題のある政治介入があったことが、アメリカで情報公開された資料によって知られるところとなった。福島重雄・水島朝穂・大出良知『長沼事件　平賀書簡──35年目の証言　自衛隊違憲判決と司法の危機』（日本評論社、2009年）、布川玲子・新原昭治『砂川事件と田中最高裁長官』（日本評論社、2013年）を参照。

10)　これらの問題に関する参考文献は多数にのぼるが学生向けのものは少なく、学生にとっては高度なものとなるが、詳しく学びたい人向けの参考文献を「電子版 Appendix」（QRコードでアクセス）に掲載した。

11)　PKO活動については任務遂行目的での武器使用が認められ、後方支援については正当防衛に限定して武器使用が認められることとなった。さらに離れた場所にいる国連やNGOの職員、他国軍の兵士らが武装集団などに襲われた場合に武器を使用して助ける「駆けつけ警護」は、従来、憲法9条の禁じる武力行使に当たるとして認められてこなかったが、これも行えることとなった。こうした新ルールのもとで、自衛隊がアフリカ

の南スーダンに派遣され活動を行ったが、そのさいに現地でどのような危険に遭遇していたのか、国民が知るべき手掛かりとなる「日報」が一時は「存在しない」とされるなど、不透明な要素が多い。

12)　ジラード事件（前橋地裁1957（昭和32）年11月19日判決）、砂川訴訟（前述）、厚木基地訴訟（第4次厚木基地騒音訴訟　横浜地裁2014（平成26）年5月21日判決）、宮崎基地騒音訴訟（宮崎地裁2021年6月28日判決）などがある。

13)　DVD『NHKスペシャル　映像の世紀　第8集　恐怖の中の平和』（NHKエンタープライズ、2000年）が参考になる。

14)　武器を保有することは、実際には行使することはなくても、相手に攻撃を思いとどまらせ、戦争を未然に防ぐ効果がある、という考え方を「抑止力論」という。「抑止力論」とその反省について、参考文献：吉田文彦『証言・核抑止の世紀——科学と政治はこう動いた』（朝日新聞社、2000年）。

15)　そのきっかけとなったのは、1962年キューバ危機といわれている。

☆参考文献は学生向けのおすすめ参考文献です。より詳しい参考文献を、「電子版 Appendix」（QRコードでアクセス）に掲載しています。

キーワード索引

■執筆者紹介（執筆順）

志田　陽子
（しだ　ようこ）
武蔵野美術大学造形学部教授
東京都立大学システムデザイン
学部客員教授
編者、1～3章、5章、6章、8～10章、12～15章、コラム1-1、2-1、5-1、5-2、6-1、8-1、9-1、12-1、13-1、13-2、コラム14-1

岩切　大地
（いわきり　だいち）
立正大学法学部教授
コラム1-2

奥山亜喜子
（おくやまあきこ）
女子美術大学芸術学部教授
コラム3-1、14-2、15-1

中村　安菜
（なかむら　あんな）
日本女子体育大学准教授
11章、コラム9-2、10-2、11-1、11-2

伊藤　純子
（いとう　じゅんこ）
茨城大学人文社会学部講師
4章、コラム3-3、4-1、14-3

比良友佳理
（ひらゆかり）
京都教育大学教育学部講師
7章、コラム3-2、7-1、10-1

■挿絵・写真製作者紹介（50音順）

石本　真菜
（いしもと　まな）
女子美術大学 卒業
14章扉（カバー裏）

大久保のぞみ
（おおくぼ）
武蔵野美術大学 卒業
はしがき、6章扉

石川　真奎
（いしかわ　まさき）
武蔵野美術大学 卒業
10章扉

加藤明日花
（かとうあすか）
武蔵野美術大学 卒業
4章コラム、5章扉

川島　優希
（かわしま　ゆうき）
武蔵野美術大学 卒業
2章扉、7章扉

近藤　墨
（こんどう　ぼく）
武蔵野美術大学 卒業
13章扉、15章扉

島村　朋美
（しまむら　ともみ）
武蔵野美術大学 卒業
9章扉

鈴木　蘭菜
（すずき　らな）
武蔵野美術大学 卒業
8章扉

野中　美里
（のなか　みさと）
武蔵野美術大学 卒業
12章扉

原田　桃子
（はらだ　ももこ）
武蔵野美術大学 卒業
3章扉

増田　陽太
（ますだ　ようた）
武蔵野美術大学 卒業
1章扉

森田　可子
（もりた　よしこ）
武蔵野美術大学 卒業
11章扉

豊田　直巳
（とよた　なおみ）
フォトジャーナリスト
・映画監督
カバー表

Horitsu Bunka Sha

合格水準 教職のための憲法〔第2版〕

2017年11月3日　初　版第1刷発行
2023年3月31日　第2版第1刷発行

編著者　志田陽子
　　　　しだようこ

発行者　畑　　光

発行所　株式会社 法律文化社

　　　　〒603-8053
　　　　京都市北区上賀茂岩ヶ垣内町71
　　　　電話 075(791)7131　FAX 075(721)8400
　　　　https://www.hou-bun.com/

印刷：中村印刷㈱／製本：㈲坂井製本所
装幀：白沢　正

ISBN 978-4-589-04255-2

志田陽子編

映 画 で 学 ぶ 憲 法

志田陽子・榎澤幸広・中島 宏・石川裕一郎編

映 画 で 学 ぶ 憲 法 Ⅱ

Ａ５判・210頁・2530円／（続巻Ⅱ）174頁・2310円

映画を題材に、憲法について考え学ぶための入門書。問いなおす視点を具体的に提供する〈映画〉と、史実のなかで生まれたが抽象度の高い〈憲法〉。双方を行き来する作業を通じて、憲法の理念や規範を新たな視点から捉え、思考力と想像力を養う。約50作品を所収。続巻（Ⅱ）では新たに約50作品を選定し、憲法の主要論点をカバー。

宍戸常寿編〔〈18歳から〉シリーズ〕

18歳から考える人権〔第２版〕

Ｂ５判・106頁・2530円

人権によって私たちはどのように守られているのか？ ヘイトスピーチ、生活保護、ブラック企業……人権問題を具体例から読み解く入門書。SDGs、フェイクニュース、コロナ禍の解雇・雇止めなど、人権に関わる最新テーマにも言及。

水島朝穂著〔〈18歳から〉シリーズ〕

18歳からはじめる憲法〔第２版〕

Ｂ５判・128頁・2420円

18歳選挙権が実現し、これまで以上に憲法についての知識と問題意識が問われるなか、「憲法とは何か？」という疑問に応える。最新の動向をもりこみ、水島憲法学のエッセンスをわかりやすく伝授する好評書。

阪口正二郎・毛利 透・愛敬浩二編

な ぜ 表 現 の 自 由 か

—理論的視座と現況への問い—

Ａ５判・266頁・3300円

表現の自由は、なぜ・どのように保障されるべきなのかについて憲法学の成果をふまえ考察し、理論的視座と課題を明示する。ヘイトスピーチ・報道・性表現への規制や「忘れられる権利」などの新たな課題も含め表現の自由を取り巻く現況を考察する。

志田陽子著

文 化 戦 争 と 憲 法 理 論

—アイデンティティの相剋と模索—

Ａ５判・328頁・6820円

文化や道徳をめぐる価値観が政治争点となることで、軋轢を加速させる「文化戦争」。そのアメリカでの状況と憲法問題性、人権への影響、憲法的解釈の可能性をさぐる。日本での日の丸・君が代問題、歴史教科書問題、夫婦別姓問題など現代的課題にも示唆を与える。

―――――法律文化社―――――

表示価格は消費税10%を含んだ価格です